中华正气 ㊤

良化 著

海燕出版社

图书在版编目（CIP）数据

中华正气：全2册／良化著．—2版．—郑州：海燕出版社，2014.1

ISBN 978-7-5350-5738-9

Ⅰ．①中… Ⅱ．①良… Ⅲ．①爱国主义教育－中国－青年读物②爱国主义教育－中国－少年读物 Ⅳ．①D647-49

中国版本图书馆CIP数据核字（2013）第262148号

策　　划：李道魁
责任编辑：宋国云　张卫华
装帧设计：刘运来
责任校对：陈曙芳　刘学武
责任印制：邢宏洲
责任发行：贾伍民

出版发行：海燕出版社
地址：郑州市北林路16号
邮编：450008
电话：0371-65734522
经　　销：河南省新华书店
印　　刷：河南大美印刷有限公司
开　　本：16开（700毫米×1000毫米）
印　　张：20
字　　数：270千
版　　次：2014年1月第2版
印　　次：2014年1月第1次印刷
定　　价：38.00元（全2册）

本书如有印装质量问题，由承印厂负责调换。

第二版前言

摆在广大读者面前的两本历史读物，一本叫《莫忘国耻》，一本叫《中华正气》。两书的作者，是学者型资深媒体人，曾多年在党中央机关报工作。他们遍搜史典，博览群书，广泛集纳，悉心梳理，用丰富的史料和生动的笔触，记录和再现了我们民族近代史上最重要的正负两笔遗产——列强欺凌下饱尝屈辱、切肤难忘的百年国耻，中华民族纯正博大、历久弥坚的浩然正气。

我们的今天是从昨天走过来的。我们不能割断历史，不能忘记过去。

19世纪以来，随着西方工业化的迅猛发展，远在万里之外的西方资本主义国家，逐渐把扩张和掠夺的目光投向了中国。明治维新以后的日本也加速走向了侵略扩张的道路。从1840年鸦片战争开始，英国率先用坚船利炮轰开中国的大门，俄、法、美、日、德等帝国主义势力相继入侵，他们输入毒品，强占土地，夺我主权，瓜分势力范围，把美丽、古老的中国，变成了肆意践踏、野蛮搜刮的竞技场。而腐朽没落的清政府却无力抵抗、一再退让，甚至不惜卖国求荣。百余年间，中华民族历尽凌辱，饱经忧患，遍体创伤。帝国主义的野蛮侵略和欺凌压榨，在我国近代史上留下了无法揩干的斑斑血泪，罄竹难书的国恨家仇。

中华民族自古崇尚气节。古人视正义凛然、刚正不阿的气节为正气，是天地赖以安稳、道义得以维系的根本。古往今来，历史上从来不乏精忠报国、为民请命、舍身赴难的志士仁人，我们的文明史就是一部正义战胜邪恶的历史，是一首气壮山河的正气歌。近代史上，为了抵御外侮，为了中华崛起，为了公平正义，多少先驱苦苦探索，英勇奋斗，流血牺牲。他们身上所表现出的追求真理、坚贞爱国、自强不息、取义成仁的精神，正是我们民族精神的集中体现，是中华民族千百年光荣传统留给我们的宝贵精神财富。广大青少年只有继承和发扬这种精神，才能更好地树立远大理想，磨炼坚忍不拔的毅力，培植善良美好的心灵，为国家和民族的振兴顽强拼搏，建功立业。

回首历史，百年国耻与中华正气，恰似在我们民族的精神版图上留下的两条最粗大、最浓重的历史刻痕。它们从一反一正两个维度，在历史的坐标系上曲折延伸，最终交集到一个巨大的焦点——那就是对救亡图存、洗雪国耻的渴望和梦想，对发愤图强、民族复兴的追求和献身，那就是无数志士先贤用他们永垂史册的正义行动诠释的伟大的中国梦！

中国梦，是前人的梦，也是我们的梦。经过一代代志士仁人的奋斗牺牲，经过无数的艰难曲折，在中国共产党的领导下，中国人民终于走进了社会主义现代化建设和改革开放的新时代。当代青少年生活在亲眼目睹，并将亲身经历全面建成小康社会的伟大时代，一定要牢记富民强国的历史使命，继承自强不息的民族精神，学好知识，磨炼意志，强健体魄，健全品格，增长本领，立志为把我国建成富强民主和谐的社会主义现代化国家、实现中华民族伟大复兴的中国梦而做出更大贡献。

这两本书1992年初版后，受到广大青少年读者和教育部门的热烈欢迎。2013年7月，中宣部、教育部、共青团中央向全国青少年推荐的百种优秀图书中，这两本书又被列其中。本次再版，两位作者对书稿进行了细致的增补和修改，还增配了数百幅历史图片，从而使历史更生动直观。

谨以此书，献给正青春的读者们！

第一版前言

这是两本面向广大青少年开展中国近代史教育的读物，一本叫《莫忘国耻》，一本叫《中华正气》。江泽民同志 1991 年 3 月 9 日致信李铁映、何东昌同志，强调要对小学生（甚至幼儿园的孩子）、中学生一直到大学生，由浅入深、坚持不懈地进行中国近代史及国情的教育。在这样的时刻，海燕出版社及时推出这两本书，做了一件有意义的工作。

我们的今天是从昨天发展过来的。我们不能割断历史，不能忘记过去。

150 年来，中华民族历尽创伤，饱经忧患。帝国主义的野蛮侵略，外国列强的欺凌压榨，在我国近代史上留下了无法揩干的斑斑血泪、数不尽的国恨家仇。只有了解这段悲惨历史，才能明白为什么要推翻帝国主义、封建主义、官僚资本主义三座大山，为什么要坚持四项基本原则，为什么要进行社会主义的改革开放，为什么必须坚决维护国家主权与民族独立。只有不忘过去，才能培养广大青少年的历史继承感、责任感、使命感，增强他们的民族自尊心、自信心、自豪感，激励他们为改变祖国落后面貌，争取更加美好的明天而努力奋斗。

近代史上，为了中华民族的崛起，多少志士仁人苦苦探索，英勇奋斗，流血牺牲。他们身上所表现出的坚贞爱国、追求真理、自强不息的精神，正是我们民族精神的集中体现，是中华民族千百年来光荣传统留给我们的宝贵精神财富。广大青少年只有继承和发扬这种精神，才能更好地树立远大的理想和抱负，磨炼坚韧不拔的毅力，培植美好的心灵，为国家和民族的振兴顽强拼搏，建功立业。

回顾近代史，青少年朋友们还可以看出，我国走上社会主义道路不是偶然的，它是100多年历史选择的结果。近代史上，幻想“师夷长技以制夷”的洋务派没能使中国免遭侵略，提出《天朝田亩制度》的太平天国革命运动未曾实现“共享太平”的理想，力主维新变法、君主立宪的改良派无法使资本主义在中国得到发展，孙中山领导的辛亥革命最终还是以袁世凯窃国而告终。各种政治势力都登过场了，一切可以走的路都走过了，但到处都是“此路不通”，拯救中国的重任历史地落到工人阶级及其政党——中国共产党的肩上，人们在失败和挫折中也逐渐认识到：只有社会主义才能救中国。

70年前中国共产党的出现，使中国的命运发生了根本的变化。经过38年艰苦卓绝的奋斗，我们创建了社会主义的新中国。40多年来，特别是最近的10多年来，我国各条战线都取得了举世瞩目的成就，我们在社会主义制度下实现了并继续实现着历代先辈们的理想，做出了在任何其他社会制度下都不可能做出的业绩。历史告诉我们，社会主义是来之不易的，它是振兴中华伟业的必由之路，它必将中国人民带向光明灿烂的未来。

历史已经迈入20世纪最后10年。今天的青少年，是跨世纪的一代，是21世纪的建设者，振兴中华的历史重任最终要由他们来承担。希望青少年朋友们牢固树立社会主义信念，继承发扬自强不息的民族精神，为在21世纪中叶实现三步走的发展战略，把我国建设成一个富强、民主、文明的社会主义现代化国家，做出无愧于前人、无愧于历史的更大贡献。

目录

民族英雄林则徐

北京天安门广场人民英雄纪念碑的第一块浮雕上，镌刻着虎门销烟的壮丽情景。民族英雄林则徐以反侵略的英勇气概，在中国近代史的大门口为自己树立起一座耸入云天的丰碑……

虎门硝烟浮雕

1839年6月3日下午，广东省虎门镇口村码头旁的海滩上旌旗招展，人声如潮。港湾里，数十艘战舰排成威武的阵列，炮口高昂。山坡上，成千上万的百姓纷纷攘攘，翘首以待。滩头滨海处，两座15丈见方的大池子里漫溢着卤水，反射出金色的阳光。下午2时，钦差大臣林则徐在两广总督邓廷桢、广东水师提督关天培的陪同下登上高台。一声令下，在隆隆的礼炮声中，一箱又一箱鸦片被倾倒在池子里，随后又抛下一担担石灰。顿时，大池子里“咕嘟”“咕嘟”地沸腾起来，乌黑的鸦片在乳白色的石灰卤水里上下翻腾，顷刻间化作滚滚浓烟，一团团地升上天空。随着涵洞闸门的开启，满池子被销毁的鸦片渣沫顺着潮水泻进珠江口外的茫茫大海。人群中迸发出一阵又一阵震天撼地的欢呼声。

从6月3日到25日，销烟池里的卤水沸腾了23天，虎门海滩上的人群也沸腾了23天，总计230多万斤鸦片烟消灰散，全部销毁！

林则徐主持的虎门销烟，犹如晴天霹雳，震惊中外，揭开了中国人民近代反侵略斗争的帷幕。

（一）

林则徐，字元抚，一字少穆，1785年8月30日（清乾隆五十年农历七月二十六）出生在福建省侯官县（今福州市）一个下层知识分子家庭。他自幼勤奋好学，13岁考中秀才，20岁考中举人，26岁考中进士，入北京翰林院。他先后在北京和外省担任官吏，1822年任江苏按察使，1831年升任主管黄河堤防的东河总督，1832年又调任江苏巡抚，主持一省的全面政务。

林则徐生活的年代，正是中国封建社会走入末路，而外国殖民主义、资本主义势力一步步侵入中国的时代。在外国势力侵入中国的诸多手段中，贩卖鸦片是一项危害深重极其恶毒的一招。

鸦片，通称大烟，是用罂粟所结果实内的乳汁经干燥而制成的。它主要成分是吗啡，既可作为镇痛药物，又是一种强烈麻醉神经的毒品。吸食鸦片很容易上瘾，经常吸食的人不但面黄肌瘦，精神萎靡，而且还要每天持续吸食，否则就会涕泪纵流，浑身瘫软，痛苦不堪，长期吸食鸦片的“大烟鬼”不仅耗资靡费，而且最终将成为丧失劳动和活动能力的废人。

英国殖民者16世纪侵入印度后，于1600年设立东印度公司，诱使印度农民种植罂粟，制成鸦片后贩运进中国。英国商人从这种罪恶的鸦片贸易中获取到高额的利润。于是，他们千方百计地在印度扩大鸦片的生产，通过公开贸易、沿海走私和贿赂清朝官吏，把越来越多的鸦片输入中国。1773年，英国殖民者竟然正式确立了向中国大量贩卖鸦片的侵略政策，一船船的鸦片从沿海流入内地，鸦片的毒雾迅速蔓延开来。

据1835年的大略估计，全国吸食鸦片的人多达250万以上。1838年，通过走私等非法手段进入中国的鸦片达4万多箱，以每箱100至120斤计，仅这一年就有约450万斤鸦片涌进中国。也就在这一年，仅广东省一地因鸦片交易而外流的白银就有3000万两。鸦片的泛滥，毒害了中国民众的肌体，带来了严重的经济损失，日益严重地削弱着中国的国力，同时构成了对中华民族安危存亡的严重威胁。

对这杀人不见血，掠夺不用刀的鸦片，广大民众和清朝政府中的有识之士深恶痛绝，坚决要求扫除烟患。面对紧迫的民族危机，林则徐忧心如焚。早在任江苏按察使时，他就下令密访严拿勾结衙门差役开设大烟馆的土豪恶棍。他就任江苏巡抚后，又进一步提出严禁鸦片进口、取缔鸦片贩卖、勒令吸食者服药戒瘾等禁烟措施。1837年，林则徐担任了湖广总督，他继续严厉查禁鸦片。当时，仅在湖北、湖南两省，就查获鸦片12000多两，没收吸食鸦片的烟枪5500多支。他还捐钱配制出大量“断瘾丸”，勒令他们限期戒除烟瘾。

就在鸦片流毒“渐成病国之忧”的严重形势下，林则徐于1838年10月上奏道光皇帝，力陈鸦片的严重危害：“若犹泄泄视之，是使数十年后，中原几无可以御敌之兵，且无可以充饷之银。”他还尖锐指出：现在衙门里“嗜鸦片者，十之八九，皆力能包庇贩卖之人”，必须对他们从重处理，否则难以抓获烟贩，断绝鸦片来源。林则徐的奏章言辞恳切，掷地有声，使道光皇帝读后深感问题的严重，推动他下了禁烟的决心。

林则徐画像

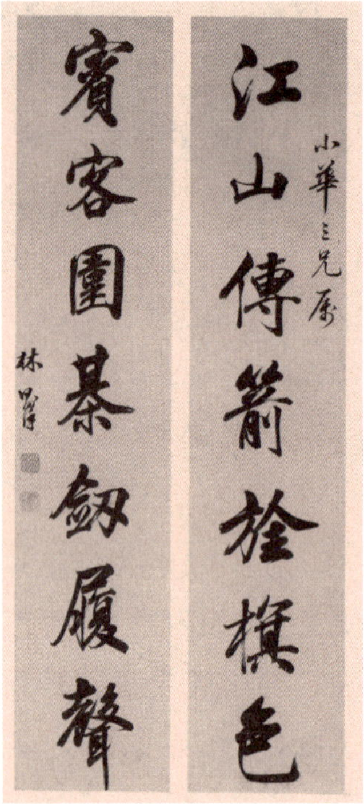

林则徐手迹

这年 12 月，林则徐应召从武昌来到北京，半个月内，道光先后召见他 19 次，林则徐充分地申述了自己的禁烟主张和准备采取的措施。林则徐针对弛禁派头子琦善提出的“不要引来边防争端”（“无启边衅”）的议论，指出若因查禁鸦片而引起外国侵略者的武装干涉，就应用武力给侵略者以坚决的回击。12 月 31 日，道光帝任命林则徐为钦差大臣，并统管广东水师，前往广东查禁鸦片。

1839 年 1 月 8 日，林则徐在呼啸的北风中离开北京，奔赴禁烟的前沿阵地广州。一路上，他边走边调查，掌握了不少广东方面鸦片走私的情况。3 月初，他在江西南部及时向广东布政司和按察司发出密令，立即逮捕 61 名重要烟贩。3月10日，林则徐抵达广州，掀起了中国人民正义凛然的禁烟运动。

（二）

一到广州，林则徐便命令官员严守纪律，不得走漏消息。他同时宣布：目前只受理揭露鸦片罪犯的报告，其他事宜一概缓办。接连几天，他和两广总督邓廷桢、广东水师提督关天培共同研究整顿水师、加强海防、查禁鸦片事宜，还召集几百名有识之士，请他们就禁烟问题发表意见，提供情况。

3月18日，钦差大臣林则徐下令查封广州所有的大烟馆，并且传讯了垄断对外贸易的洋行商人。林则徐向外商发出布告，严正指出走私鸦片是骗人财、害人命的罪恶行为，勒令外商在3天内将所存鸦片全部缴出，并且要写出“永不敢夹带鸦片，如有带来，一经查出，货尽没官，人即正法”的书面保证。林则徐郑重宣布：“若鸦片一日不绝，本大臣一日不回，誓与此事相始终，断无中止之理。”

英国侵略者为了保持鸦片贸易，它的驻中国商务监督查理·义律指使英国烟贩只缴出1000多箱鸦片用来敷衍，而当时停泊在珠江口外伶仃洋上的22艘鸦片趸（dǔn）船，总共载有近20000箱鸦片却迟迟不缴。林则徐对此毫不手软，立即下令拘捕英国大毒品贩子颠地。义律急忙命令伶仃洋面的鸦片趸船开走，并企图乘黑夜携带颠地逃跑。可是，义律的阴谋没能得逞。22艘英国鸦片趸船，全部被广东水师扣留，颠地也被人民群众截住。林则徐果断地下令将所有停泊在黄埔港的外国货船暂行封舱，派兵严密把守洋馆，不准外商进出，并由水师炮舰巡弋沿海，断绝鸦片趸船与商馆的交通。3月26日，林则徐又发出速缴鸦片的通令，指出：贩卖鸦片，“众怒难犯”，再不缴烟，必处以严刑重罚。在中国军民的巨大压力下，英国侵略者不得不低下了头，义律于27日表示遵命缴出所有鸦片。

收缴鸦片工作在珠江口上的虎门进行。从4月中旬到5月18日，总共收缴鸦片 19187 箱又 2119 袋（其中 1540 箱是美国烟贩的），共重 2376254 斤，价值约合白银 800 多万两。

这批用来毒害中国人民，掠夺中国财富的鸦片，终于在 6 月 3 日至 25 日的虎门销烟中被彻底销毁了。在扬眉吐气的中国人民面前，一些外国商人低下了头，向主持销烟的林则徐脱帽致敬，而义律等侵略者则灰溜溜地离开了广州。

虎门销烟，写下了中国人民近百年来反侵略斗争史的第一页光辉篇章，它向世界表明了中国人民自强不息的精神和反抗侵略者的坚强意志。

（三）

在领导广东禁烟斗争的同时，林则徐抓紧巩固国防，做好抗英斗争的准备。广东水师经过整顿，补充了精壮士兵，操练得日益善战；珠江入海口的咽喉水道上，布设起阻挡侵略者军舰前进的铁链和木排；虎门要塞的岸边增筑起炮台，还装上了新购进的几百门西洋大炮；5000 名渔民壮丁被招募来组成水勇，准备协助水师作战。林则徐还发布告示，宣布允许“人人持刀痛杀”闯入内河的侵略军。

1840 年 6 月，一支包括 16 艘军舰，28 艘运输舰，4 艘武装汽船的庞大英国舰队开到珠江口海面。这支载有大炮 540 门、英国水兵 4000 多人的舰队，是英国政府收到义律的告急信后派来的侵华军的先遣队。为了以战争手段压服中国，英国组织了 1.5 万人的侵华海陆联军。这支先遣舰队的到达，标志着鸦片战争正式开始了。

英国侵略军原以为凭着自己的坚船利炮，完全可以攻占虎门，封锁珠江，可是由于林则徐带领军民防备严密，无机可乘，只好留下部分兵船困守海面，其余大部分向北部沿海进犯。

8 月 19 日中午，留守珠江口的英国兵船路易莎号和进取号放下 10 多只舢（shān）板，载着400多名英军突然攻打关闸炮台。林则徐亲自坐镇虎门指挥作战。炮台上发出的密集炮火很快将路易莎号的前后桅舵打坏，那些进犯的舢板也接连被击沉，前来助战的兵船又遭到中国水师的阻击，英军不得不败退到海上。就这样，林则徐领导广东军民，坚决顶住侵略军的压力，一次次挫败了他们的侵犯和骚扰。

6月底，北犯厦门的英军被已调任闽浙总督的邓廷桢所率领的爱国军民打退。但由于清王朝的腐败和各地官僚的无能，我国大多数沿海地区武备废弛，甚至“有海无防”，致使北犯的英军先后攻陷定海，占领大沽（gū）口。形成直逼天津，威胁北京的不利形势。

趁着道光帝惊慌失措之机，投降派的人物纷纷跳出来攻击林则徐，指责他禁烟引起了战争。在英国侵略军的武装恫（dòng）吓和投降派官僚的煽动下，道光皇帝以“误国病民，办理不善”的罪名，于1840年10月3日下令将林则徐撤职查办。

林则徐因爱国而获罪，但他被撤职后仍怀着一颗爱国之心。他怒斥投降派琦善不准抵抗、一味讨好英军的行为是“倒行逆施，懈军心，颓士气，壮贼胆，蔑国威”。他还上书道光帝，要求“戴罪前赴浙省，随营效力”。在被调到浙江镇海听候发落的期间，他又积极致力于当地的防务工作。这位忠贞的爱国者，被道光帝下旨发配到新疆伊犁任职。

林则徐在新疆度过了3年时光。他跋涉天山南北，走遍库车、阿克苏、和田、乌什等8座城池，努力领导屯垦事业。1845年，林则徐被召回京，此后又出任过陕甘总督、陕西巡抚、云贵总督，仍然十分关心在英国侵略者蹂躏（rón lìn）下的东南沿海地区。1850年春，林则徐告老还乡。去世前几个月，在谈起沙皇俄国侵犯新疆一事时，他还大声疾呼：“终为中国患者，其俄罗斯乎！吾老矣，君等当见之。”1850年10月，这位中国近代史上的第一位民族英雄满怀对祖国的热爱和对民族的忧患，于65岁时告别了人间。

林则徐生前在致家人的一首诗中写道：

苟利国家生死以，
岂因祸福避趋之！

这两句诗生动地表达了林则徐不顾个人得失，忘我牺牲的坚强意志，也是他一生坚贞爱国高尚品格的真实写照。

关天培虎门殉国

国难当头，好男儿当投笔从戎，铁马金戈；强敌压境，大将军唯身先士卒，慷慨赴死。我们中华民族千百年来所景仰的“精忠报国”精神，所崇尚的“轻生死，重大义”气概，在抗英名将关天培身上又一次得到了生动的体现。

红彝大炮破浪来，狮子洋外声如雷。
虎门将军壮谬裔，报国丹心指天誓。
兵单乞援援不至，南八男儿空洒涕。
贼来毦（háo）镜窥虎门，海水腾沸焚飙轮。
挥刀赴难唯亲军，一死无地招忠魂。

这是一首在鸦片战争中，后人赞颂清军爱国将士誓死保卫虎门英雄事迹的诗篇。诗里歌颂的这位丹心报国、挥刀赴死的“虎门将军”，就是当时的广东水师提督、抗英爱国名将关天培。他在中国近代史上的第一次反

关天培画像

侵略战争中，率军守卫祖国的南大门，浴血抗击英国侵略者，光荣地牺牲在战斗的岗位上。

（一）

关天培（1781—1841年），字仲因，号滋圃，江苏山阳（今淮安市）人。他幼时读过诗书，原想走科考取士之路，后来见国防薄弱，外国势力逐渐渗入中国，遂投笔从戎，改习武科，盼望能以武力强国。他刻苦攻读过《孙子兵法》等古代军事著作，并热衷于研究军火制造技术。1803年关天培考取武庠生（即古代军事学校学员），毕业后担任漕营右营把总，由于他治学刻苦，勇于任事，带兵有方，被上司视为“干济之材”，迅速得到提升。从把总起，关天培历任清军中的千总、守备、都司、游击、参将、副将、总兵等职务，1833年成为署理江南提督的高级将领。

19世纪30年代，正是英国侵略者以贸易为名向中国大量输入鸦片，我国白银流失严重，国民中毒日深的关头。配合着罪恶的鸦片贸易，耀武扬威的英国兵舰出现在中国沿海，甚至公然闯进我国的内河珠江，直抵广州附近的黄埔。面对如此嚣张的外国侵略者，当时的广东边防守备却长期废弛，听任外国兵舰横冲直撞。正是在这种情况下，关天培临危受命，于1834年被任命为广东水师提督，负责整顿武备，巩固国防。

关天培深知责任重大，决心切实整顿广东海防。他到任后立即到海口和各个炮台实地勘察，对地形水势、河道宽窄、炮台配置、射程远近都做了详细了解，采取了一系列措施增强防御能力。在他主持下，改建了镇远、横档炮台，新筑起威远炮台，又添铸6000斤的重炮上百门，配置在珠江口的各个炮台上。在通往内河的江面上，他指挥设置起一道道木排和横在江上的8条大铁链，以防止敌舰闯进来。针对广东水师平素缺少训练，临战张皇失措的情况，关天培制定了严格的操练制度，又加添了巡海船，亲自督操练兵。他还仔细地研究了攻守谋略，绘制了各炮台的形势图及兵船的攻守策应图，著成《筹海初集》，让将士们学习。他鼓励将士们说，御敌的根本办法是加强战备，以逸待劳，以静制动，严防出入，禁绝内奸。我们显示出威力，敌人就害怕而去；我们若表示出怯懦，敌人则骄横而来。

由于关天培的苦心经营和严格训练，广东海防面貌一新，昔日形同虚设的炮台火力大增，威镇海疆；从前松松垮垮的水师而今军纪严明，攻防兼备。广东海防的加强，使外国侵略者也望而生畏，他们一连几年不敢再来这里耀武扬威了。1835年，8艘英舰驶近珠江口，见防守森严，只好转舵退出。1838年，3艘敌舰前来窥视虎门，见无机可乘，也掉头逃逸。关天培在任时的虎门，海疆安定达6年之久，林则徐称之为“六载固金汤”。关天培一手

反映第一次鸦片战争场景的绘画

建设起来的广东海防，为后来林则徐开展的禁烟运动提供了军事后盾。

（二）

关天培不仅积极备战，反对外敌入侵，而且坚决支持禁绝鸦片，深孚众望。力主禁烟的林则徐被任命为钦差大臣，于 1839 年 3 月抵达广州后，关天培全力以赴积极配合，成为林则徐在禁烟运动中的得力助手。当时有人记载说，关天培“晓畅兵法，智勇兼全，林甚引为知心，时共计议堵御”。林则徐的禁烟措施，几乎每一项都有关天培的参与谋划。根据林则徐的命令，他指挥广东水师在珠江口伶仃洋巡逻堵截，切断了走私船同鸦片趸船的联系，最终收缴鸦片 2 万多箱，237.6 万余斤。这批鸦片在虎门被销毁，大长了中国军民的志气，大灭了侵略者的威风。

关天培知道，暂时受挫的侵略者不会甘心失败，他们很有可能要进行武装挑衅，甚至发动侵略战争，因此必须预做准备，用坚固的军事防御对抗敌人的军事进攻。他向林则徐建议，在珠江口南山、横档水面的狭窄处设置木排铁索，在江底钉插暗桩，用来阻遏敌船驶入。根据他的部署，虎门等多处海防要塞又增修了新的炮台，加添了重炮和兵勇。此时关天培虽已年届花甲，但他仍然精神矍铄，率师操练，往来巡查，奔忙在海防线上。

1839 年 7 月，一群英国水手在九龙尖沙咀寻衅闹事，打死中国村民林维喜。英国商务总督义律不仅拒绝交出凶手，而且扬言要对中国动用武力。9 月上旬，义律亲率 1 只兵船和 10 只武装商船，在九龙海面对停泊在那里的 3 只巡逻船突然开炮。面对侵略者的武装挑衅，中国水师奋起还击。在关天培的指挥下，中国水师越打越猛，炮弹呼啸着落在敌船上，侵略者有的被炸死，有的被炸伤，剩下的慌忙跳进大海逃命，义律惊得目瞪口呆，只得带着船队逃往外海。

1839 年 11 月 3 日，关天培率水师船在珠江口穿鼻洋面巡视，突遭两艘英国军舰开炮轰击。关天培临危不惧，屹立船头，挥刀指挥，组织中国水师英勇抗击。经过两小时激战，敌军兵舰被打得帆斜旗落，伤痕累累，冒起了滚滚浓烟，不得不狼狈败逃。此后 10 天内，英军又多次在官涌一带挑衅。他们趁夜色昏黑之时，调集大型军舰从正面进攻，又派小船载兵从侧面利用涨潮靠近海岸炮台发起冲锋。但是，我爱国军民早已森严壁垒，防范在先。关天培调集水陆兵，分五路给敌人以迎头痛击。据记载，这一仗打下来，“五路大炮齐发，敌舟自撞，灯火皆灭。侵晓了望，逃者过半，仅存十余舟泊还”。在关天培的指挥下，中国水师英勇抗击敌军，使英军的 6 次挑衅接连惨败。

当时，英国舰队在中国海面长期停泊，其食物、淡水等给养主要靠买通少数汉奸来接济。为了断绝敌舰的给养供应，同时也惩办汉奸，关天培设计了火攻的新办法：趁暗夜将载满燃料、火药的引火船开到沿海岛屿、礁群中潜伏起来，待前往接济敌舰的汉奸运输船驶来，突然划出火船靠近，点火进攻。就是利用这个方法，1840 年 3 月 29 日，关天培指挥水师，在长沙湾“烧毁运烟济夷匪船共二十有三，岸上蓬寮六座，生擒奸民十余名，其焚溺者无数”。同年 6 月，关天培又率兵袭击停泊在磨刀外洋的敌船，“烧大小办船十一只，近岸蓬寮九座，获汉奸十三名”。

难能可贵的是，关天培与林则徐当时能在一定程度上认识到要发动和依靠民众的力量来抗击侵略者。他们把沿海渔民和船户组织起来，加以训练，并发给军械火器，共同来打击敌人。这些渔民船户熟悉港湾航道，行动灵活，在刺探敌情、稽查烟贩、焚烧敌船等方面起了不小的作用。

在老将关天培的统辖下，广东前线海防得到空前巩固，有力地保证了禁烟运动的开展。关天培抗敌爱国的精神受到了朝野上下的好评，有人把他比作是明代的剿倭名将戚继光，林则徐则热情称颂他为南海“长城”。林则徐在赠给关天培的一首诗中这样写道：

功高靖海长城倚，心切循陔老圃知。

浥露英含堂壮树，傲霜花艳岭南枝。

清政府也嘉奖关天培“奋勇直前，身先士卒”，并授予他荣誉称号。

（三）

中国查禁鸦片的消息传到英国，依靠鸦片贸易大发其财的商人和他们的政界代表极为恼恨。经过三天紧急会议，英国统治集团决定对中国“采取强有力的行动”，要用远征舰队的大炮轰开中国的大门。1840 年 6 月 21 日，40 艘英国军舰、运兵舰等集结至广东海面，舰上载有武装侵略军 6000 多人。28 日，英军悍然封锁珠江口，挑起了第一次鸦片战争。

为了粉碎敌人的进犯，关天培和林则徐认真研究破敌之策，他们决定采取“以守为战，以逸待劳”“倍森严而镇静，暗则待机而动，期震警其贪顽”等策略。与此同时，关天培进一步加紧虎门天险的要塞建设，增置大炮二三百门，并对水师严加操练。由于虎门海防戒备森严，英军犹豫再三不敢硬碰，终于移兵他处。

沿海北上的英军舰队于 1840 年 7 月攻陷了浙江海防重镇定海，8 月窜到渤海湾内天津海口，直接威胁到清政府的都城北京。腐败无能的清政府被侵略者的坚船利炮吓坏了，竟把战争的起因归咎于禁烟运动，林则徐被革除了职务，投降派人物琦善当上了钦差大臣，来到广东主持局面。

琦善到广州后，面对气势汹汹的侵略者不是以牙还牙，而是惧敌怯战，一味妥协退让。他认为对英军不能决胜，只有好言相劝，以安抚求平静。他对广州防务不感兴趣，不仅对巩固海防置之不问，反而下令拆除珠江口的木排、铁链和暗桩，并裁减大批兵船，遣散了全部水勇。他还允许英国人察看地形，探测内河。这样，关天培苦心经营了多年的广东沿海防御设施遭到了严重的破坏。面对这种情况，关天培焦心如焚，多次“密请添兵守虎门”，但都遭到琦善的“峻拒不许”，甚至要被追究“擅行开炮”的责任。

在门户洞开的情况下，1841 年 1 月 7 日，英国 20 余艘军舰载着 2000 多名侵略兵，突然向虎门要塞的第一道防线——沙角、大角两炮台大举进攻。当时中国守军只有 600 人，他们在守将陈连升的率领下，不畏敌我力量悬殊拼死苦战，最后全体壮烈捐躯，两座前沿炮台落入了敌手。

虎门要塞据守珠江咽喉，而沙角、大角炮台则是虎门的前沿屏障。此时虎门失去屏障，形势万分险恶。坐镇虎门的关天培再次派人疾赴广州紧急求援，而琦善则抱定投降宗旨，仍然无动于衷，不发一兵。琦善不仅按兵不动，反而向道光皇帝上奏弹劾关天培，指责沙角、大角炮台失守是关天培指挥失误造成的，要求朝廷对关天培从重治罪。道光皇帝听信谗言，以“身为水师提督，督率无方”的罪名，下令摘去关天培的顶戴，要他“戴罪立功”。眼看强敌压境，屏障失守，后方无援，冤屈在身，关天培自知已身处绝境，决心坚守阵地，与虎门共存亡。他不顾年事已高，到处奔波、

鸦片战争纪念馆内的清代官员塑像

勘察，命令各炮台加固工事，垒筑沙袋，加强观察巡逻。面对国难将至、虎门难保的局面，他对天发誓："我身为守土将领，唯有一死，以报国家！"他把自己的几件旧衣服和几颗掉了的牙齿装进一只木匣里，寄回家中，以示诀别亲人之意，然后来到靖远炮台，坐镇前沿指挥。

2月25日，悲壮的虎门之战开始了。英军调集10艘兵舰、3只武装轮船，围攻横档和永安两座炮台，并派出兵力截断清军各路援军可能走的水道。阵地上硝烟滚滚，飞弹如蝗，关天培身披铠甲，胸飘白髯，"奋勇登台，大声督励士卒"英勇还击。他当场拿出自己的私人积蓄，奖赏士兵，经过一天苦战，几次击退了英军的进攻。

26日清晨，英军集中兵力，对横档和永安炮台发起更猛烈的进攻。清军官兵血战半日，寡不敌众，伤亡数百，最终在近午时被登陆英军夺走了炮台。与此同时，英国军舰伯兰汗号、麦里威尔号、皇后号等用炮火合击虎门靖远、镇远、威远和巩固四座炮台。在护墙坍塌、弹片横飞的靖远炮台上，关天培面无惧色，镇定自若，指挥部队发炮还击，给英军以重创。在作战最危急的时刻，许多官兵伤亡了，他亲自点燃火炮，轰击敌人。一颗颗英军炮弹在阵地里爆炸开来，关天培几次被敌炮弹片击中，"身被创数十处"，铠甲浸透了鲜血。面对蜂拥而上的敌人，他拔出利刃继续搏斗，甚至"徒手犹搏战"。身边的士兵把他背在肩上，打算撤出阵地，关天培坚决不走，继续血战。又一颗炮弹击中了关天培的胸膛，他昂然怒目，久立不倒，为抗敌流尽了最后一滴血。

关天培是在鸦片战争中牺牲的我国第一位高级将领。他"创痕遍体，血漂衣襟""决为死计"以身殉国的英雄壮举，就连英国侵略者也不得不承认他是"最杰出的元帅"。

关天培殉国后，他家乡的人民修起了关忠节公祠，表达对这位杰出爱国将领的深切缅怀。他的高尚民族气节和爱国精神，将永远激励着后人为国家的独立富强和民族的振兴崛起而奋斗！

三元里的怒吼

中华民族自古就有反侵略、御外侮的光荣传统。进入19世纪以来，随着西方殖民主义、资本主义列强的蚕食、入侵，中国人民一刻也没有停止过反抗与斗争，中华民族的反侵略传统愈益得到发扬。在中国近代史上占有重要地位的三元里人民抗英斗争，就是这种传统的生动体现。三元里人民的斗争向全世界宣告：中国人民不可侮。三元里人民的英雄气概表明：中国人民必将顶天立地站起来。

1841年5月30日，广州西北郊三元里附近的山岗上，随着一声冲天炮响，一面书有“平英团”字样的大旗迎风招展。在四面八方万锣齐鸣声中，代表各乡各村的彩色标旗如雨后春笋从四处冒出来。就在这满山旗影、遍地锣声的壮观声势中，人们手持土枪、长矛，高举锄头、钉耙，从房子里、庙宇里、山坳里、田坎里、树林里……从每个角落里呐喊着冲杀出来，迅速向英国侵略军靠拢。投枪、飞箭、石子、铁砂子弹，如倾盆大雨洒向英军。愤怒的吼叫声，冲天的喊杀声，直震得地动山摇。趾高气扬、不可一世的侵略者，在乡民们雷霆万钧的突然袭击下，顿时慌作一团，哭爹叫娘，四下里逃窜……

反映三元里抗英斗争的连环画书籍

这就是震惊中外的广州三元里人民抗英斗争中的壮丽一幕。三元里抗英斗争大长了中国人民的志气，大灭了侵略者的威风。这场完全由人民群众自己组织起来的反侵略斗争，必将永垂青史。

（一）

以三元里人民为代表的平英团抗英斗争，是在英国侵略军恣意横行和清政府中的投降派卖国行径的双重刺激下爆发的。

从 19 世纪 20 年代起，由英国东印度公司经营的鸦片就大量输入中国。进入 30 年代，英国商人的鸦片生意更是愈发兴隆，每年销进中国的鸦片竟达万箱以上。随着罪恶的鸦片贸易的开展，中国越来越多的白银如江水般地流向了海外，造成了国库日空，经济凋敝。更为严重的是，随着鸦片毒雾的严重蔓延，数以百万计的中国人染上了恶习，吸食者身心俱毁，贻害无穷。身处鸦片输入主要口岸的广东人民，受鸦片之害最大，对英国不法商人深恶痛绝。特别是亲身经历了林则徐领导的禁烟运动以后，广东人民的反抗精神勃发，他们坚决要求扫净烟患，跟英国侵略者算账。

1840 年第一次鸦片战争爆发后，英国侵略军凭借船坚炮利，先后封锁广州海口，血洗浙江定海，陈兵天津大沽口。1841 年 1 月 7 日，数千名英军、20 多艘兵舰突然进攻虎门沙角、大角炮台。1 月下旬英国强行占领香港，2 月下旬攻占虎门要塞，接着又于 3 月初兵临广州城下，5 月下旬在广州登陆，控制了主要的炮台、制高点等战略要地。侵略者的野蛮入侵和血腥屠杀，极大地激起了中国人民的义愤，他们炽烈的爱国热情和反侵略斗争精神终于爆发。就在英军侵略者占领虎门、进犯广州的时候，广东各地的人民群众已经摩拳擦掌，纷纷准备迎击敌寇，保卫家园。有些人还贴出讨英檄文：“尔等若不早退出虎门，我有千百烧船妙法，烧尔片帆不返。”

腐败的清朝政府抗敌无能，而主持广东军政事务的官员则卑躬屈膝，投降卖国，这是促使人民群众自发组织起来杀敌自卫、反抗侵略的另一个原因。

清道光皇帝于 1840 年 9 月以“办理不善”的莫须有罪名，撤掉了坚决反侵略的林则徐和邓廷桢的职务，任命投降派大员琦善来广东独揽大权，从此妥协投降势力占了上风。琦善一方面下令撤销海防设施，严令不准开炮攻击，另一方面曲意逢迎英军的要挟，一步步做出割地、赔款的让步。而他的继任者杨芳在来广州就任的路上，就奏请皇帝准予把香港割让给英国。接下来主持军务的“靖逆将军”奕山更是荒唐，他面对侵略军毫无办法，却把当地的广东军民视为敌人，甚至“屡奏粤民皆汉奸，粤兵皆贼党”。特别是当英军兵舰攻占广州天字码头，登陆英军占领广州城郊泥城、四方两座炮台后，奕山竟然下令在广州城头竖起白旗，派知府余保纯出城向侵略者行三跪九叩礼，并且递上了投降书，与侵略者签订了卖国求荣的停战协定。根据这个协定，奕山等须在6天内带领外省官兵撤离广州；一周内向英军缴纳“赎城费”600万元，当天日落前先交100万元；中国方面在海防要隘不得再设防务；一周内赔偿英商“损失”30万元。只有这些条件实现了，英军才肯交还炮台，退出虎门。非常清楚，这完全是一个炮口下的协定，是彻头彻尾的卖国协定。协定一出，广东人民义愤填膺，在强烈的反侵略意识之余，也充满了对卖国当局的失望与愤懑。当时就有人贴出传单质问：英军番鬼“何以不敢在林大人（林则徐）任内攻打广东”？更有传单提出：“不用官兵，不用国帑（tǎng）；自己出力，杀尽尔等猪狗，方消我各乡惨毒之恨也！”

（二）

三元里是广州市北郊的一个乡村。三元里平英团的抗英斗争，实际上

三元里抗英斗争纪念馆

是广州城郊103个乡人民共同参加的武装反侵略斗争。这场斗争实际上也是更大范围内广东人民反侵略斗争的一个缩影。平英团抗英斗争的直接诱因，完全是英国侵略者在广州骇人听闻的暴行。

1841年5月21日夜，英军侵略军从水路溯珠江而上，袭击广州城西的泥城，当地民房被英军放火焚烧，火光烛天。接着英军又攻打广州西炮台、天字码头、东炮台和城北后山上的四方炮台，战斗中不仅清军伤亡逾千人，就是周围的平民也惨遭杀戮。从英军包围广州到5月27日签订停战协定的5天里，侵略军到处焚烧民房，杀害居民，抢掠财物，奸淫妇女，无恶不作。

5月28日，一群从四方炮台里出来横行的英国兵来到三元里附近一个村子，竟然光天化日之下在大街上轮奸了一位妇女，还开枪打死了制止他们的村民。这下子，愤怒的农民们赤手空拳和英军拼起命来，打死英军十余人。第二天一早，英军开来大队人马，一路掳掠财物开枪威吓，准备镇压报复。面对血腥的屠刀，广州郊区人民忍无可忍，各乡团练和爱国士绅纷纷出面，成千上万的农民群起响应，打出了“平英团”的大旗。

5月29日，各乡平英团的领导人聚集在三元里小山上的北帝庙内，大家歃（shà）血为盟，成立起联合义军指挥部，草拟了广东义民告英军书，制订了作战计划。

30日拂晓，1万多名平英团义军摆开了战场。英军司令官卧乌古率领1000多名士兵于中午发起进攻，义军诱敌深入，把敌人带到了三元里牛栏岗一带的埋伏圈内。英国侵略军察觉上当，正准备撤退，突然雷电交加，大雨倾盆。慌乱之中，只听四周锣声骤响，旌旗舞动，平英团趁着英军在大雨中无法开枪之机开始进攻。在激烈的白刃战中，英军冲出了一道包围圈又撞上一道人墙，左突右冲，无法穿过平英团的铜墙铁壁。就连率兵前来支援的英军统帅义律，也被平英团围困住了。万般无奈，他们上千人只好收缩成一团，四周用炮车围成方阵，就地相持抵御，熬过一个夜晚。

第二天，义军的兵力还在增加，小山上旌旗招展，平英团指挥部准备下午发动总攻。乡民们磨刀霍霍，准备一举全歼两千英军。此时，清政府的广州知府余保纯、南海县令梁星源、番禺县令张熙宇，带领全副武装的大队清兵开进了三元里战场。在他们的欺骗与威胁下，平英团被迫解散，义律和他的残兵逃回到停泊在珠江上的船里。原来，义律派汉奸向清政府求救，卖国贼奕山又一次为敌人效力。一场轰轰烈烈的三元里人民反抗外国武装入侵的群众斗争，就这样夭折了。三元里战斗后的第二天，惊魂未定的英国侵略军被迫退向了虎门以外的洋面。

（三）

三元里一役，共消灭英军200多人，伤者更多，还俘虏了一批英军士兵。战斗过后，东起白云山黄婆洞，西达泥城，南自四方炮台，北至萧岗佛岭，广州城西北方圆十几里的战场上，到处是英军的尸体、伤员，被丢弃的钢盔、铁甲、枪炮、弹药等更是随处可见。大英帝国武装到牙齿的远征军，在中国人民面前失去了威风，夹起了尾巴。

在三元里人民声势浩大的抗英斗争的同时，广东其他地方的人民群众也纷纷起来抗击入侵者。据史书记载，“三山村民众击杀别路英军百余人，获炮两尊，刀枪九百余件。佛山镇民兵在龟冈炮台围攻英军，杀数十人，又击破来援的舢板船数只。新安县武举人庾体群组织火船三队，夜半攻袭停泊于虎门之大兵船，烧毁一艘，余船连夜逃走……”可以说，以三元里平英团抗英斗争为代表的中国人民反侵略斗争，已经进入了一个此起彼伏、蓬勃兴起的新阶段。它在当时以及历史上都产生了难以估量的伟大影响。一位在当时担任广西巡抚的清廷高官梁章钜，在评价三元里之役时这样说：“此次广州省城幸保无虞者，实借乡民之力。乡民熟睹官兵之不可恃，激于义愤，竭力抵御，一呼四起，遂令英夷胆落魂飞，骤解围困。”著名美国汉学家费正清在他所著的《剑桥中国晚清史》里也评价道：“在严重的

三元里人民抗英烈士纪念碑位于三元里村西门楼的山冈上

起义发生之前，广州知府命令乡绅领袖们遵守停战协定，解散他们的非正规军。乡勇们满怀愤怒地撤退了，他们相信，如果不是官方干涉，他们能够击败敌人。”

三元里之役结束后，怒气未消的广东人民到处张贴檄文痛斥英军，表达了他们继续反抗侵略的坚定决心："尔前日虽占炮台……我们义民约齐数百乡村，同时奋勇，灭尽尔等畜类。尔如果有能，就不该转求广府，苦劝我们义民使之罢战。""贪相琦善受尔蒙混，撤沙角、横档之兵，拦阻众军，不开炮火，纵尔窜入内河。""尔占据内河，强梁霸道，不过要在此通商，好卖鸦片。岂知买卖要人情愿，如今我们不情愿与尔交易，尔偏要求人，羞也不羞！尔之货物，我们很不稀罕，我们要买货物，自有恭顺各国同我交易，货多得很，何必定要与尔交易耶？今尔如此可恶，我们痛恨已极，若不杀尽尔等猪狗，便非顶天立地男子汉！"

这愤怒的申讨，这英雄的气概，这战斗的檄文，展示了中国人民不畏强暴、勇于献身的浩然正气，表达了中国人民反抗外国侵略者的坚定决心，体现了中国人民追求各民族平等、捍卫国家主权、致力民族振兴的坚定意志，反映了我们中华民族在存亡绝续的历史考验面前所具有的强大的凝聚力和生命力，代表了我们五千年文明孕育出来的崇高民族精神。

维新思想的先驱龚自珍

身处封建王朝严密的思想控制和高压政策之下，却敢面对现实，放言议政，对封建政治展开了猛烈的批判；生活在中国近代之初，却能告别过去，放眼未来，勇敢地提出变革维新的主张。作为从古代向近代过渡时期的先驱思想家，龚自珍虽然没能找到一条救国救民的道路，但他倡导变革、勇于进取的精神，可说是开创了中国历史的一代新风。

九州生气恃风雷，万马齐喑究可哀。
我劝天公重抖擞，不拘一格降人才。

19 世纪 30 年代末，在即将崩溃的封建王朝的末世，在中国历史即将跨进一个新时代的前夜，这首诗如同一声冲天而起的惊雷，滚过黑沉沉的神州大地，震撼朝野。

诗人通过自己的笔，热切地呼唤着变革，期待着打破旧制度的羁绊，期盼着一代新人的出现，迎接着新时代的曙光。

这首诗的作者，就是清代著名思想家、文学家、诗人龚自珍。

龚自珍雕像

（一）

龚自珍，又名巩祚（zuò），字璱（sè）人，号定盦（ān），浙江仁和县（今杭州）人，1792年（清乾隆五十七年）出生在一个世代书香的官宦家庭。他的祖父当过云南迤南兵备道，曾经批校过《汉书》。父亲曾在国史馆任职，擅长史学。外祖父段玉裁是当时的著名学者，母亲也很会写诗作文。在这样一个优越的读书成才环境里，龚自珍7岁起跟母亲读书吟诗，后来又跟外祖父诵《说文解字》。11岁时，他随父亲来到北京，又由一位举人任家庭教师指导学习。少年时代的龚自珍资质聪颖，兴趣广泛，小小年纪便博览群书，积累下广博的知识，并立下不凡的抱负。他称自己是“少年哀艳杂雄奇”“亦狂亦侠亦温文”。在他看来，“报大仇、医大病、解大难、学大道”才是有出息，否则便“谓之庸人”。14 岁起，他开始考证古今历代官吏制度，15 岁为编年史写诗，16 岁时钻研图书目录学，17 岁又收集古代钟鼎碑刻，撰写了《金石通考》一书。刚过 20 岁，龚自珍已经成为一名才华出众的诗人和学识渊博的学者。如果按照传统的规范走下去，生活似乎已经为他铺就了一条平坦而光明的道路。

但是，这位不甘寂寞又爱独立思考的官宦子弟，以自己敏锐的眼光观察到士大夫阶层中种种醉心于功名利禄、媚上欺下的丑行，逐渐意识到清朝统治的腐败，开始产生了变革现实的政治理想。他曾 9 次抄录宋代改革派政治家王安石的《上仁宗皇帝言事书》。王安石的变法维新思想，给他留下了深刻的印象，对他产生了深远的影响。

刚刚步入青年的龚自珍，喜欢“慷慨论天下事”，对脱离实际的儒家学说持否定态度，尤其鄙薄因循守旧、桎梏思想的八股文。他所写的诗赋文章，总是别开生面，气象清新，不随波逐流。也正是因为如此，他从 19 岁起参加科举考试，屡屡落第，直到 27 岁方才中举。他这种满腹经纶却备受压抑的经历，更磨砺、坚定了他批判、变革现实的决心。

龚自珍成长的时代，正是中国封建社会急剧变化的时代，国内的阶级矛盾和民族矛盾十分尖锐，国外的资本主义势力日益侵入中国，当时天理教等农民起义此起彼伏，摇撼着清王朝的统治。龚自珍从中感受到了矛盾的尖锐、时局的艰难，体验到了时代的脉搏。他再也不能安下心来走钻故纸堆、搞考据学的老路了。以天下为己任，挽时局于危难，他不顾当时还盛行的以言治罪、搞文字狱的文化专制制度，毅然立下了探索社会兴亡的政治志向，把思想转向了对现实的思考，把笔锋指向了黑暗腐朽的朝政。

（二）

从 21 岁起，龚自珍勇敢地写起了揭露与批判封建社会黑暗现实的政论

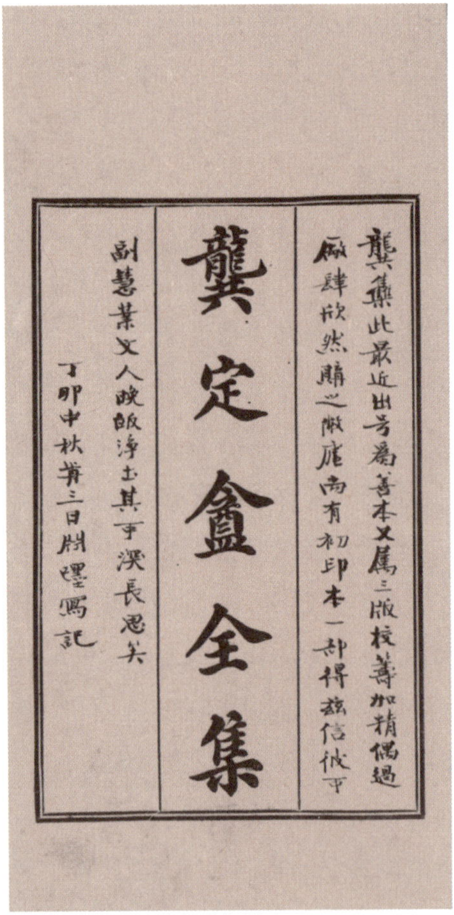

龚自珍著《龚定盦全集》书影

文章，其中最著名的有《明良论》《乙丙之际箸议》《尊隐》《上大学士书》等。

1813 年，天理教农民起义军利用太监为内应，攻进了紫禁城皇宫。嘉庆皇帝极为恼怒，发下谕旨痛斥百官无能，没有良心。龚自珍针锋相对写出《明良论》，不仅揭露了统治集团的昏庸腐败，而且批驳了皇帝的谕旨。他说：君明，为臣的才能贤良。现在实行的统治，不仅压迫了百姓，就连士大夫也失去了议政的自由。秦汉之前，三公可以与君王坐而论道；唐宋时代，大臣也可以从容殿下，激昂陈词；可现在则是“朝见长跪，夕见长跪”“一夫为刚，万夫为柔”，百官大臣毫无思想、行为的自由，唯皇帝一人之命是从。其结果，造成了“近代之士，自其敷奏之日、始进之年，而耻已存者寡矣”。那些“政要之官”，只知道巴结逢迎上司，追求高官厚禄；那些“清暇之官”，只想苟且偷安，但求“安其位一日，则一日荣”。如此这般，一旦国家有难，都会四散奔逃，又怎么能挺身而出、担当天下呢？龚自珍的文章“风发云逝，有不可一世之概”，就连他的外祖父段玉裁看了也赞叹道：“老了，老了，还能看到这样的人才，真是难得呀！”在《尊隐》篇里，他进一步指出清王朝已经到了“衰世”阶段。他用隐晦的语言描绘了当时的社会景况：“日之将夕，悲风骤至，人思灯烛，惨惨目光，吸饮暮气，与梦为邻，未即于床……”意思是说，清王朝犹如将要落到西山后边的夕阳，悲戚戚的阴风突然刮来，人们想起那蜡烛光，带着惨淡无神的目光，倒吸几口晚间的凉气，昏头昏脑地如做起了梦一样，只不过还没有躺倒在床上罢了。他还预言，一种“天地为之钟鼓，神人为之波涛”的来自“山中之民”的力量，正在蓬勃兴起，冲击着现实社会，使它走向“寿终正寝”。面对这种前景，龚自珍大声呼喊出：“奈之何不思更法！”毫不掩饰地提出了自己“更法”“革新”的主张。

龚自珍在文章里指出：“一祖之法无不弊，千夫之议无不靡。”意思是说，老祖宗制定的法规与制度，到了一定的时候，没有不陈旧衰败的；如果招致了众人的反对与非议，没有不垮台的。他认为与其让后人推倒，不如自行改革。他说，清朝当初之所以兴起，难道不是因为摒弃了明代的腐败吗？而明朝的兴起，不也是因为革除了元代的腐败吗？他引用《易经》的话说：“穷则变，变则通，通则久。”他主张通过一系列改革来恢复清王朝的生机。

在政治上，他主张改革旧的官僚制度。在《上大学士书》中，他指出，一个衰败社会的最主要特征是缺乏人才，而现行制度对任何试图有所作为的人物都要极力迫害，“戳其能忧心、能愤心、能思虑心、能作为心、能有廉耻心、能无渣滓心”，必欲置之心灰神冷之地而后快。对用人制度的论资排辈、科举取士弊端，他也给予批判。他说，按照现行制度，一个人取得功名要到30岁，要升到一品官最少还需要30年。到那时，头发白了，牙掉光了，精神不振了，光拿俸禄，不做实事，而且眷恋职位，久久不退，岂不误事？而那些资历虽浅却有才干的人却得不到提拔使用。他主张打破旧例，选拔、任用思想开明的精明强干之士来振兴国家。

在经济上，他主张平均田地等财富。龚自珍对当时社会危机的经济根源进行了考察研究，写出了有关主张实行经济改革的《平均篇》。他认为，造成社会黑暗的经济原因是贫富不均。而这种状况如果长此下去，就会使贫者越来越贫，富者越来越富，社会矛盾加深。一旦老百姓活不下去，就会起来造反，现行政权就可能垮台。他主张平均土地，以缩小贫富差距，缓解社会矛盾。当然，他的“平均”土地，只是按宗族的大小分等授田，并没有也不可能推翻封建的土地所有制，更不可能从根本上解决土地问题。但在当时的历史条件下，这种主张在客观上无疑是对封建所有制的一次冲击和摇撼，对于限制豪强地主的土地兼并，促进资本主义的萌芽和发展，具有一定的进步意义。

此外，他还提出了革新文风、反对妇女裹小脚、废止跪拜之礼等许多改革主张。

龚自珍的一系列改革思想和改革主张，以及对封建政治制度的尖锐批判，使他成为近代思想史上的杰出人物。有人评价说：“近数十年，士大夫诵史鉴、考掌故，慷慨论天下事，其风气实定公（龚自珍号定盦）开之。”他的思想对后来发生的资产阶级变法维新运动产生了重大的影响。

（三）

作为一名关心国家与民族命运的爱国者，从青年时代起，龚自珍就很关注边疆的历史地理情况，研究沙皇俄国对我国侵略的历史。1820年，他在清政府中任内阁中书时，曾搜集资料，编写了《罢东海番船议》和《西域置行省议》。他建议加强海防建设，建议在新疆设省，加强对西北边疆的控制与建设，防御外国的侵略。

龚自珍对时局的关注，随着事态的发展越来越集中到鸦片问题上了。鸦片战争爆发之前，他已经意识到英国殖民主义者利用鸦片贸易进行侵略的阴谋。他说，这种鸦片输入，名为贸易，“实乃巨诈”。他把鸦片称为“食妖”。指出“食妖”流行，使人民“病魂魄，逆昼夜”，使国家“丧金万两”，财源枯竭。他大声疾呼“食妖宜绝”，坚决主张禁烟。当林则徐即将奔赴广东禁烟时，龚自珍曾寄予莫大希望，写了《送钦差大臣侯官林公序》一文，作为对林则徐送别壮行的寄语，鼓励他取得禁烟的胜利。在这篇送别文章里，他建议林则徐，对贩烟、制烟和吸烟的人要严加惩治，对破坏禁烟的贪官污吏要“杀一儆百”，绝不“仁慈”“宽大”；他认为彻底禁烟就必须断绝鸦片来源，而这必然会遭到外国侵略者的反对与捣乱，他们有可能发动武装侵略，因此建议林则徐多带军队，做好反侵略战争的准备。龚自珍并非是排外主义者，他在主张禁烟的同时，还主张同外国人维持正当的贸易关系，反对输入与国计民生无关的奢侈品。他说，这样，白银就不会外流，蚕桑、棉花的收入就会增加，民族工业就能发展，中国就会富足起来。在写给林则徐的这篇文章的末尾，他满腔热情地希望广东禁烟成功，经过两年的努力，由广东一省之治，进而“使中国十八省银行价平，物力实，人心定”。这些建议和期望，体现了龚自珍的爱国主义赤忱。在他的一首怀念林则徐的诗中，他那关心禁烟斗争的心情跃然纸上：

故人横海拜将军，侧立南天未蒇（chǎn）勋。
我有阴符三百字，蜡丸难寄惜雄文。

这首诗对自己的老朋友林则徐在广东的斗争中，寄予深切的关注之情，甚至替友人拟就了战斗的计策，表达了他渴望亲临前线与林则徐并肩战斗的豪迈情怀。

龚自珍才华出众，志向远大，但他怀才不遇，才华终未能得到施展。在科举考试方面，他屡经挫折好不容易中举，后来又经过10年奋斗，先后参加6次会试，直到1829年37岁时，才考中进士。在这次朝廷考试中，他从施政、用人、治水、治边等方面提出建议，写成《对策》。他的革新主张令朝廷震惊，批阅试卷的考官借口他字写得不够工整，说他“楷法不中程”，不把他列为优等，拒绝他进入更高决策层的翰林院，仍旧让他担任内阁中书和礼部主事等，坐“冷署闲曹”。龚自珍由于有新见解，又“好直言”，得罪了不少朝廷权贵，受到倾轧和打击。于是，1839年5月，他借口父母年迈需要照料，辞去官职，返回南方老家。

这年10月，他又北上来京接家眷回南方。两次往返途中，龚自珍边走边看，边忆边写，共赋诗315首，集成《己亥杂诗》。在这组诗中，他描述了中国封建末世的社会风貌，抒发了自己忧国忧民的深沉感慨。

龚自珍南归以后，迁居江苏昆山，还先后在丹阳和杭州的书院里讲学。即使在辞官去职、备受冷落的境遇下，他也一直没有消沉，继续挥写着充满锐气的诗文。1841年，发动了鸦片战争的英国侵略军进犯浙江沿海，闲居在家的龚自珍立即写信给地方官员，要求赴海防参加抗敌斗争。但他终因病未能如愿成行，并在当年与世长辞。

杰出的爱国思想家魏源

鸦片战争的炮火，撼动了两千年的封建制度，也促使古老的中华民族从自我陶醉的梦幻中惊醒。为什么海外诸多列强纷纷崛起于世界民族之林？进步之士睁开双眼去看世界，进而提出向西方学习科学技术的主张。魏源，正是这一历史进程中最早觉悟的先行者之一。

1857年，也就是鸦片战争爆发以后的第17年，杭州南屏山中一位隐居的和尚，含着无力富国强兵的无限遗恨，怀着对现实社会解脱不开的无边烦恼，悄悄地离开了人世。这位生前满腹大志，死后启迪后人的出家人，就是我国近代杰出的爱国思想家魏源。他的个人悲剧，其实也正是封建专制社会下正直、有抱负的知识分子的必然归宿。但是，魏源强国御侮的爱国主义思想，特别是他提出的了解世界、学习西方长处的正确主张，却给我们留下了宝贵的财富。

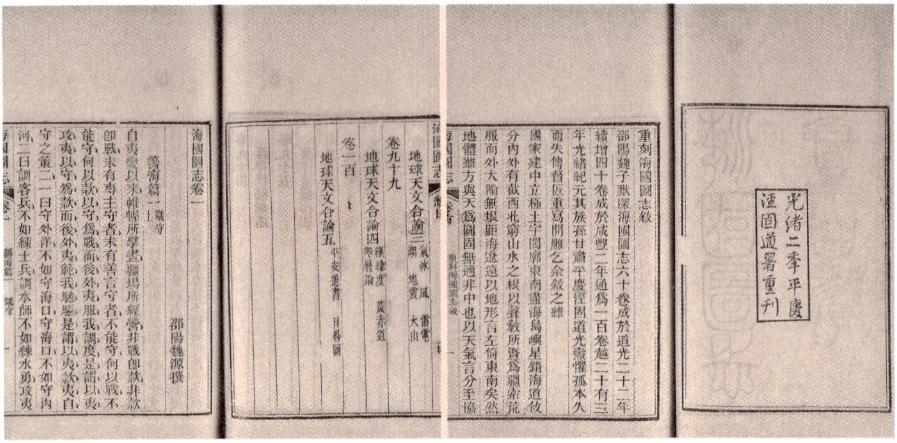

魏源著《海国图志》书影

（一）

魏源，字默深，1794年4月（清乾隆五十九年三月）出生在湖南邵阳（今隆回县）一个官宦家庭。他的父亲魏邦鲁历任江苏嘉定、吴江等地巡检及宝山水利主簿等低级官职。魏源7岁开始读书，由于他聪颖好学，少年时就显露出不同凡响的才华。12岁时家乡遭受灾荒，家庭开始中落，魏源进不起私塾，就在母亲的织布机旁读完了四书五经。艰难的生活和忧国忧民的抱负激励着他从书本里寻找知识与力量，他阅读了明代著名思想家王阳明的著作和一些历史书籍，眼界不断开阔。15岁时，他考中了秀才。

21岁那年，魏源随父亲来到北京。他利用京华人文荟萃的便利条件，求师问友，增长学问，著名今文经学家刘逢禄等名士都曾指导过他。今文经是汉代学者传述的、用通行文字记录的儒家经典，这一学派侧重发挥经文的“微言大义”，借题发挥来议论、讥评时政。清代中叶以后，有些学者继承今文经学的传统，通过训诂（gǔ）、解释经书来干预时政，主张变法，这一学派的观点成为资产阶级改良主义变法主张的重要理论根据。魏源在边读古书边议时政的学习过程中，结识了清代的另一位维新思想家龚自珍，并且成了志趣相投、思想共鸣的挚友。他们经常在一起切磋学问、抨击时政，寻找改革的方案。这一时期，魏源的才华和志气逐渐显露出来，他的诗忧国忧民，胸怀大志，他的文章则独具风格，超俗不凡。

魏源 29 岁时考中举人。但由于他对封建的烦琐文风不以为然，写文章喜欢打破规格，独树一帜，以后三次参加进士考试，都没有被录取。从此，魏源下决心摆脱钻故纸堆、写八股文的束缚，把时间和精力转向“经世致用”，也就是从经学出发来研究、解决当前社会的实际问题。32 岁那年，他受江苏布政使贺长龄的聘请，编辑《皇朝经世文编》。在编辑这部清代政论文集的过程中，他收集了大量文献档案，仔细地研究了前人的著述学说，并从中汲取合理的内容，开始形成自己的思想体系。他尖锐地批评当时占统治地位的汉学是“锢天下聪明智慧使尽出于无用之一途”，也就是说把全国人民的聪明智慧都禁锢在无用的方面，都扼杀、泯灭掉了。他大胆地指出，被历代统治者和封建士大夫们视为正统的六经只不过是历史文献，不能当作万古不变的教条。他说：“三代以上，天皆不同今日之天，地皆不同今日之地，人皆不同今日之人，物皆不同今日之物。”时代不断发展，情况不断变化，没有万古不变的金科玉律，法令、制度也要随时而变，而且后代要胜过前代，后人应胜过前人。他阐发说，弹琴的高手并不看乐谱，善识良马的人也根本用不着按图索骥，所以善于统治的人也不能固守成法，应该根据情况革故鼎新。

35 岁时，他在北京当了内阁中书舍人，也就是文书官。因职务关系，他更熟悉了清代的典章制度与皇朝掌故，同时也深入研究了各种典籍。在京期间，他与龚自珍、林则徐、黄爵滋等进步人士结成宣南诗社，经常在一起饮酒赋诗，议论时事。不久，因为父亲去世，他回到南京，曾先后协助两江总督陶澍（shù）和江苏巡抚林则徐等，进行淮北盐政、水利改革，筹划南粮北运的漕运工作。

魏源在鸦片战争之前虽有经世致用、为民除弊的进步思想，但从总体上来看，他这一阶段仍没有超出中国传统的封建思想的藩篱和束缚。

（二）

魏源同林则徐、龚自珍一样，是一位伟大的爱国者。鸦片战争以前，他就是坚决反对鸦片侵略的禁烟派中的一员。面对以英国为首的西方资本主义国家的鸦片贸易，眼看“夷烟蔓宇内，货币漏海外”的严重恶果，他忧心如焚，痛心疾首。他在1831年所作的《江南吟》一诗中，形象地揭露了这种鸦片侵略所造成的可怕情景：

阿芙蓉，阿芙蓉，产海西，来海东。不知何国香风过，醉我士女如醇醲(nóng)。夜不见月与星兮，昼不见白日，自成长夜逍遥国。长夜国，莫愁湖，销金锅里乾坤无，溷（hùn）六合，迷九有，上朱邸，下黔首。彼昏自痼何足言，藩决膏殚付谁守！

在这首诗里，他描述了产自西方的阿芙蓉（即鸦片）输入中国后，使吸食的人们神魂颠倒，浑浑噩噩。而鸦片的毒害已经弥漫了整个社会，势必造成国破财尽的亡国局面。面对如此严重的局面，魏源坚决要求禁止鸦片输入，杜绝吸食以免其害。但是，当时禁烟派的主张遭到清政府中以军机大臣穆彰阿为代表的顽固派的反对。穆彰阿一伙既是吸食鸦片的大烟鬼，又是从鸦片走私中渔利的贪官。魏源便一针见血地指出，“中朝但断大官瘾，阿芙蓉烟可立尽”，把斗争的矛头指向了反对禁烟的大官僚们。

1838年年底，林则徐被任命为钦差大臣前往广州查禁鸦片，魏源得知后，立即写诗著文宣传禁烟，对林则徐表示坚决支持。1840年鸦片战争爆发后，尽管魏源在清政府中没有什么地位，但他立即投入了反侵略战争。这年9

月，英军进犯浙江沿海，正在家中奉养母亲的魏源立刻赶往宁波海防前线。当时有个英国军官安突德在沿海被中国守军抓获，他便赶去参加审讯工作。后来，他根据俘虏提供的材料，再加上其他方面收集到的资料，写成了《英吉利小记》一文，供国人参阅。当广州三元里人民奋起反抗，打败了进犯的英国侵略者以后，魏源豪情满怀，兴奋不已，挥笔写下了感人肺腑的诗句：

同仇敌忾士心齐，呼市俄闻十万师。
几获雄狐来庆郑，谁开柙（xiá）兕（sì）祸周遗？
前时但说民通寇，此日翻看吏纵夷。
早用秦风修甲戟，条支海上哭鲸鲕（ér）。

诗的前两句，形象地描述了三元里人民面对敌人侵略群情激愤，奋起保家卫国的崇高精神和英勇行为。他们大声一呼，群起响应，立刻聚集起10万人的“平英团”，打得侵略者狼狈不堪。可是眼看就要抓到敌军统领义律的时候，却来了“庆郑”——投降派的钦差大臣奕山，他为义律解围，还驱散了反侵略的民众，放跑了侵略者。魏源在诗中立场鲜明地指出，这哪里是官府里有人所说的什么“民通寇”？分明是投降派在“吏纵夷”！三元里人民的抗英斗争，使他看到了人民的力量，并从中大大鼓舞了斗志。在诗的最后两句，魏源借用《诗经·秦风》中“修我戈矛，与子同仇”的诗句，指出如果早用三元里人民的这种奋起抗敌精神来对付侵略者，那么英军只能在条支海（即地中海）上来哭自己的败兵了。

1841年2月，坚决主张反侵略的爱国将领裕谦，担任了钦差大臣、两江总督，全面负责东海前线的防务工作。魏源在林则徐的推荐下，来到裕谦的幕府参与军事工作，以高昂的斗志投身反侵略战争。为了防御敌军再次侵犯定海，他深入海防前沿观察地形，筹划防务，提出了把敌人引诱进内海，然后再加以围歼的建议。但是，清政府政治上投降，军事上无能，他的主张没有被采纳。魏源虽是一片忠心许国，却发挥不了应有的作用，也无法挽救清王朝日益逼近的败局，他陷入了深深的苦恼之中。

（三）

1841 年夏天，在英军洋枪洋炮面前吓破了胆的清政府，接受了投降派的主张，准备跟侵略者议和，并将禁烟、抗敌有功的林则徐革职问罪，发配新疆伊犁任职。这年 8 月，英军攻陷定海，裕谦率众英勇抵抗，最后投水自尽。就在这令人悲怆的凄风之中，魏源赶往江苏镇江会见了流放途中的林则徐。

两位志同道合的挚友此时相见，百感交集，一言难尽。两人倾心交谈，回顾一年来的战局发展，心中充满了对国家和民族前途的深深忧虑。他们

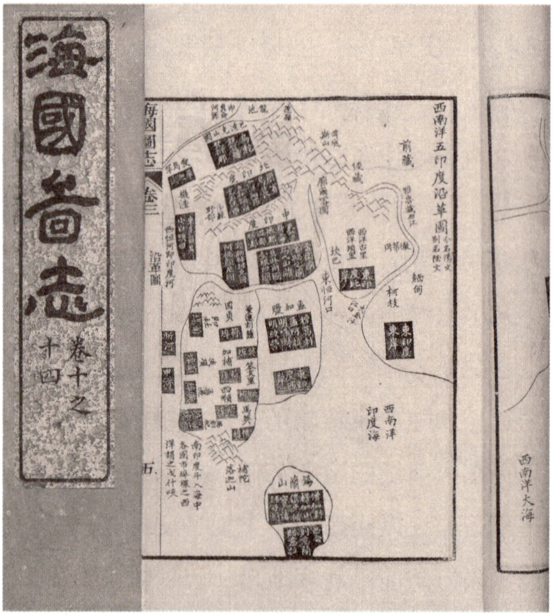

魏源著《海国图志》书影

的共同结论是：禁烟之所以只能见效于一时，战局之所以前景暗淡，主要是对敌情缺乏了解，采取的对策不对头，而要想百战不殆，必须先知己知彼。临别时，林则徐将他在广东禁烟时为了解外国情况而翻译、收集的《四洲志》《澳门日报》及一些舰炮模型、图纸交给魏源，嘱托他编写一本介绍海外各国情况的书，以使国人广开眼界，寻找御侮之道。

1842 年 8 月，第一次鸦片战争终于以中国的失败而结束，清政府在侵略者的进逼下签订了丧权辱国的《南京条约》，中国走上了半殖民地的悲惨道路。悲愤万分的魏源痛定思痛，寻找战争失败的原因，并着手编撰具有重大意义的《海国图志》。

魏源认为，鸦片战争的失败是清政府腐朽统治的结果，“养痈于数十年之前，溃痈于设巡船之后”。他坚决反对妥协投降的“羁縻”政策，指出侵略者贪得无厌，绝不会善罢甘休。他希望统治者“过时而悔，悔而能改，亦可补过于来时”。他认为正是浑噩麻木、昧于世事的颟顸（mān hān）官僚和崇尚虚浮的学风导致了国运的衰弱和战争的失败。国家要想奋发图强，反抗侵略，就应该去伪饰、去昏聩，实行内部改革，讲求实效。他激动地写道：“凡有血气者所宜愤悱，凡有耳目心知者所宜讲画也。”

特别可贵的是，魏源在《海国图志》里体现了睁眼看世界的精神，提出了要向西方学习的新思想。回顾失败的现实，在西方的“船坚炮利”面前，他感到以往的经世致用思想太软弱无力了，靠古代圣贤的微言大义救不了中国，必须面向海外，面向世界。他在这部巨著里第一次系统地介绍了世界主要资本主义国家的政治、经济、历史、地理、宗教等概况，响亮地提出了“师夷长技以制夷”的主张。他所说的“师夷长技”，就是学习西方资本主义国家先进的科学技术，学习别人是为了强盛自己，“师夷”是为了“制夷”，即战胜外国侵略者。魏源在书中特别强调“师夷”的重要性。他说：“善师四夷者，能制四夷；不善师外夷者，外夷制之。”也就是说，要不要学习外国，善不善于学习外国，是一个关系到国家盛衰存亡的大问题。

对于顽朽的士大夫把外国当作“化外”的“蛮夷之邦”思想来讲，对于腐朽的封建王朝所实行的闭关锁国政策来讲，魏源的思想与主张无疑是宣告了一个放眼世界的海国时代的到来。

他看到侵略者凭借“一战舰，二火器，三养兵练兵之法”这些“长技”来欺负中国，认为中国也要学会这些“长技”，针锋相对地反抗侵略。在《海国图志》中，魏源不仅图文并茂地介绍了西方制造军舰、枪炮、水雷的技术，还对“量天尺、龙尾车、千里镜、风锯、自来火、千斤秤”等技术、仪器作了介绍。他提出，要设立翻译馆，培养外语人才，广译外国资料。他建议，到佛兰西（法国）、弥利坚（美国）、葡萄牙等国去聘请技师、工匠来中国传授现代技术。他还规划，在广东虎门附近设立造船厂和火器局，按照西方之法发展军工。面对当时许多顽固派认为西洋机器是“奇技淫巧”“形器之末”，只有中国传统道德伦理才是御侮之本的荒谬主张，魏源针锋相对地加以反驳：“有用之物，即奇技而非淫巧。”在向西方学习的问题上，魏源没有丝毫的自卑感。他在《海国图志》里说：“中国智慧，无所不有，罗针（指南针）、壶漏（钟表）则创自中国而后西行。”他充满信心地相信，只要学习西方的先进技术，则“风气日开，智慧日出，方见东海之民优西海之民”，一个富强的中国一定会出现在世界的东方。

1852 年，魏源将原来的 50 卷本《海国图志》增补成 100 卷本。在百卷本中，除了进一步介绍西方“凡有益于民用者，皆可以于此造之”的先进技术外，还增补了新收集到的外国史地人文情况，特别是大量介绍了美国、瑞士等资本主义国家的民主政体。他写道：“弥利坚国，原有涣散的二十七个部落（州），由于愤于英吉利无道，同仇一倡，不约成城，坚壁清野，逐走了强敌英吉利，尽复故疆，可不谓武乎？在驱逐英夷时，弥利坚联合佛兰西，英夷遂不敢报复，远交近攻，可不谓智乎？二十七个部落，各公举一贤士为州长，全国公举一极正至公之贤士，总摄全政，且四年为一任，按期退职，公举迭更，一变古今官家之局，而人心翕然，可不谓公乎？议论国家大事，选官举贤，皆自下始，众可可之，众否否之，众好好之，众恶恶之，三占从二，可不谓周乎？”他认为美国的民主政体和议会制度“可垂奕世而无弊”。他还把只设宪法，不设君位，只择乡官，不立王侯的瑞士，誉为“西土桃花源”。从这些内容中，反映出魏源已看到西方资产阶级民主政体比中国封建君主专制政制进步，中国应该实行资产阶级民主改革。当然，他对西方政治制度的了解是有限的，他的主张实际中也是难以行得通的，但他的介绍还是给那个时代的人以耳目一新之感。

《海国图志》是近代中国第一部启蒙著作，它对后世产生了重大影响。令人遗憾的是，这部书当时在中国并没有引起人们多大的重视，倒是首先在日本引起了反响。传入日本后，人们对它推崇备至，短短几年中翻刻印刷达 20 多种版本，日本的维新运动先驱无不竞先阅读，以至推动了明治维新运动。德国人郭实腊、英国人威妥玛也分别把它向西方加以介绍。直到 1860 年以后，随着帝国主义对中国的侵略进一步加深，《海国图志》才逐渐被国内重视起来，许多进步人士就是从中汲取了启蒙的思想营养。后来著名的戊戌变法领导者康有为，曾反复阅读这部书，并把它作为传播西学、酝酿维新变法的基础。

魏源 57 岁时升任高邮知州，在兴修水利和盐政改革方面，为民众做过许多好事。但他也无法超越时代和阶级的局限，曾组织团练对抗过太平军。1854 年，魏源以“世乱多故，无心仕宦”为由辞去了官职，随即隐居佛门。3 年后，这位杰出的爱国主义思想家与世长辞，终年 63 岁。

三总兵浴血守定海

青山环抱，大海偎依，浙江杭州湾口外的舟山岛上，一座备受当地人民崇敬的“三忠祠”里，供奉着三位爱国将军的忠魂。青山做证，铭刻着血战到底的英雄身姿；大海絮语，讲述着170多年前发生在这里的一个震撼人心的故事……

“公等随我杀贼，贼不足畏，可尽灭也！万一不利，某身为大将，奉天子命镇守斯土，城亡与亡，大义也！当死在此，不离定海寸步，敢令公等独死乎？”1841年9月26日，这慷慨激昂、气壮山河的声音响彻定海军阵前。面对英国侵略军即将发动的进攻，定海总兵葛云飞抱定以身许国、义无反顾的决心，向全体守岛将士发出了自己的誓言。从9月26日到10月1日，葛云飞与另外两位总兵王锡朋、郑国鸿一起，率领5000将士，同入侵之敌展开了6天6夜的浴血奋战，最后全体将士为国壮烈捐躯。这是第一次鸦片战争中最为悲壮的一役。它为中华民族的反侵略斗争史写下了光辉的篇章。

清军所用道光年间铸造的前膛铁炮

（一）

葛云飞，字鹏起，1789年（清乾隆五十四年）生，浙江山阴（今萧山）人。他青年时代就崇拜历代英雄人物，怀有为国立功的远大志向。30岁时，他考中武举人，35岁又考中武进士。他在浙江瑞安县任副将时，曾亲笔写下一副对联悬挂在大厅里。上联是“持躬以正，接人以诚”，意思是做人要正直，待人要诚恳；下联是“任事唯忠，决几唯勇”，意思是要忠心耿耿地办事，勇敢而又有决断。他后来还特制了两把宝刀，一把上刻着“昭勇”，另一把上刻着“成忠”，两把刀随身佩带，作为时刻勉励自己勇敢杀敌、爱国尽忠的座右铭。

鸦片战争爆发前的十多年间，葛云飞一直在浙江沿海担负海防任务。为了防止外寇入侵，他十分注意研究海防形势，学习军事技术，先后写出了《浙海险要图说》《制械制药要言》《名将录》等关于海防和军事技术的书。

1838年，也就是第一次鸦片战争爆发的前夕，葛云飞被任命担任浙江舟山岛上的定海总兵。当时林则徐刚刚在广州开始查禁鸦片，葛云飞就预计到英国侵略者可能会对中国发动武装进攻。而舟山群岛是中国南北海防线上的中点，英军如果从海路进犯，这里是战略要塞、必争之地。因此，他很早就开始筹划加强定海防务，保卫舟山群岛，保卫浙江沿海。他还写信给浙江巡抚乌尔恭额，指出阴险奸猾的英国侵略者如在广东不能得手，恐怕会北上骚扰浙江沿海，应该早做准备。但是，无能的乌尔恭额认为英军远在南海，不可能来打浙江，对葛云飞的建议不予理睬。

1840 年 6 月，英国远征军发动了侵略中国的第一次鸦片战争。正如葛云飞所预见的，英军在广州、厦门碰壁后，便留下少数军舰封锁海口，其余大军北上进犯。英海军司令伯麦率领 26 艘战舰，于 7 月上旬攻陷了浙江定海。英军进攻前，葛云飞因父亲去世，在绍兴老家奔丧、守孝。听到定海陷落的消息，他立即挥泪离家，奔赴抗英斗争的前线。

他接受了守卫镇海的任务，立即到任担起重任，并提出了首先加强镇海防御力量，然后集中兵力收复定海的作战计划。为加强镇海防务，他采取了一系列措施：调遣精兵防守海口的重要炮台；在海口航道下埋设木桩，用木船、竹筏排列成阵，封锁海口；沿甬江两岸筑起几里长的土墙，每隔 3 尺开一个射击孔，以便打击入侵英军。

葛云飞部署镇海防务的时候，被占领的舟山岛上，定海人民正在遭受英军的野蛮蹂躏。就连当时在中国的一位美国人也在书里这样写道，英国“水手抢劫靠近海滨的城（指定海），须臾之间，他们把这个小城沦为废墟，凡不能带走的东西，一概很荒唐地击毁。每一座屋宇都不分皂白地被打开破坏，每一箱箧都抢掠精光”。面对英军的奸淫烧杀抢，定海的老百姓忍无可忍，自发起来反抗，抓了几十名英军官兵。9 月下旬，英军将领伯麦两次照会清政府的两江总督伊里布，要求释放这些俘虏。伊里布害怕战事扩大，就想利用这个机会和英军谈判实现妥协，命令葛云飞参加谈判。葛云飞怒不可遏，庄严地宣称：“我葛云飞同逆贼不共戴天，不能相见！”

后来不得已参加谈判后，他也是立场坚定，坚决维护国家主权和尊严，并对敌人保持高度的警惕。他指派下属分布在营门外，吩咐说：“敌人若敢开口辱骂，我就当场把他刺死，你们在外边抓住他的随从，杀他一个不留！”由于侵略者的无理要求，这次谈判没有达成协议。

（二）

1841 年 1 月，代替林则徐任两广总督的卖国贼琦善，在广州同侵略者密订了《穿鼻草约》。草约规定，中国割让香港，赔烟款 600 万元，开放

三总兵纪念碑

广州为商埠，释放在定海被中国军队抓获的英国军官安突德等俘虏。只有这样英军才肯退出定海。草约传到浙江镇海前线，伊里布对这些丧权辱国的内容欣然接受，积极准备释放安突德等俘虏。葛云飞和广大爱国官兵对此则愤慨之极。为了防止释放俘虏以后敌人赖着不走，他要求批准他带领军队分水陆两路挺进，迫敌先交出定海，然后我方再放俘虏。经过斗争，伊里布同意葛云飞率军前去收复定海，并派安徽寿春镇总兵王锡朋、浙江处州镇总兵郑国鸿带兵支援。狡诈的英军果然提出：先释战俘，后交城池。葛云飞当机立断，一面下令部队严阵以待准备反攻，一面严正向英军发出通牒："限汝半时，若再有异议，即将贼目（指安突德）阵前正法，督令水陆兵夹剿矣！"英军见中国军队来势勇猛，志在必夺，只得同意拔营撤退，被敌人强占 8 个月之久的定海终于得到了收复。

1841 年 3 月，葛云飞、王锡朋、郑国鸿三位总兵带领 3000 将士，在舟山人民的欢呼声中进驻了定海。此前担任安徽寿春镇总兵的王锡朋，字樵慵，顺天宁河（今天津宁河县）人，曾协助爱国将领陈化成守卫过吴淞口炮台。来自浙江处州镇总兵任上的郑国鸿，字雪堂，湖南凤凰县人，是一位年已 65 岁的爱国老将。这三位素有忠心报国之志的爱国将领共同担负起守卫东南沿海前沿阵地的重任，他们心气相通，肝胆相照，决心在定海筑起一道难以逾越的钢铁长城。

饱经英军蹂躏的定海，此时已是"白骨暴如莽，淫掠殊未已"，景象十分凄惨。葛云飞回到定海后，即同王锡朋、郑国鸿察看地形，制订计划，积极备战。在他们的指挥下，旧有的炮台修复了，被毁坏的城墙修补好了，还在面临大海的城南空旷地带修筑起一道防御用的土墙。葛云飞认为，英军退出定海不过是权宜之计，一旦有机可乘，敌人还会来进攻的。因此，他积极主张进一步加强防务，包括扩建定海外城，堵塞海港入口，熔炼铜铁制造大炮，在城后制高点晓峰岭上增设炮台等。但是，由于清政府的腐败和投降派的阻挠，他的计划不能得到批准实施。直到主张抗战的两江总督裕谦代替伊里布前来浙江，坐镇镇海督师，他才得到了支持。不久，又有 1800 名官兵增派到定海，还带来了 50 门大炮和上万斤炸药、弹丸。

当时在守不守定海的问题上，存在着严重的分歧。以浙江提督余步云为代表的投降派，主张放弃定海。他们认为，定海是一面之城，不过是个海塘，根本无法防守；他们还认为，中国水师不行，不能跟英军抗衡，守定海是下策。他们嘲笑修城，阻挠建工事，要求把兵力撤回大陆。以葛云飞为代表的抗战派，坚决主张守卫定海。高高在上的道光皇帝面对主战与主和两派意见的争论，表现出严重的摇摆性。他一会儿下令叫裕谦调兵增援定海，一会又让裕谦减少定海守卫部队，简直是朝令夕改、反复无常，使内心主战的裕谦也手足无措。眼见朝廷和反对派的这种态度，葛云飞心里又怨又气。

1841 年 2 月，他在给妹夫的一封信里写道："夷匪一案（指英国侵略中国一事）未发之前，文武大吏，漠不关心，失败之后，仓皇失措，殊可痛恨。乃迁延日久，群议蜂起，或矜意气，或图便私，既无切中款要之论，并无公忠体国之心。时事如此，尤堪长叹！弟自上年六月抵镇（指定海镇），九月受事，屡言犬羊之性（指英国侵略军）非大加惩创无以善后，并将剿办机宜分晰条陈，而当事主公咸以为难。自后局势屡变，忽剿忽抚，总无定见。现虽收复，而善后事宜，更无把握。"即使是面对这种极端不利的局面，葛云飞也充满了保卫祖国的决心，他在这封信的末尾表示，要"不避艰危，务尽我心"，巩固海防。

1841 年 8 月底，英国侵略军在兵临广州、攻陷厦门后，终于又挥师北上，准备第二次进攻定海。葛云飞得到情报后，一面部署准备迎敌，一面送信请求上级增派兵船，准备在港湾内海战，并要求送 8000 斤重大炮两门，以便架在山头封锁通道。但是，他的要求没有得到批准。尽管军备不足，工事不固，防线尚弱，但三总兵固守定海、抗击侵略的意志毫不动摇。葛云飞慨然对众将士说道："事已至此，丈夫以身许国，可使庸人笑我为不智，不可使贤者责我为不忠，唯有竭力杀敌，一死以报！"

（三）

定海位于舟山岛西南方，是一个东、西、北三面群山环抱，南面临海的城市。城南临海一方，地势平坦，伸向大海，是一个易攻难守的半塘。这个敌人来犯首当其冲的险要阵地，葛云飞亲自驻守。他对王锡朋、郑国鸿二位总兵说：你们二位是外地调来支援的客将，我葛某是定海的守土之官，理该亲守半塘。经过研究，王锡朋率军扼守城西山间险道，以防敌人从那条路直插城里；郑国鸿率军驻守西南方港口要冲，把住敌军入港的必经之地。阵地部署完毕，葛云飞郑重地向王、郑二位总兵抱拳说道：兄弟奉命与二公共守定海，相信必定能同心协力，这里兵员不多，只望将军生死以守了。

9月下旬，英军29艘舰船载兵2000多人陈兵浙江沿海。26日上午，敌舰排成进攻队形，冒着滚滚的黑烟，向定海开来。大敌当前，三位总兵立即下令准备开战。葛云飞向将士发出战斗动员，并当众宣誓：城亡与亡，不离定海半步！

战斗从26日下午打响。英国由华总代表璞鼎查带领两艘战舰，闯入定海西南方港湾，定海守军立即开炮轰击。顿时，一艘英舰桅杆被击断，敌人还没能进入内港，就被打得赶紧逃出了海湾。

第二天凌晨，英军乘夜色朦胧，又以火轮3艘、帆船1艘炮击定海城南土城防线。葛云飞在土城内指挥发炮还击，双方激战至中午，英军死伤上百人，始终无法靠岸，只得再次退回海面。

正面进攻受阻后，英军28日绕向城西，妄图先用炮火摧毁山头阵地，然后登陆入城。防守在这个方向的王锡朋指挥将士利用岩洞作为隐蔽，杀伤大量敌人，粉碎了英军的进攻。29日拂晓，敌军侦察部队妄图从西南沿海地区登陆，老将郑国鸿指挥士兵发炮轰击，把英军赶下海去。

30日上午，英国侵略者从城西、西南两个方向同时发起猛攻，激烈的战斗一直持续到下午6时，一部分英军又在西南沿海阵地登上陆地。这时，清军阵地上伤亡严重，弹药也快要打光了，郑国鸿总兵临危不惧，大吼一声，手执大刀冲出阵地，带领几十名随身亲兵杀入敌群。敌人再一次被赶下了大海。

战斗进行了5昼夜，英军发射了上千发炮弹，出动了几十艘军舰、兵船，发起了一次又一次冲锋，但都被击退了。5天5夜的激战，中国守军也伤亡严重，粮食和弹药都匮乏不足，各阵地工事也破坏严重。特别是连日淫雨连绵，到处一片泥泞，给守军带来了很大困难。与此相反，英军却调来大批增援部队，兵船由29艘增加到40多艘，兵力由2000多人增加到2万多人，双方的实力差距越来越大了。

10月1日，半夜时分，英军在重新部署后，分两路向定海发动了全面的进攻。一路侵略军在炮火支援下，乘火轮冲向城南海岸，直逼土城防线；另一路利用舢板靠近海岸，在西山头北登陆，袭取通向定海的另一条险路。总兵王锡朋指挥士兵端着土枪，抬着土炮，顽强地阻击敌人，直到枪管打坏了，炮口烧红了，又和敌人展开了肉搏战。战斗相持到下午，2000多名英军登陆，王锡朋不幸被英军炮弹炸掉一条腿，壮烈地牺牲在阵地上。

英军占领西山头后，又兵分两路进攻。郑国鸿总兵负责守卫的西南沿海阵地已是两面受敌，在紧急关头，他激昂地高叫："军人死在战场，是光荣的责任！"他率领守军死守阵地，虽然被枪弹击中，仍然指挥战斗，后来也不幸中炮牺牲。

与此同时，葛云飞正在土城防线奋勇抗击从城南正面登陆的敌军。英军攻破西部侧翼防线后，转头向东杀来，葛云飞的阵地受到两面夹击。眼看着侵略军蜂拥而至，葛云飞拔出大刀，大呼："跟我来！"带领手下仅剩的200名士兵冲入敌阵。敌人被这英勇的行为吓呆了，清军官兵刀光剑影起处，敌人血肉开花。冲杀中，葛云飞的面部被刺，鲜血淋漓，他忍着剧痛，仍顽强拼杀，并亲手杀死了英将安突德，直到全身负伤44处，他仍在坚持战斗。后来，从背后射来的一颗子弹穿过他的胸膛，葛云飞才停止了战斗。传说，葛云飞牺牲时，直立崖石，双手握刀，两眼怒视，大义凛然，令敌人畏之不敢上前。在这次战斗中，英国司令官郭富受伤，被打死打伤的英军士兵数百人。中英战争爆发以来，英国侵略者终于遭到了中国军队最坚决、最顽强的抵抗，中国军民反抗外国侵略的志气与决心，在定海保卫战中得到了充分的体现。

裕谦与镇海保卫战

面对强敌入侵，是贪生怕死、卖身求荣，还是殚竭血诚，奋起抗击？这是在民族存亡的重要历史关头对每个人的严峻考验。“人生自古谁无死？留取丹心照汗青。”同中华民族历史上无数英雄人物一样，鸦片战争时期领导浙江保卫战的民族英雄裕谦，用自己以身殉国的行动，再一次表现了中国人民反侵略的英雄气概。

1841年10月10日，在浙江镇海海防前线，身为两江总督、钦差大臣的裕谦身先士卒，同英国侵略者浴血奋战，最后英勇献身。作为封疆大吏战死沙场，这在腐朽的清末封建统治阶级中，已属凤毛麟角。作为蒙古族上层旗人中的一员，只身坚持主战，这种精神尤为可贵。裕谦誓守海疆，为国捐躯的壮举，真正体现了我国各族人民同仇敌忾，团结一致，共同抗敌的崇高精神。

英国人所绘制的清军士兵演练图

（一）

裕谦原名裕泰，姓博罗特鲁氏，字鲁山，号舒亭，蒙古镶黄旗人，1793 年出生在一个显贵的蒙古族官僚家庭。他 24 岁考中进士，选为翰林院庶吉士，33 岁出任湖北荆州知府，其后又相继升任江苏按察使、布政使，1839 年担任了江苏巡抚，并兼署理两江总督。

在清代，从关外进军中原的满洲人及蒙古人都被分别编入黄、白、红、蓝、镶黄、镶白、镶红、镶蓝八旗，凡在编者都称为“旗人”，他们大多属于统治阶级。裕谦虽然出身显贵，自己又仕途畅达，但他并不沉迷于坐享其成，而是锐意图进，志在为国建功立业。在鸦片战争中，旗人中的王公大臣绝大多数都持不抵抗态度，裕谦却作为旗人中坚决主战的唯一上层人物，坚持了民族大义和爱国主义精神。他曾斩钉截铁地宣称：“要之中国威者，皆忠义之臣，而不顾国体者，皆奸佞之辈；虑久远者，皆智勇之士，而苟图目前者，皆庸懦之流。”在裕谦的信念中，爱国与卖国，抵抗与投降，智勇与庸懦，光荣与耻辱，是如此泾渭分明。也正是怀着这样一颗刚正不阿、成仁取义的赤胆忠心，他走上了中国近代史上反侵略斗争的历史舞台。

1840年鸦片战争一爆发，清政府内即展开了抵抗派与投降派之间的剧烈斗争。投降派主要代表人物琦善战前畏敌如虎，鼓吹抗战必败论调，夸张英国“船坚炮利”“夷船若来……断不能守”“边衅一开，兵结莫释”。战事爆发后，琦善以钦差大臣身份去广东办理中英交涉事务，他向道光帝进谗言，使力主抗战的林则徐被革职查办，并在广东推行不抵抗主义，使英军侵略广州得逞。事后，琦善却以“众寡不敌”为借口来推诿罪责。对琦善的一系列妥协投降行径，裕谦怒不可遏。他上疏道光皇帝，历数琦善“张皇其事”“弛备损威”“违例擅权”、“将就苟且”“失体招衅”等五大罪状，对这个卖国贼进行弹劾。针对琦善所谓“众寡不敌”的说法，裕谦批驳说：“粤中水师船炮，纵不如该夷（指英国侵略军）之坚猛，至陆路官兵……沿海

镇海招宝山清代海防炮台遗址

水勇，以数万计，视贼何啻十倍？而贼之在粤者不过数千人，其陆路夷兵……约计不过千人。琦善果能调兵严防后路，何至夷贼千余，绕出山后，便称众寡不敌耶？”在裕谦等的强烈要求下，琦善终于被道光帝下令革掉职务，锁逮回京，查抄家产。

浙江定海第一次沦陷后，担任两江总督的伊里布不仅反对武力抵抗，下令后撤守军，还派人前往定海“慰劳”英国侵略军，私自与敌人达成投降协议。裕谦出于民族大义，如实揭发了伊里布私通敌人的罪行。

裕谦爱憎分明，光明磊落。早在民族英雄林则徐遭谗言诬谄的时候，他就挺身而出，毅然上疏为林则徐极力辩护。他盛赞林则徐是“兵民所悦服、逆夷所畏惮”的好官，公开挽留林则徐到浙江来共同抗敌。根据林则徐的推荐，裕谦还把爱国思想家魏源聘为幕僚，为保卫海防选任人才。

这年 9 月，裕谦由宝山赴上海，切实整顿东南防务。他查明江苏沿海口岸原有炮台大多陈旧不堪，建议添铸 3000 斤到 8000 斤的大炮数 10 门，同时重建炮台，严防敌人进犯吴淞口等要地。他又下令赶制抬炮 1000 杆，分发给水陆各营，招募挑选精壮兵丁，加紧反侵略战争的训练。与此同时，裕谦还认真研究了战争的全局，连续向道光皇帝上疏，主张用武力收复被英军攻占的东南海防前哨定海。

1841 年 2 月，正当中英鸦片战争愈发扩大的时候，裕谦临危受命，被任命为钦差大臣、两江总督，全面负起东海前线的海防重任。

（二）

裕谦受命后，立即动身赶往浙江，在与定海隔海相望的海防前沿镇海建立了指挥部。来浙江前，他曾建议选派几千名精兵，利用夜色掩护渡海，一鼓作气消灭敌人收复定海。在一封奏折中，他是这样谋划的：“臣愚以为兵贵神速，必先收复定海，使之（指英国侵略军）容身无地，水米无资，而后以克制之法，相机堵御。则英人欲进不能，欲守无藉，虽船坚炮利，无能为役矣。”就在裕谦抵达镇海前线的时候，英军为了向广东集中兵力，也于 2 月底撤离了定海。裕谦没有沉浸在收复定海的喜悦里，他清醒地意识到，作为浙江的门户与东海的前哨，定海是兵家必争之地，英军随时都可能卷土重来，必须加强防务与戒备。

来到浙江前线之后，裕谦就命令定海镇总兵葛云飞、寿春镇总兵王锡朋、处州镇总兵郑国鸿率 3000 将士渡海在定海布防，他自己也亲自登上舟山岛，勘察地形，听取意见，制订防务计划。不久，他就向清政府提出了 16 条有关加强定海防御的建议，其中包括增添炮位、补充军械、改造战船、新筑土城等内容。他还将定海从一般的县份改为直隶厅，增拨部队，添置大炮，并且下令：如果英军舰船驶近口岸，就“相度炮台所能及，奋力开炮剿击”。

裕谦在一定程度上已经懂得，抗敌卫国，一定要动员和依靠广大人民群众。当时曾有人建议封闭沿海所有港口，裕谦对此表示反对。他认为沿海人民靠海吃海，一旦封港，百姓将何以为生？他特别指出，上年对英战争时，渔民们曾踊跃协助官兵，功不可没，今后如有战事，仍须依靠他们协助，所以“断无用其船而不准其谋生之理”。为了充实兵员，提高战斗力，他下令在浙江沿海到处张贴告示，将“膂力过人，手举数百斤者”“能挽强弓，箭无虚发者”“拳棒精熟，能力敌数十人者”“熟识海洋风云沙线，善于操舟，出没风涛者”等民间能人，招募为民兵水勇，要求他们来营报名，“及时自效，杀贼立功”。他明确宣布：凡是合格人材，不问籍贯是本省外省，也不拘从前有无过犯，一概可以留营效力，此后如奋勇立功，还将分别奖励提拔。为了激发群众抗击英军的斗志，裕谦接连发布告示，历数英国侵略者包贩鸦片，引诱愚民，挖掘坟墓，奸淫妇女，虐使良民，掠夺食物，占据民房、庙宇等罪行。他严正指出，英国侵略者无恶不作，实属天地难容，神人共愤。一旦英军胆敢再来侵犯，不论来的是兵船货船，陆路则诱其登岸，水路则引使搁浅，要枪炮齐发，刀矛并施，同心痛杀。他还悬出重赏，凡是擒获英军船舰、生擒或杀死入侵官兵的，都给予优厚的奖赏。在裕谦的激励下，浙江沿海深明大义的群众纷纷奋起，能参军的参军，其余的组织团练乡勇，多次截获潜入海滩的英军士兵及汉奸，阻击驶入近海的英国舰船。在漫长的海岸线上，激荡着一股杀敌立功的热流。

对于少数贪图厚利，叛国投敌的汉奸，裕谦则采取坚决打击、以正压邪的措施。他下令把几个臭名昭著的汉奸捉拿归案，斩下首级，在沿海各地巡回示众，一路宣布他们的罪状，揭示他们的可耻下场。他曾发布过一份文字通俗的告示："……勾通了红毛人（指英军）的，叫做汉奸，实在可恨。想你们众百姓，也是人人要杀他的。……汉奸……并不是天生成的。不过为着吃穿，一时糊涂，上了红毛人的当，弄得来杀头抄家，爷娘老婆弟兄儿子都要问罪。想想看，做得做不得？"这份告示还规定了分化瓦解、区别对待的政策，对镇压汉奸，振奋民心，都起到了积极的作用。

从 2 月到 10 月，裕谦一直披星戴月，奔忙在海防前线，准备着迎击敌人的来犯。他曾满怀对侵略者的深仇大恨大声呼喊：英军攻陷我城池，蹂躏我居民，凡有血气者，自当同仇共愤，咸思食肉寝皮。他们胆敢再犯，正好大加剿洗，断不能任其一人生还！

（三）

正当英国侵略军准备再度北上进犯、东南沿海军民积极备战的时刻，清政府却以"撤兵省费"为名，下令裁撤海防兵力。裕谦赶紧上奏表示反对，报告风闻英军又要来犯，请求朝廷收回原来的命令，保持江浙海防实力。不料道光皇帝竟然批文说："该夷赴浙滋扰，既属风闻，从何究其来历？"并且严令裕谦"将江浙调防官兵酌量裁撤，不必为浮言所惑，以致糜饷劳师"。清王朝的最高统治者还在心存侥幸，英国侵略军却已真的掉头北上了。1841 年 8 月，璞鼎查率舰队攻打福建厦门，当地总兵江继芸战斗至死，厦门沦入敌手，敌人继续北上直扑江浙。裕谦得报后，一面飞速调江宁北旗官兵 800 名，寿春镇官兵 1000 名，日夜兼程来镇海以备调遣，一面上疏，表示自己“唯有殚竭血诚，身先作则，决一死战”。在侵略者的重兵陈列浙江沿海面前，一场大战即将来临之际，他在镇海召集文武僚属庄严宣誓，决心与镇海共存亡：“……今日之事，有死靡贰，……受命专讨，义在必克，文武将佐，敢有受夷一纸书，去镇海一步者，明正典刑，幽遭神殛！”

当时镇海守军有几千人，可是归裕谦直接指挥的不过是少数，其余大都隶属于提督余步云。裕谦只好与余步云约定分险驻军，由余步云守招宝山，知府黄冕守金鸡山，裕谦坐镇中军。

9 月 26 日，英军大举进攻定海。总兵葛云飞、王锡朋、郑国鸿率部殊死抵抗，血战 6 昼夜，最后同数千官兵一起以身殉国。定海陷落后，镇海危在旦夕。英军集结北上，香港兵力空虚，裕谦请求道光皇帝传令广东奕山进攻香港，以牵制北犯英军。但奕山宣称“守为上策，攻战次之”，拒绝进攻。英军后顾无忧，全力扑向镇海。

裕谦知道镇海兵单，援军未至，而身为浙江提督的余步云又临阵怯敌，看来这一仗打胜的可能性很小了，他激励将士凭城固守，同时将军中所有文件转移到嘉兴，并且遣散身边幕僚。裕谦交代他们：若我军得胜，你们快写捷报；如果战败，你们就帮我办理后事。

10 月 9 日，英军对镇海的进攻开始了。英国军舰上的大炮猛轰城外制高点，四野里一片杀声震天。裕谦登上城头督战，他亲擂战鼓，指挥清军顽强反击。正在激烈战斗时，忽然余步云单独一人骑马跑回城来。他对裕谦说：“我家有老小几十口人，这样打下去他们怎么办？我女儿正巧今天出嫁，这如何是好？”裕谦声色俱厉地回答：“儿女之情，君固不免，但忠义高于一切！”说完扔下他继续指挥作战。

余步云被骂后返回招宝山，四周爆炸开的炮弹把他吓坏了。这个号称“宿将”的胆小鬼不再犹豫，下令在山上挂起白旗表示投降，接着就带头逃跑。

由于主将卖国，招宝山守军全线溃败，敌军攻下了招宝山阵地。接着，得手的英军又分兵几路，向金鸡山围攻上来。金鸡山守军坚决抵抗，一直苦战到第二天，敌人才占领这个要塞。

1841 年 10 月 10 日，英军在控制镇海城外的制高点后，又集中兵力，用火炮居高临下轰击镇海城。镇海城内，浓烟滚滚，一片火海。眼看大势已去，裕谦悲愤万分。他下达了最后一道命令，让把官印送往杭州浙江巡抚那里。接着，他向着西北方向叩头遥拜，然后走向泮池，纵身投入水里。副将赶紧救起裕谦，把昏迷的裕谦秘密送上一只小船。

英军进城后，到处搜寻裕谦。他们出了重赏：取下裕谦头颅的，赏 5 万元；取得裕谦一条胳膊或一条腿的，赏 1 万元。但是，爱国将领们早已冒着危险把他送到了城外。离开镇江不远，这位蒙古族的爱国英雄就停止了呼吸，只见他微睁双眼，死不瞑目，似有无限遗恨。裕谦是鸦片战争中牺牲的职务最高的爱国将领，同他一起牺牲的还有镇海县丞李向阳，守备王万隆，把总汪宗宾、解天培，外委林庚、吴廷江等，清军阵亡官兵上千人。

事后，余步云被处以极刑，弃尸街头，落得了叛逃的可耻下场。而裕谦用生命谱写的一曲坚持抗击侵略的悲壮乐章，却永远回响在人们的心田。

陈化成喋血吴淞口

“文臣不爱钱，武将不怕死。”精忠报国的南宋抗金名将岳飞800多年前说过的这句话，已经成为历代有志之士的崇高信条和行为准则。170多年前，面对英军的血腥入侵，一位继承精忠报国精神的老将军，又说出了“人莫不有一死，为国而死，死又何妨？”这样气壮山河的语言。这位老将军，就是在近代史上留下英名的反侵略勇士陈化成。

陈化成的名字，是和中国近代反侵略战争紧密联系在一起的。提起第一次鸦片战争，人们就不能不想起那场由陈化成领导的最为激烈、悲壮的吴淞之役；提起陈化成，人们就不能不想起他以身殉节、气贯长虹的英雄壮举。“我方舰队自从和中国军队作战以来，中国人的炮火要数这一次最厉害。”这是1842年6月16日，英国侵略者攻占吴淞口之后余悸犹存的自供状。这句由敌人说出来的话，也正好从反面印证了陈化成反侵略斗志无比坚定的史实。

江南提督陈化成画像

（一）

陈化成，字业章，号莲峰，福建同安（今厦门市）人，生于1776年（清乾隆四十一年）。他早年加入行伍，后来因作战英勇，治军有方，逐渐得到提升，曾经担任过金门镇总兵、福建水师提督。鸦片战争爆发以前，他在福建沿海督率部下曾多次挫败英国侵略者的侵犯与骚扰，战功卓著。据史载，1832年英船驶入福建、浙江、江苏、山东海面，陈化成立即督师巡逻，加强防守，使英船未敢放肆。1839年，英船又在福建海面游弋，多次在近海抛锚停船，进行侵扰，陈化成都坚决摆出阵势予以逼退。广东虎门销烟以后，英国侵略者为了继续可耻的鸦片贸易，准备向中国发动战争，陈化成坚决站在林则徐禁烟派一边，主张对英抵抗，并且积极整顿水师，加强福建沿海海防。当英国侵略军进犯时，陈化成指挥水师抗击于福建梅林海面，英船败退。陈化成在同入侵者的多次交战中，掌握了敌人活动的一些特点，丰富了海防作战的经验，为以后的反侵略战争创造了有利条件。

1840 年 6 月，第一次鸦片战争爆发。庞大的英国远征军见林则徐在广州防范严密，就决定转而北上，寻找易于进占的突破口，威胁清政府的战略要地。

也就在这时，年已 64 岁的老将陈化成受命于危难之际，被调任江南提督，负责以长江口一带为中心的防务重任。接到命令，陈化成立即起程北上，经过长途奔波率兵赶到吴淞口安营扎寨，投入紧张的备战。

吴淞口，本是黄浦江汇入长江出口处旁的一个小镇。这里地处长江入海口，扼黄浦江尾，既是长江的咽喉，又是华东的门户，同时也是上海的屏障，战略地位极其重要。陈化成到任时，吴淞口炮台已于 7 年前被大水冲毁，一直没有修复，而且要塞兵力也相当薄弱，附近防御设施更是缺乏。面对

当代画家精心所绘陈化成血战吴淞口的历史图景

这样一个名曰“要塞”却疏于武备、无险可踞的防地，陈化成跑遍黄浦江两岸悉心勘察地形，亲自指挥加强战备。为增加兵力，他和当时的江苏巡抚梁章钜提出“寓兵于农，按亩出伕”的办法，在吴淞口所在的宝山县征得壮勇上千人。与此同时，还特地从福建水师挑选了一批精兵来充实力量。在他的指挥下，吴淞口两岸损毁的炮台都得到修复加固，并且添置了60门新铸成的8000斤大铁炮。在吴淞口到宝山县城一线，修筑起高约2丈的土堤墙，堤上建立工事，安设大小火炮。其他各防守要地，均按计划或筑台设炮，或掘沟挖壕，安排驻军扼守，吴淞口的防御能力有了显著的提高。

在驻守吴淞的一年多里，陈化成不顾自己年事已高，悉心操持着要塞建设，全力筹划抗敌之策，真可谓殚精竭虑。为了勘察地形，巡视阵地，他常常乘坐小船，来往于黄浦江两岸，风波之间；为了督促工程，加固工事，他把行李搬到各个炮台，住在第一线指挥，有时甚至和士兵们一起挥锹挖战壕。冬季到了，大雪纷飞，陈化成踏雪来到营地慰问士卒，给他们带去御寒的棉衣。夏季来临，暴雨倾注，潮水涌到陈化成的军帐门前，部将请他移帐，他回答说：“大帐一移，三军惊扰，且我就高燥，而士卒湫溢，于心何安？”一次，他患了腹泻病，担任两江总督的上司裕谦派了医生来诊治，他谢绝道：“栉风沐雨，军营常事。某（我）以老惫偶疾，何独张皇？”陈化成以身作则，与部下同甘共苦的作风，深深赢得了官兵和当地群众的敬仰，人们都尊敬地称他为“陈老佛”。两江总督裕谦听说了他的事迹，感慨地夸赞道：“有此人守吴淞，真乃国家之大幸也！”

经过陈化成的苦心经营，吴淞口的军事防备展现出全新的面貌：黄浦江口东西两岸炮台高筑，成掎（jǐ）角之势扼守门户；西炮台为重点防御阵地，设大炮154门，由陈化成督率千余官兵镇守；东炮台设大炮27门，由总兵崔吉瑞、周世荣率官兵500余名防守；在英军便于登陆的庙港、三棵银杏树，驻有官兵1000多人，用于堵御入侵之敌；从宝山县东门到小沙背一带，层层设炮，节节布防，由徐州总兵王志元防守；吴淞镇以南、蕴藻浜以北，修筑石质半环形炮台一座，设大炮 24 门；吴淞镇对岸修起一座圆形砖质炮台，安炮 21 门；从吴淞到上海市区附近东沟的黄浦江两岸，添设几十门大炮，并用麻袋垒起 26 堡，埋伏官兵数百；水师也造了速度更快的明轮船，船上还装上了铜炮；雇觅了一批沙船渔户，船上备足柴草燃料，准备伺机火攻英船……戒备森严的吴淞口阵地，在老将陈化成的统率下，时刻准备着迎击敢于来犯之敌。

（二）

1841 年 9 月，在广东、福建沿海行不通的英国侵略军，再次集结兵力北犯。这一次，英国政府决定要进一步扩大对中国的侵略，目的在于占领中国的战略要地，迫使清政府签订为侵略者所满意的条约。英军统帅璞鼎查确定，把进攻矛头指向长江水道及其沿岸重镇。恩格斯曾指出，英军“采取这种进攻步骤的用意，是夺取这条重要水道就会置北京于死地，并迫使清政府立即媾（gòu）和”。根据这一战略，英国远征军调动一切可以调动的陆海军，由福建、浙江沿海逐渐向北逐地进攻。9 月，英军攻占并洗掠了厦门。10 月，英军先后攻占定海、镇海、宁波。次年 5 月，英军又进一步攻占了杭州湾北岸的军事重镇乍浦。由 12000 名海陆军官兵和 70 多艘兵舰、船只组成的庞大的英国侵略军，终于来到了长江口外，摆出了决战的阵势。吴淞口作为长江的第一道门户，首当英军进攻之冲，形势极其紧张，战火一触即发。

此时坐镇吴淞口的陈化成，心中却十分镇定、坦然。其实，对于这一天的到来，他是早就估计到了。或者可以说，他一直在等待着这一天。早在一年前道光帝以为议和即成，下令撤销海防的时候，他就表示了反对。当时他曾坚定地请求：“犬羊有信哉！请留本镇兵弗去。”他指出侵略者这些豺狼虎豹是不会讲信义的，吴淞口的守兵不能撤销。当英军攻破定海，葛云飞、王锡朋、郑国鸿三位总兵浴血奋战，以身殉国的消息传来时，陈化成老泪纵横，放声大哭。他对部下说：为了国家，血战疆场，死也值得，大家努力啊！近在咫尺的乍浦被攻陷后，大批英舰驶近长江口，吴淞口外敌舰横陈 10 余里，滚滚黑烟遮住了半边天。陈化成集队誓师，他慷慨激昂地说："化成经历海洋几十年，身在炮火中出生入死难以数计。人莫不有一死，为国而死，死又何妨？我不畏死，则贼无不灭！"老将军长髯飘飘，誓言铿锵，激励着将士们的心。

1842 年 6 月 9 日，几艘挂着米字旗的英国军舰离开大舰队，向吴淞口附近驶来。英舰两舷，站满了直立不动的"士兵"。陈化成识破了敌人是竖了许多伪装的木头人，想试探我军火力情况，于是下令不准开炮，使敌人的诡计没能得逞。英军施计未成，便利用海潮漂浮传来战书。陈化成接到战书，以冷笑置之不理。

此前早已接替裕谦担任两江总督的牛鉴，是个贪生怕死的家伙。他听说英军下了战书，吓得魂飞魄散，竟然提出开城迎接英军，对他们犒劳一番，以缓和局势，消弭战祸。陈化成坚定地回答："本人奉命剿贼，有进无退！"他当即下令准备迎战。这天晚上，陈化成在部署完迎战计划后，对部下说："我们的福分不小啊！"部下问他什么意思，他回答：战斗打响，如果获胜，就是建功立业，武臣卫国；若名败身死，也是虽死犹荣。这难道还不算是有福吗？陈化成下定了誓死卫国的决心。

6 月 16 日清晨，长江掀起了怒涛，吴淞口保卫战开始了。在渐渐散去的海雾中，英国军舰的黑色身影逐渐大了起来。7 艘军舰、6 艘汽船和几十只运兵舢板排成战斗队形，在英国侵华远征军海军司令巴加的指挥下，直扑吴淞。英军采取了用战舰轰击我方炮台，掩护舢板攻打清军侧翼的战术，吴淞口西炮台成为敌人进攻的重点。霎时间，炮声震天，烈焰腾空，弹片横飞，硝烟蔽日，英军倚仗洋枪洋炮的火力优势，气势汹汹地打了过来。

陈化成抖擞精神，怒目圆瞪，健步登上西炮台的最高处。看着敌舰进入了我方火炮的射击范围，他举起红旗，猛然一挥，炮台上的上百门大炮怒吼起来，正义的炮弹直向敌舰飞去。战斗激烈地进行，双方的弹矢如雨点般往来呼啸，爆炸声震耳欲聋，火光染红了半边天空。面对武器更先进、火力更猛烈的强敌，陈化成巍然屹立，对四散横飞的弹片不置一顾，沉着地指挥将士们英勇还击。经过两个多小时的激战，英军伤亡惨重，火力逐渐弱了下来。经战地观察，敌人旗舰皋华丽号中炮多发，后桅被击中 3 炮，炸得东倒西歪。巡洋舰布郎底号被我方击中 14 次，西索斯梯号战舰也被击中 11 次，其他船、艇也遭到了一定程度的损毁。

这时，躲在宝山县城里的两江总督牛鉴，听到陈化成打了胜仗的消息，便坐进大轿，由大队亲兵和仪仗人员簇拥着前来观战。敌舰在望远镜里发现陆上行走着一支仪仗队，知道是有重要官员到来，便发炮轰击。炮弹在总督仪仗队旁炸裂开来，随兵被击毙多人，牛鉴被吓得惊慌不已。他也顾不上自己往日的威风了，匆匆忙忙摘下官帽，脱掉官靴，抛弃了富丽堂皇的大轿，混进士兵群里奔逃。一时间，战地形势急转直下。牛鉴卫队胡乱叫喊着“制军受伤”，在阵地上疯跑，使守军全线大受震动，发生混乱。驻守小沙背的王志元战前就治军不严，现在听说总督已逃，也就弃阵狂奔。把守东炮台的崔吉瑞在战斗打响后按兵不动，怕因开炮而把敌人火力吸引到自己身上，现在也撤离阵地往后跑。由于我方防线出现了混乱和空隙，英军乘势登上了小沙背陆地，开始从侧面对陈化成所部展开包围，形势万分危急。

陈化成目睹败将临阵脱逃的可耻行径，怒火中烧，愈加坚定了奋战到底的决心。他大声呐喊着，继续指挥西炮台将士拼力苦战。由于长时间连续射击，大炮的炮身被烧红了，灼热烫手，陈化成全然不顾，亲自点火开炮。发炮时引起的剧烈震动，把陈化成的手都震破了，鲜血直流，可他依然战斗在炮位上。清朝政府腐败已极，所制大炮质量低劣，战斗中不是炮身炸裂，就是射程太短。而监制炮弹的总兵周世荣竟然允许在弹内掺进碎砖破瓦，以致打出的炮弹没有威力。英军的包围圈越来越近了，周世荣劝陈化成下令撤退，陈化成怒不可遏，拔剑痛斥："向谓尔诚，荐拔若是。今尔负我，以致负国！"周世荣躲开宝剑独自逃命。陈化成转身挥舞宝剑，率领将士们准备与敌肉搏。在激烈的战斗中，陈化成多处负伤。又一颗炮弹在附近炸开，弹片再次击中了他，陈化成身上血流如注。他推开要把他抬下去的士兵，痛心地说："英夷频年猖獗，今日得少挫其威，不料垂成之功，败于一旦，制使（即两江总督牛鉴）杀我矣！"

英军一步步围了上来，开炮已不可能，陈化成挣扎着站起来，怒吼一声，奋力冲击，挺剑向前，不幸再次中弹，倒在了血泊中。这位赤胆忠心的老将，壮烈地牺牲在战斗岗位上，成为又一位为后人永志不忘的爱国将领和民族英雄。

抗英保土的台湾道姚莹

人生若流水，充满曲折跌宕。千百年来，功成受贬、忠臣遭难的记录不绝于史。100多年前率军抗英保台湾的姚莹，也有着爱国者获罪的不平经历。但难能可贵的是，他坚信“公道自在人间”，始终表现了对国家、民族崇高而深沉的忠诚。

1840年7月17日，一艘英国侵略军的武装双桅帆船，在我国台湾西南沿海游弋、窥测了两天之后，偷偷驶进鹿耳门，伺机泊岸登陆。这时，在英船北侧的海面上，突然出现一队中国兵船，枪炮齐鸣，使敌船四周腾起一股股巨大的水柱。这突如其来的打击，使入侵英船惊惶失措，一面放炮招架，一面狼狈而逃。鸦片战争期间的台湾保卫战，就是这样以台湾水师的首战告捷而揭开了序幕。这场保卫战的领导者和指挥者，就是爱国官员姚莹。

（一）

姚莹（1785—1853 年），安徽桐城人，字石甫，号明叔，又号展和，晚年曾以其书斋“十幸斋”取号，自称幸翁。姚莹出身于名门望族，曾祖父姚范中过进士，做过翰林院编修；祖父姚鼐（nài）是中国文学史上著名散文流派桐城派的代表人物之一；父亲姚骙（kuí）在经史学问上也有很深造诣。

姚莹自幼受到严格的家教，学识益著，他自己也成为桐城派的重要人物之一，并在 1808 年 23 岁时考中进士。姚莹致力于经世致用之学，与富于革新思想的龚自珍、魏源等人交往很深，志同道合。他注重现实，关心国家命运，悉心于治理时政的学问，文章以论说时事利害深刻慷慨而著称。

从 1816 年起，姚莹开始为官。他先后出任福建平和、龙溪县令，3 年后调往台湾，担任台湾海防同知、噶玛兰（即今台湾宜兰县）同知（即地

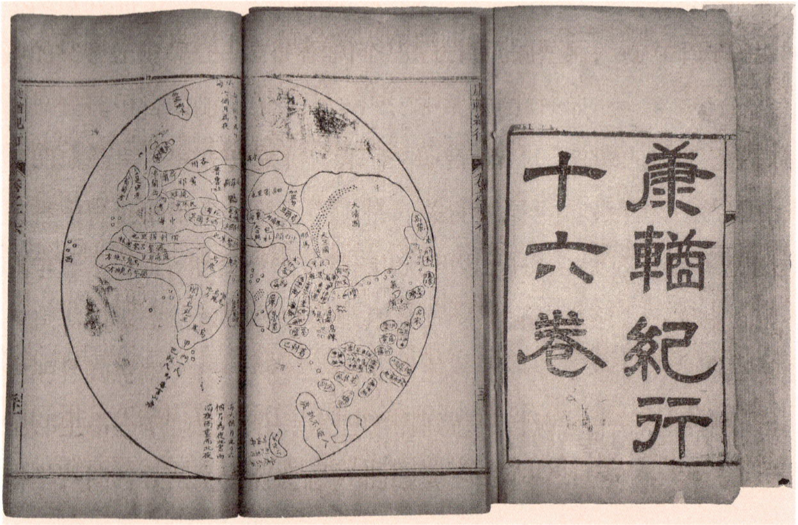

姚莹著《康辅纪行》书影

方厅一级的长官）。1831 年，姚莹又被派往江苏，历任元和、武进知县，高邮知州，不久又被提拔为淮南监掣同知，负责两淮盐运。姚莹认为“服官之道，当以慎勤为本，忠信为贡”，“为政在于得民，而得民者必与民同好恶”。他在平和县时，就很注意体察民情，时常“亲接贫贱，广问以达下情”。到了龙溪县，他比较妥善地解决了当地风行的械斗仇杀问题，赢得了“闽吏第一”的称誉。调到台湾任职后，他更以周巡原野，查看灾情，抚恤民众等举动博得了当地人民的爱戴。所以，他“自牧令至监司，所至有贤声，其政绩在民，不可胜计”。多次被两江总督陶澍、江苏巡抚林则徐所赏识、推荐，认为他的才干可以派更大用场。1837 年，姚莹被重新调往台湾，升任台湾兵备道，并授予按察使头衔。

台湾自古以来就是中国领土。从秦、汉时代起，海峡两岸人民已开始接触，隋、唐以后，关系更为密切，南宋时，这里已隶属于福建路晋江县，到了元代和明代，中央政府都在澎湖设立巡检司。明代天启四年（1624 年）和六年（1626 年），荷兰和西班牙殖民者曾侵入、霸占台湾达 38 年，清康熙元年（1662 年）被郑成功收复。在清代，中国政府设置台湾府，在行政管辖权上隶属于福建省。台湾岛屹立于祖国东南，外接太平洋，内控台湾海峡，连接南海、东海，战略地位极其重要。这里气候温暖，物产富饶，风光秀丽，确实是祖国的宝岛。

姚莹再次来到台湾岛的时候，正是鸦片战争的前夕，英国资产阶级拼命对华倾销鸦片，使中国的财力日益枯竭，军队日益虚弱，民众身心受损，国家危在旦夕。台湾地处海上交通要道，自然也早就成为鸦片走私活动的重要目标。为了更方便地进行鸦片贸易，英国侵略者曾一再叫嚷要占据我国领土台湾。姚莹到台湾赴任不久，广东就出现了林则徐领导的轰轰烈烈的禁烟运动。林则徐那坚韧不拔的爱国精神和反侵略壮举，使姚莹深受感动，更增强了他的爱国热忱。在禁烟运动中受到打击的英国鸦片贩子，发出了要对中国诉诸武力的威胁。姚莹清醒地认识到，中英之战势在难免。

清宫廷画家绘《道光帝行乐图》卷

姚莹很有国际眼光，平时非常注意了解西方各国的情况。早在来台湾之前，他就读过当时还不多的几本介绍外国情况的书籍，敏锐地感到西方殖民势力的威胁日益迫近。他曾提醒清政府，要注意英国侵略者的野心，早做防御准备。如今中英战争临近了，而台湾孤悬海外，地位又是如此重要，姚莹断定敌人必然来犯，必须及早加强防备，“预为战守计”。

姚莹坚信民心可用，他同台湾总兵达洪阿统一了看法，立即着手组织全台文武官员筹备海防。他调集兵力，调整部署，在全岛各海口普遍设防；督令各级官兵修整炮台，维护船只，擦枪拭炮，从内地调来多门新铸造的大炮和一批弹药；并亲自检视水师训练，命令加强沿海巡防，打击鸦片走私，严防奸细偷渡。针对台湾和福建全省的反侵略情况，姚莹还向督抚邓廷桢提出了七项御敌措施：募壮勇以贴兵防，派兵勇以卫炮台，练水勇以凿夷船，习火器以焚贼船，造大舰以防攻战，雇快船以通文报，派委员以资防守。在姚莹的领导下，台湾军民秣马厉兵，严阵以待。

（二）

1840 年 4 月，英国议会做出派军队入侵中国的决议，40 多艘舰船载着 4000 多名侵略军，于 6 月开到了中国沿海，第一次鸦片战争爆发了。不出姚莹所料，7 月 16 日，一艘英国双桅船开到了鹿耳门外的马鬃洋面。姚莹和达洪阿立即布战迎敌。他一面命令水师赶赴鹿耳门加强巡查防守，一面命令北路厅县营进行堵截。第二天，姚莹下令水师出击，中国船队枪炮兼施，把前来试探的敌船赶出了台湾近海。

初战告捷，姚莹并没有放松自己的警惕。他深知“英夷垂涎台湾已久”，虽被击退，还会“大队复来”，必须进一步加强防卫。在他领导下，台湾全岛的 17 个重要海口和澎湖列岛的 7 个海口全部设防，守军枕戈待旦，士气高昂。

1841 年 7 月，英国侵略军果然又派出 3 艘三桅船再次进犯台湾，但慑于我方防备严密，无机可乘，只得怏怏退回。9 月 30 日，英国纳尔布达号远洋双桅舰满载数百名官兵，拖带着许多只舢板驶进了台湾北部基隆港外的万人堆洋面，对我二沙湾炮台发炮挑衅。中国守军奋起还击，英舰桅杆被我方炮弹击中折断，慌乱中敌舰又撞到了礁石上，于是“夷人纷纷落水，死者不计其数，或凫水上岸，或上舢板逃生”。这时，各路守军纷纷出动，附近居民也一齐上阵，水面、陆地，官兵、乡勇到处围追堵截，大获全胜。这一仗共活捉敌军 133 人，毙敌 27 人，溺水致死 75 人，缴获大炮 10 门。这一胜利，是中英开战以来我方取得的第一次大捷。

10月中旬，英舰再次窥伺于基隆港外，声言要救回被俘英军。经过激烈炮战，终于又被击退。

利用战后的间隙，姚莹认真总结了经验。他分析，英军的长处是武器精良，但其在中国作战，环境生、战线长、消耗大，并且敌船最怕搁浅和火攻。因此，姚莹认为与敌作战应“不与海上争锋”，要“以计诱其搁浅，设伏歼擒”。他向清廷报告了保卫台湾的五项方略：装石沉舟塞港以阻敌船，沿海建筑土墙石壁以御敌炮，水湿牛皮棉被以挡敌枪，固炮台选义勇以守郡城，稽查奸细叛逆以防内患。与此同时，他还命令各地添练壮勇，实行“家自为守，人自为守”；到处张贴告示揭露侵略者的凶残，激发民众的爱国热忱；亲赴南北各地募集义勇4.7万多人，半数就地保卫家乡，半数集中听候调遣。台湾的抵抗力量空前增长，海防大为增强。

但是，侵略者不甘心失败，他们几次侵袭均遭败绩后，又企图寻找台湾岛防守薄弱的地点实施进攻。1842年3月，英军阿纳号兵船来到台湾西北部五义港外洋巡弋，姚莹按照诱敌伏歼的战术，命令淡水、鹿港、彰化等地守官雇募渔船设下埋伏。11日，阿纳号带舢板4只，靠近淡水、彰化交界处的大安港。姚莹派人乘渔船靠近，假称来当向导，把敌船引导到礁石林立的土地公港搁浅。突然，四周伏兵尽起，枪炮齐鸣，入侵之敌成了进退无路的瓮中之鳖，只得束手就擒。这场战斗，击毁敌船1艘，打死打伤敌兵数十，俘虏49人，缴获火炮、枪支、腰刀等战利品甚多，英国侵略者企图攻占台湾的阴谋破产了。

鸦片战争期间，台湾虽然不是主要战场，但中国军民采取正确的战略战术，用简陋的武器打败了装备先进的英军，取得了“夷五犯台湾，不得一利：两岔走，一潜遁，两破其舟、擒其众”的辉煌战果。姚莹率领当地军民，取得了台湾保卫战的胜利，为中华民族的反侵略斗争史增添了光彩。

（三）

鸦片战争期间，姚莹不但出色地领导台湾军民抵御外侮，连战皆捷，而且还不畏权势，同投降派进行了顽强的斗争，表现了一位爱国者的坚定立场。

1840年8月，英国侵略军攻陷浙江定海后，北上渤海，直抵天津大沽口，陈兵白河口，以侵犯北京为威胁，提出一系列无理要求。投降派大臣琦善等人利用这一时机，一面攻击诋毁抵抗派，一面向敌人谄媚求和，竟然得到昏聩无能的道光皇帝的信用，被派往广州代替林则徐办理中英交涉。对于琦善撤捎海口防务、遣散乡勇水勇、扣压防务费用等行径，姚莹气愤至极。他一再上书展开斗争，并且列举厦门“撤义勇九百人，甫一月，遂有失陷”的事实抨击投降派的卖国主张。在台湾是撤防还是加强设防的问题上，姚莹顶住了压力，使投降派的主张没能在这里得逞。第二年8月，被侵略者炮声吓坏了的闽浙总督怡良，竟然命令打了胜仗的姚莹将所俘英军押解内地，交还敌方。姚莹非常气愤，立即复信指出，“夷性畏强欺弱”，我方不能“明示之弱”于敌。他指出：“两军对垒，势必交锋，非我杀贼，即贼杀我”，如果畏敌如虎，将敌俘送还，“何以鼓舞士卒”？并且他以台湾通往内地的渡口有敌舰停泊、内渡困难为理由，拒绝了怡良的无理要求。姚莹抵制、反对投降派的正义行动，必然触怒了那些“外战外行，内战内行”的卖国贼们，使他们耿耿于怀，伺机报复。

1842年8月，英军攻占镇江，兵临南京，清政府被迫签订了丧权辱国的《南京条约》。英国侵略者在捞到了巨大的利益后，还要掩盖自己的侵略罪责。英国代表璞鼎查竟然诡称在台湾被俘的英军都是遭遇台风的难民，诽谤姚莹、达洪阿是“冒功欺国”。穆彰阿、伊里布等投降派乘机附和敌人，把战争的责任推到抵抗派身上。一度倾向抵抗、对英宣过战的道光皇帝，在内外压力下，将抵抗派抛了出来。对姚莹心怀敌意的怡良被派往台湾查办姚莹等的“罪责”。1843 年 3 月，怡良在调查中完全附和侵略者的指责，诬良为盗，将姚莹和达洪阿逮捕押解北京问罪。这一倒行逆施引起了台湾军民的极大不平。当怡良去台湾拿问姚莹时，众兵痛哭投戈，“士民复千百为群，日匍伏于大府行署，纷纷签呈申诉者，凡数十起”。这不仅表明了中国人民对妥协投降行为的无比愤恨，也表达了台湾人民对姚莹这样的爱国志士的尊敬与爱戴。

1843 年 10 月，蒙受不白之冤的姚莹被押解到北京。本来守土有功之臣，却因爱国获罪，首席军机大臣、卖国贼穆彰阿先给姚莹定了罪，主张从重处罚。在政府内外公正舆论的压力下，道光皇帝也感到将功臣治罪太过分了，便决定“冷处理”，发配四川、西藏效用。

尝尽了人生酸甜苦辣的姚莹，即使在遭受打击最严重的时候，也没有意志颓丧，改变初衷，仍然满怀为国效力分忧的一片赤诚。他说：“吾辈立志本不在温饱，亦不畏权势，苟能一言一事于斯世有益，所获多矣！夫君子之心，当为国家宣力分忧，保疆土而安黎庶，不在一身之荣辱也。”

在西藏期间，姚莹以其忧国忧民的拳拳赤子之心，时刻系念祖国安危。尽管身遭贬谪，环境险恶，他仍搜集了大量有关边疆的材料，了解周边各国的情况，写下长达 16 卷的《康辅（yóu）纪行》一书。关于写作这部介绍边疆、国外情况的著作的目的，姚莹说：“欲吾中国童叟，皆习见习闻，知彼虚实，然后徐筹制夷之策。是诚喋血饮恨而为此书，冀雪中国之耻，重边海之防，免胥沦于鬼域。”在这部书中，姚莹还提醒国人，英国人“窥藏之心久矣”，俄英争夺势力范围威胁我国西部边疆。他指出，鸦片战争以后，“可骇可耻之事，书契以来所未有”。他还在书中分析了中国过去“无人留心海外”的恶果，向人们疾呼睁开眼睛看世界。

姚莹一直坚信“公道自在人间”，相信历史总会抹去尘埃，还事实以本来面目。当时，有好心人劝他不要再谈国事，以免招灾惹祸。他却回答：

“谓余一腔热血何必掬以示人，余谓君血自未真热耳！”在他看来，怕打击、挨整而不关心国家命运的人，不是怀有真热血。真正的爱国者，什么时候都不怕向世人捧出一片真心、一腔热血。姚莹自己正是一位把满腔热血都献给了祖国的崇高爱国者。

1848 年，姚莹因病返回安徽原籍。直到 1850 年道光去世，咸丰帝登位以后，姚莹的冤案才得到平反。他和林则徐等人一起被重新起用，担任了广西按察使，直到 3 年后病逝任上。

姚莹以捍卫祖国神圣领土为己任，他的卓著功勋将永垂青史。他身处逆境而不改爱国之志，毕生为祖国和民族的命运而奋斗，这种深沉而崇高的精神将永远启迪后人。

洪秀全与太平天国革命

地上的现实黑暗透了，人们就把希望的目光转向“天国”；清王朝政治腐朽透了，人们就向西方寻找真理。尽管以后代人的标准来看，他们的信仰未免幼稚乃至可笑，他们的行为未免带有相当的盲目性，但是，他们那鲜明的叛逆与探索意识，那冲天而起的反封建斗争精神，那维护民族尊严的英雄气概，无不给人以教益、启迪和鼓舞。

人民英雄纪念碑上表现太平天国革命运动的浮雕

鸦片战争后的中国，“国之财尽矣，民之苦极矣”，神州大地到处弥漫着无边无际的愁云惨雾。中国向何处去？人民大众的希望在哪里？在民族危机、阶级矛盾剧烈斗争的时势激荡下，在千百万人不屈不挠奋起抗争的革命洪流中，历史锻锤出了一位在近代史上叱咤风云的人物——洪秀全。洪秀全所领导的太平天国革命运动，荡涤了大地上的种种污垢陈渣，严重

1923年出版的《太平野史》书影

动摇了数千年封建专制统治的殿堂，揭开了我国旧民主主义革命的序幕。在中国人民反帝反封建斗争的光辉史册中，在中国历代杰出人物的光荣榜上，洪秀全的名字将永放光芒。

（一）

洪秀全原名洪仁坤，乳名火秀，广东花县人，1814年1月出生在福源水村一个农民家庭，后来迁居距广州90里的官禄㘵。他7岁入塾读书，13岁考中县试童生，16岁因贫困辍学回家，边读书边种田，18岁起当起了村里的乡塾教师。

同旧时代所有的读书人一样，洪秀全起初也是以应考、中举、做官当做唯一的出路，把自己的抱负和前途寄托在科举上。他的青少年时代，是在饱读经书、奔波科场中度过的。16岁那年，洪秀全第一次赴广州赶考，结果名落孙山。经过7年苦读，23岁时他二度赴考，结果仍是没有考取。

1838年，洪秀全第三次进广州应考，并且在初试时名列前茅，但复试后他又一次落第。1843年他第四次应试，结果依旧是失利，连个秀才也没当上。清末内幕黑暗、弊端丛生的科举制度，早已把家庭门第看得远重于才干，是不可能向这位贫苦农家子弟敞开大门的。

洪秀全奔波于科场这十几年，正是中国社会急剧变化的时期。政治腐败、民不聊生的社会现实深深地刺激了这位素怀远大志向而又深知民间疾苦的青年。洪秀全长期生活在广东农村，这里既是“天地会”武装抗清斗争的活跃地区，又是中国人民禁烟斗争最激烈的地方，反抗的思想很自然地逐渐对他产生了影响。在第三次应考未中以后，他大病一场，于万般痛苦中立下了铲平天下不平之事的志向。他吟诗道：“手握乾坤杀伐权，斩邪留

洪秀全故居位于广州市花都区新华镇大布村官禄埗，是洪秀全成长、耕读和从事早期革命活动的地方

正解民悬。眼通西北江山外，声震东南日月边。展爪似嫌云路小，腾身何怕汉程偏？风雷鼓舞三千浪，易象飞龙定在天。”到了第四次赴考落第以后，对黑暗世道的愤慨和屡试不售的积怨交织在一起，洪秀全毅然抛弃了科举仕途的幻想，更坚定了改造社会的志向。他从广州回到花县家中，怒气未消，把书籍都扔在地上，愤愤地说：“不考清朝试，不穿清朝服，让我自己来开科取士吧！”他在一首诗里写道：“龙潜海角恐惊天，暂且偷闲跃在渊。等待风云齐聚会，飞腾六合定乾坤。”在这里，他已经把自己比作即将惊天飞腾的神龙，只等积蓄好力量来重振河山了。

要推翻现实，要发动革命，靠什么来积蓄力量、动员群众？洪秀全抛开了中国传统的思想束缚，开始向西方寻找救国救民的真理。

1807年，英国伦敦布道会派遣牧师玛礼逊来广州传教，将《圣经》译成中文。玛礼逊的一个信徒梁发根据基督教义写了一本名为《劝世良言》的布道书，在社会上分发宣讲。这本书宣扬“神天上帝”耶和华是“天地之宰”“唯一真神”，并且描绘了一幅颇为诱人的“天国”理想图。洪秀全认真研究了《劝世良言》，接过“独一真神唯上帝”的论点，把它作为向皇权贵族、贪官污吏斗争的武器，并把建立“天下一家，共享太平”的“天国”，作为奋斗的理想。1843年，他自行洗礼，创立了拜上帝教，并开始在亲友中宣传。他还铸了一把刻有“斩妖剑”字样的三尺宝剑随身佩带，并且咏诗表达自己的抱负：“手持三尺定山河，四海为家共饮和。擒尽妖邪归地网，收尽奸宄（guǐ）落天罗。东西南北敦皇极，日月星辰奏凯歌。虎啸龙吟光世界，太平一统乐如何。”

最早被洪秀全说服同拜上帝的，是同为当村塾教师的冯云山、洪仁玕（gān），他们首先砸毁了家里供奉的神像和村塾里的孔夫子牌位，以示一心一意信奉上帝。在封建社会，竟敢把尊为“至圣”的孔子看作邪神，这是历史上破天荒的大事。这种“离经叛道”的做法引起了轩然大波，结果三人都失去了教师职业，开始了专门的宣传新教活动。

1844年春，洪秀全、冯云山离开家乡赴广西传上帝教，劝导大批农民洗礼入教。第二年，冯云山辗转来到广西桂平县紫荆山区向矿工宣传，洪秀全则返乡研究、撰写传教文书。在两年多的时间里，他先后写出《原道救世歌》《原道醒世训》《原道觉世训》等文章。这些文章劝人戒掉"淫""忤""盗""赌"等不正行为，宣传政治上、经济上人人平等的思想，确立以推翻清王朝为战斗目标，追求建立"有无相恤，患难相救，夜不闭户，道不拾遗，男女别途，举选上德"的公平正直太平世界。当然，洪秀全的这一切观念、主张都是在声称自己接受了耶稣的天命，是在替上帝传播教义的名义下提出来的。但剔除宗教的形式，我们可以看出，它的本质是宣扬民主主义思想的。洪秀全写出这三篇以宗教为掩护的宣传革命思想的文章，实际上是为发动太平天国运动奠定了理论基础。

（二）

1847年8月，洪秀全再赴广西，在桂平紫荆山与冯云山会面。在此之前，冯云山已在紫荆山区初步打开局面，在当地发展了3000多名拜上帝会成员。洪秀全到来后，他们建立了拜上帝会的总机关，还制定出了加强会内组织的各种仪式和纪律，拜上帝会的影响范围日益扩大，逐渐形成了以紫荆山为中心的五大块活动基地，组织起了以烧炭工人、矿工和贫苦农民为主的上万人的群众。在这片根据地里，洪秀全和冯云山大造除妖灭魔（即推翻清王朝）的舆论，还率领会众到处捣毁佛像，扫荡庙宇，向封建势力挑战，并且同地主恶霸的团练武装展开了斗争。经过几年努力，革命力量积蓄起来了，起义的条件逐渐成熟了，洪秀全满怀豪情地吟诗写道：

近日烟氛大不同，知天有意启英雄。
神州被陷从难陷，上帝当崇毕竟崇。

反映太平天国战斗场面的绘画作品

明主敲诗曾咏菊，汉皇置酒尚歌风。
古来事业由人做，黑雾收残一鉴中。

在这首诗中，洪秀全以汉高祖刘邦、明太祖朱元璋这两位开国皇帝自比，表达了对建立新政权的必胜信心。

1850年夏季，拜上帝会已经形成了“共推洪秀全为首”的坚强领导核心，它的势力也扩展至西到贵县，东到平南、藤县，南到博白、陆川，北到武宣、象州这样一片辽阔农村。洪秀全于7月发布动员令，“凡拜上帝者团聚一处，同食同穿”，整编成军事组织。几个月内，万余会众齐集紫荆山南麓的桂平县金田村。1851年1月11日，在万众欢呼声中，洪秀全正式宣布起义，定国号为“太平天国”。一场气势磅礴、震撼世界的农民革命开始了。

洪秀全率领太平军在连续挫败敌人多次围攻后，从紫荆山挥师北上，先后占永安，破全州，克道州，一路以秋风扫落叶之势，席卷湖南、湖北许多县城。太平军所到之处，贫苦农民纷纷响应，杀得清军丢盔弃甲，尸横遍野。1853 年 1 月，太平军胜利攻克华中重镇武昌，这支农民武装也已经发展成为一支拥有 50 万兵马的革命大军。接着，洪秀全又统领千军万马沿长江水陆并进向东，在攻克九江、安庆等地后，于 1853 年 3 月夺占了南京城。在短短两年多的时间里，太平军从偏远的金田直打到江南腹地南京，几乎横扫小半个中国，沉重地打击了摇摇欲坠的清王朝。

进驻南京后，洪秀全宣布改南京为天京，定为太平天国首都，正式建立了与清王朝对峙的农民革命政权。从此，在虎踞龙盘的石头城上，太平天国的杏黄大旗飘扬了 11 个春秋。1853 年 5 月，洪秀全命令太平军主动出击，分兵北伐和西征。北伐军先后穿安徽，过河南，进山西，扫河北，最远打到天津附近的静海县。西征军则控制了安徽、江西和湖北东部的大部分地区。与此同时，在天京外围开展的激烈的天京破围战，也取得重大胜利。在它军事上的全盛时期，太平天国的版图囊括了 23 个府州，长江中下游地区几乎全部成了它的属地。

太平天国建都南京后，天王洪秀全颁布了一系列制度、政策，来巩固政权。1853 年下半年在南京颁布的《天朝田亩制度》，是一个有代表性的纲领性文献。这份文献以土地问题为核心，涉及政治、经济、军事、文化、外交等领域，是太平天国所要建立的“理想天国”的蓝图。

《天朝田亩制度》提出：“凡天下田，天下人同耕，此处不足，则迁彼处；彼处不足，则迁此处。凡天下田，丰荒相通，此处荒则移彼丰处，以赈此处荒；彼处荒则移此丰处，以赈彼处荒。务使天下共享天父上主皇上帝大福。有田同耕，有饭同食，有衣同穿，有钱同使，无处不均匀，无人不饱暖也。”这些反映了农民朴素的平均主义思想的主张，无疑是对封建地主阶级占有制的彻底否定，深受广大群众的欢迎。从平均主义思想出发，太平天国还制定了每个农户按人口多少分配土地的分田法，实行了太平军内不领俸钱的供给制。太平天国境内，还开展了男女一律平等的妇女解放运动。

但是，由于阶级的局限性，在胜利面前，太平天国领导集团内部逐渐滋生了骄傲、虚荣和猜忌，终于在1856年发生分裂，爆发出一场自相残杀的“天京变乱”，2万多将士被杀，10多万精兵分裂出走。这场内讧大大地削弱了革命力量，天国的事业开始走向了衰落。

（三）

“天京变乱”后，清军趁机反扑，攻陷了武昌、九江等地，又在南京周围建立起江南、江北大营。洪秀全在不利情况下，果敢起用青年将领陈玉成、李秀成等担任各军主将，请从香港来到天京的洪仁玕主持政务，使得形势重新好转。太平军再次攻破清军江南、江北大营，还乘胜开辟了江浙地区。

但是，始终被中外反动势力视为眼中钉、肉中刺的太平天国政权，面临着国内外敌人的联合镇压。在帝国主义的侵略面前，洪秀全表现出了反侵略的英勇气概，维护了民族尊严。

天国建都南京后，帝国主义分子曾打着“中立”旗号窜到天京，诱迫太平天国承认清政府签订的卖国条约，结果都碰了壁。外国侵略者曾提出愿协助推翻清政府，但条件是平分中国领土。洪秀全当即拒绝，义正辞严地表示：“我争中国，欲想全图。事成平分，天下失笑。不成之后，引鬼入邦。”面对侵略者的威胁恫吓，洪秀全说：哪能再把西洋人引进来让其骑在头上作威作福！1862年，英国提出准许英舰在太平军辖区内自由航行，不许太平军进入上海、汉口周围百里以内等无理要求，洪秀全认为是实属荒谬，理直气壮地逐条予以驳斥。

外国侵略者在太平天国面前接连受挫，恼羞成怒，终于彻底撕下“中立”的伪装，赤裸裸地亲自上阵出马，在太平军的头上挥起刀来。1860年6月，英、法侵略者为了维护自己从清政府那里得到的权益，雇请美国人华尔出面，组成了对抗太平军的“洋枪队”。当年7月，太平军与“洋枪队”两战上海松江，毙敌150多人，击伤200多人。1862年上半年，太平军在上海及其周围地区与上万名外国侵略军接连鏖（áo）战三个月，较大的战役累计打了十几场，取得了先挫后胜、令敌胆寒的战果。与此同时，在浙江宁波、绍兴地区，太平军同“洋枪队”和英法侵略军进行了殊死的搏斗。从5月的宁波攻防，8月的余姚却敌，9月的反攻宁波，次年春天的绍兴坚守，英法海军严重受挫，英国海军司令何伯身负重伤，法国海军司令卜罗德中弹身亡，“洋枪队”头子华尔及其继任统领达尔第福也都被太平军击毙。1863年2月起，太平军又开始了与中外敌人殊死搏斗的苏南城镇保卫战。太仓城下几番拼杀，500多名“洋枪队”毙命；苏州城防战十余日，“洋枪队”死伤又达几百人；在金坛保卫战中，“洋枪队”伤亡惨重，连总指挥戈登腿部也吃了一枪；在江阴突袭战中，进犯的800名“洋枪队”全军覆没。1864年春展开的常州之战是太平军与“洋枪队”最后一次交锋。戈登统率步、炮兵3000多人倚仗巨炮、洋枪的火力优势攻打常州，太平军8000将士前仆后继，浴血苦战，最后全部壮烈身亡。在这场战斗中，“洋枪队”伤亡近2000人。

洪秀全统帅太平军与外国侵略者的较量，是继三元里人民武装抗英斗争之后规模最大、历时最久的反侵略作战。在战场上，太平军一再打败曾在第二次鸦片战争期间在京津逞凶的英法联军，消灭外国侵略者的高级将领，沉重打击了侵略军和“洋枪队”的嚣张气焰，表现了中华民族不屈不挠的反侵略斗争精神。

在内外敌人的联合进攻下，太平军寡难敌众，处境越来越危急。1863年，江浙战场瓦解，天京形势险恶，洪秀全慨然表示：不怕一切，决心坚持到底。敌人5万重兵围城，天京城内粮荒严重之时，洪秀全下令“合城俱食甜露（即野草）”，他自己带头吃草团鼓舞大家，并且发出诏旨，严禁通敌叛变行为，坚定太平军战斗的斗志。4月间，清军两次倾巢而出攻城，洪秀全率军民拼死搏斗，击败了敌人的进攻。由于国事操劳，心力交瘁，洪秀全不幸身患重病。在生命垂危的时刻，他写下自己最后一封诏书，刚毅地号召“大众安心，……保固天京”。1864年6月1日，天王洪秀全病逝。面对数十倍于己的清军的最后的进攻，太平军将士寸步不让。7月9日，清军用3万斤炸药炸开城墙，太平军英雄们用身体组成人墙，继续奋战。经过惨烈悲壮的巷战肉搏，太平军寡不敌众，3000名守城将士全部战死，天京陷落。在帝国主义和封建统治者的联合绞杀下，这场震撼世界的太平天国革命运动终于失败了。

太平天国革命历时14年，影响遍及大半个中国，严重动摇了封建王朝的统治根基，成为中国历史上的伟大事件。洪秀全作为这场农民革命运动的发动者和领导者，他那奋起反抗封建统治、反抗帝国主义侵略的精神，他那不屈不挠、矢志不渝的革命斗志，都将永远为人们所景仰、纪念。

洪仁玕和他的救国自强方策

数百年来，为寻找救国自强的道路，无数仁人志士披肝沥胆，殚精竭虑，前赴后继，流血牺牲。他们的经历各不相同，所提出的主张迥然有异，最终结果也全然不同。但是，我们评论历史人物，不仅应该跳出“以成败论英雄”的窠臼，更应该从历史发展的大趋势来加以把握。能够顺应历史潮流，提出进步主张的，即使暂时失败了，他们也是我们民族的精英。他们所设计的救国自强的方策，即便没能得到实行，但仍不失为我们振兴中华伟大事业的宝贵精神财富。

我今虽永逝，一语贻后贤：
天国祚虽斩，复生待他年。

1864 年 11 月 23 日，江西南昌城外的刑场上，一位气宇轩昂的中年汉子在诀别人世前傲然睥睨（pì nì），慷慨悲歌，咏出了他满怀信念、气贯长虹的《绝命诗》。这位年仅 42 岁就英勇就义的中年人，就是太平天国革命运动中富有远见卓识的政治家、思想家洪仁玕。他那追求救国救民真理的奋斗历程，那百折不挠为实现真理而献身的精神，连同他那闪烁着异彩的思想，为后人树立了光辉的榜样。

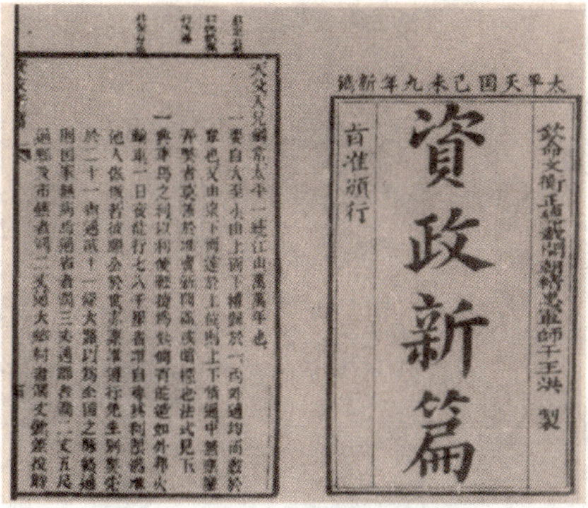

《资政新篇》书影

（一）

洪仁玕字益谦，号吉甫，广东花县官禄坾村人，1822 年 2 月 20 日（清道光二年正月二十九）出生在一个农民家庭。他和后来领导太平天国革命的洪秀全同为一个家族，他是洪秀全的同高祖族弟。洪仁玕自幼喜读书，但每次参加科举考试都未能及第，只得在家乡当一名塾师，是一位富有才气而不得志的乡间知识分子。

洪仁玕比族兄洪秀全小 8 岁，两家里巷相接，往来密切。屡试不售的共同遭遇，怀才不遇的共同感触，使洪仁玕和洪秀全思想接近，逐渐产生了对清王朝统治现实的不满。1843 年 6 月，洪秀全受基督教小册子《劝世良言》的影响，创立带有反叛性质的拜上帝会的时候，洪仁玕首先予以接受，并且和冯云山一起成为拜上帝会最早的信徒和骨干。从那时起，他就立下了毕生的志向，要为实现救国救民的“地上天国”理想而奋斗。

洪仁玕与洪秀全、冯云山一起，根据拜上帝会不信邪神、不拜偶像的

反映太平天国时期的绘画

主张，首先砸倒了塾馆里的孔子牌位。他的行为惊动了乡里，招来保守势力的责难。于是，洪秀全和冯云山出走广西，专门去传播教义，洪仁玕则来到广东靖远县，一边教书一边继续宣传拜上帝教。

1851年，洪秀全在广西桂平县发动金田起义，建号太平天国。消息传来，洪仁玕立即带领他发展的几十名会友西上，想与太平军会合。不料赶到桂平时，太平军已经移师永安，清军正在搜捕、镇压与拜上帝会有联系的群众。洪仁玕改名换姓继续追赶，终因路上封锁严密，只得退回广东。此后，他又两次潜赴广西，都因为敌人查询严密，未能如愿。

太平天国铸造的钱币

1852年，洪秀全派人携带信件回到广东，招集家乡父老兄弟准备发动起义，尔后带领群众投奔太平军。但是起义不幸失败，洪仁玕无处藏身，险些被捕身亡，最后只好被迫远走他乡，于这年 4 月逃到香港。

洪仁玕来到香港后，经人介绍当上了外国传教士的中文教师。此时的香港，已经被丧权辱国的《南京条约》割让给英国，那里既是英帝国主义侵略中国的前方基地，也成为西方资本主义文化输入中国的窗口。洪仁玕于 1853 年接受洗礼，成了太平天国历史上第一个也是唯一的接受西方宗教洗礼的基督徒。他一边教书，一边悉心学习天文、历法等西方科学文化知识，成为当时最熟悉西方的中国人之一。对西方资本主义世界了解得越多，洪仁玕的心境越不平静。在学习、对比、思考中，他更加深刻地认识到中国的积弱，看清了清政府的腐败。他认为，要想救中国，不光要推翻清王朝，还必须向西方国家学习，吸取它们先进的东西，在中国建立起强盛的“地上天国”，改变因为落后而受人欺负的局面。

身居香港这几年，洪仁玕虽然远离太平军，却仍然念念不忘革命。他在教书、学习之余，抓紧时间撰写《洪秀全来历》一书，宣传太平天国的思想和业绩。1854 年，当他得知太平天国定都天京的消息，再也遏制不住革命的激情，随即离开香港，经海路赶往上海，准备从东路奔赴天京。在颠簸的航船上，他写下“船帆如箭斗狂涛，风力相随志更豪”的诗句，抒发自己百折不挠投身革命的豪迈胸怀。可惜，当时苏州、常州一带仍为清军所占据，道路封锁隔阻，他只好返回香港。以后，随着对西方各国政治、经济、文化等方面了解得愈益深入，随着胸中酝酿的一套借西学以强国的方策的日趋成熟，洪仁玕愈益向往天京，盼望着投身太平天国，以施展自己的政治抱负。

1858 年 6 月，洪仁玕怀着义无反顾的决心，踏上了第六次投奔太平军的征程。他临行吟诗明志：

枕边惊听雁南征，起视风帆两岸明。

未挈琵琶挥别调，聊将诗句壮行旌。
意深春草波生色，地隔关山雁有情。
把袖挥舟尔莫顾，英雄从此任纵横。

这一次，洪仁玕化装成商人，从西路经广东、江西，辗转来到湖北，然后顺长江而下，终于在1859年4月到达太平天国的首都天京。

（二）

洪仁玕是在太平天国发生危难的时刻来到天京的。此前发生的“天京变乱”，使领导核心发生严重的瓦解，天国一时出现“朝中无将，国内无人”的局面。洪仁玕的到来，使洪秀全大喜过望。两人促膝交谈，洪仁玕叙述了几年来身在异乡、心怀革命的衷肠，介绍了自己在困境中发愤攻读、学习西方的情况，并表示此来“非图爵禄之荣，实欲备陈方策”的态度。洪秀全看到族弟的坚贞不渝，而且通晓世界大势，正是替他担起重任的适当人选，当即封他为福爵，接着晋封义爵，加“九门主将”衔。不过一个月，又册封洪仁玕为“开朝精忠军师顶天扶朝纲干王”，命他总理太平天国政治、军事大权。

洪仁玕受命以后，立刻显示出独特的创见和出众的才华。他根据世界由封建社会进入资本主义的时代特点，回顾了太平天国起义9年来的革命实践，认为西方各国之所以发展迅速，根本原因是以新的社会制度代替了旧的社会制度，创造了先进的科学技术。太平天国要想“生色图强”，必须“因时制宜，审势而行”，接受西方文明，走发展资本主义的道路。他夜以继日，奋笔疾书，很快向天王洪秀全提出了一份“治国必先立政，而为政必有取资”的纲领性的建议书。这份革故鼎新的建议书经洪秀全批示后颁布，称为《资政新篇》。接着，洪仁玕又颁发了《立法制喧谕》《钦定军次实录》《钦定英杰归真》等文件，详尽地阐述了他改造国家与社会的方案。

在《资政新篇》里，洪仁玕详述天下大势，介绍了英、美、法、德等西方各国的政治经济状况，认为应当顺应世界潮流，仿效西方资本主义，把太平天国建设成为“新天新地新世界”。

为了建设这样的新国家，他认为应该从四方面着手：第一是加强中央集权，针对太平天国领导核心的涣散软弱，提出要“禁朋党之弊”，反对“弱本强末”倾向，主张“权归于一”，以收“真心实力，众志成城”的效果；第二是“以风风之”，以新的思想观念教育人民，提倡移风易俗，采用基督教和西方科技物质文明，革除或取代陈旧落后的风俗习惯；第三是“以刑刑之”，主张采用若干西方的刑法制度，实行“恩威并用”的法制；第四是“以法法之”，也就是要效法西方政治经济制度，实行全新的社会和经济政策。为此，他提出了29条建议，系统地阐发了仿效西方资本主义经济、政治设施的主张。

在政治方面，他主张健全乡村地方政权和地方武装，建立郡县国库和基层税收机构，主张杜绝卖官鬻（yù）爵和贪污舞弊，建设廉洁政府。为实现此目的，他提出设立不受官吏节制的新闻官和意见箱，把政府官员置于群众和舆论的监督之下，群众通过报纸了解中央政令，实现“上下情通”。

在经济方面，他主张实行工商自由政策，大力发展新式工业，鼓励民间投资开矿，兴建铁路公路，仿制火车轮船，创立银行，兴办邮政，兴修水利，奖励发明创造，保护私人专利，实行雇佣劳动，发展中外通商，允许外国人来华传授科学技术知识。

在文化方面，他主张建医院，兴学校，设报馆，发行报纸，举办救济、保险等社会福利事业。同时反对封建迷信，严禁鸦片，禁溺女婴，不许买卖使用奴婢，革新考试制度，提倡“文以纪实”，反对“不务实学，专事浮文”现象。

在外交方面，他提出“柔远人之法”，反对妄自尊大、轻视外邦的闭关锁国政策，主张在不干涉内政和互相尊重的基础上，与先进国家建立密切的外交关系，自由开展经济、文化交流，平等往来。

洪仁玕在《资政新篇》里提出的这些主张，其实质就是要在中国建设和发展资本主义。在19世纪50年代末，资本主义代替封建主义已成为时代潮流。洪仁玕的资本主义思想，反映了时代的要求，符合历史发展的规律，代表了当时社会上最先进的生产力。跟同时代的其他思潮相比，不但是洋务派们“中学为体，西学为用”的思想所不可比拟，也是早期改良派的零星“变法”思想所不及。可以说，《资政新篇》是中国近代史上第一个较为完整的振兴中华的方案，是一幅通过发展资本主义来救国救民的蓝图。

可惜的是，《资政新篇》虽然得到了洪秀全的批准与赞成，但由于这支农民革命队伍里存在根深蒂固的小农思想，它的先进主张并没有得到普遍的拥护与重视。再加上太平天国后期一直处于战争状态，这样一个“新政”纲领已经没有条件去付诸实施。尽管如此，《资政新篇》的进步思想在中国近代史上仍占有显著的地位，而洪仁玕本人则可称为是在近代中国传播资本主义思想的先驱者。

（三）

洪仁玕为太平天国后期建设所做的贡献是多方面的。1859年他修订了天国历法，1861年又改订了考试制度。洪仁玕特别强调法制，认为“国家以法制为先，有法制而后有国家”。他提出，制定法律和执行法律的各级官吏应该带头守法，要“亲身以倡之，真心以践之”。

他还参与了太平天国后期艰苦卓绝的军事斗争。1860年春，清军在天京外围建起了大小百余座营垒，挖掘封锁壕沟一百多里长，太平天国的首都如陷铁桶，很有可能被围困致死。在危急时刻，洪仁玕和战将李秀成设计破围妙计：在清军包围圈外湖州、杭州一带用兵，吸引清军主力东下救援，然后乘隙突然回兵，集中主力消灭敌江南大营。3月，太平军按计攻下杭州，吸引清军1.3万多人驰援。太平军在杭州城内外遍插旗帜，制造迎敌假象，而后悄然火速回师。5月2日，洪仁玕调动5路大军靠拢天京，经过5昼夜内外夹攻，彻底摧毁敌江南大营，扭转了天京危局。

1861年初，洪仁玕曾亲自率军参加安庆保卫战。1863年底，他奉命出京调集援兵粮草。在中外反动派强大兵力的联合围剿下，洪仁玕的努力当然不可能挽回这场农民革命的败局。1864年7月天京沦陷时，他正在安徽广德。眼看大势已去，洪仁玕仍然不计个人安危，继续坚持斗争。当幼天王突围到达湖州时，他立即赶去赴难，并担任了幼天王的军师。此后，他率部队卫护着幼天王洪天贵福，继续转战在安徽、浙江、江西等地。这年10月，洪仁玕率军西进，途经江西广昌石城杨家牌时，不幸遭到清军夜袭，兵败被俘。

洪仁玕被押解到南昌后，在被审讯的大堂上正气凛然、威武不屈，继续维护太平天国的正义事业。他早就立下了殉国之志："丈夫自命，宁捐躯以殉国，不隐忍以偷生。"狱中，他以民族英雄文天祥的事迹鼓舞自己，在供词中奋笔直书："人各有心，心各有志，如今我只知道效法文天祥！"他面对威胁，慨然呼出："鞠躬尽瘁，只求速死！"1864年11月23日，洪仁玕在南昌从容就义，实现了他"宁捐躯以殉国"的誓言。他临终前仍然充满了对自己向往、奋斗的"地上天国"理想的坚定信心，认定"天国乍虽斩，复生待他年"。

洪仁玕对真理的探索和对未来社会的美好追求，代表了一百多年前先进的中国人前进的步伐。他所设计的救国自强的方策，在数百年来振兴中华的艰苦历程中留下了深深的脚印，已经成为珍贵的历史遗产。

忠王李秀成大败“洋枪队”

武器是决定战争胜负的重要因素，但不是唯一的因素。鸦片战争以来百余年间，中国人民经历的一次次反侵略战争，面对的大都是手持先进武器的强敌。之所以能够屡屡以弱克强，我们靠的是大无畏的英雄气概和为正义事业勇于献身的牺牲精神。这种气概和精神，正是中华民族光荣传统的体现，也是我们过去、现在和将来百折不挠实现民族振兴的有力保障。

1860年盛夏的一天清早，上海城西青浦县一带枪炮大作，杀声震天。阵地上，城墙下，河岸边，英勇的太平军战士正在与帝国主义的“洋枪队”拼死肉搏，浴血苦战。这是太平天国部队第一次在战场上与外国侵略者大规模正面较量。在美国人华尔的指挥下，“洋枪队”倚仗武器优势向太平军防地猛扑，太平军奋勇反击，血战半日，击退了敌人一次又一次潮水般的进攻。这一仗，太平军歼灭敌人六七百人，缴获洋枪2000多支，大炮10余门，船只上百条，华尔身中5枪，仓皇逃命。青浦之战的指挥者，就是太平天国后期杰出的军事领导人忠王李秀成。

《李秀成大战杭州》连环画

（一）

李秀成是太平天国革命运动中的一个后起之秀，他以自己的英勇善战逐渐成长为杰出的军事将领，并成为太平天国后期的领导核心成员。

李秀成1823年出生于广西藤县一个贫苦的雇农家庭。他8岁起随舅父读过两年书，后因家贫辍学回家，以务农为生。鸦片战争以后，中国农民头上除了封建主义这座大山外，又加上了外国侵略者这座大山，更加被压得透不过气来。李秀成一家终年劳作，却仍然食不果腹，一贫如洗。他盼望着苦难生涯的结束，盼望能过上不受压迫，人人平等，温饱无忧的美好生活。洪秀全于1843年创立拜上帝教以后，第二年即来到广西进行宣传。拜上帝会所推崇的平均主义思想，所向往的建设"天下一家，共享太平"的"地上天堂"的理想，立即抓住了广大贫苦农民的心。李秀成很快接受了拜上帝教的思想，并和全家人一起参加了拜上帝会组织。金田起义后不久，太平军于1851年9月路过藤县，他又率全家参加了起义军。

李秀成作为太平军的一名普通战士，他吃苦耐劳，作战勇敢，还善于动脑筋总结经验，逐渐锻炼并显露出军事才能，在连年征战中屡立战功。太平军1853年攻占南京后，年仅30岁的李秀成担任了右四军统领，率1万新兵驻守在太平天国首都天京的太平门外。不久，他随石达开赴安庆一带安民，镇守庐州。他与活动在江淮之间的另一支农民起义军捻军建立联系，说服捻军领袖张洛行接受太平天国领导，壮大了革命的力量。

正当革命顺利发展之时，天京城内天国领导集团发生了严重的内讧，东王杨秀清、北王韦昌辉相继被杀，翼王石达开也因备受猜忌而率军负气出走。李秀成长期以来是翼王的下级，翼王出走本也要求李秀成同行，但他顾全大局，不同意采取分裂主义行动，毅然率领自己的部队留了下来。危难时刻，太平军的重担落到了新一代战将身上。1857年底，洪秀全封陈玉成为前军主将兼“正掌率”，李秀成为后军主将兼“副掌率”，共同主

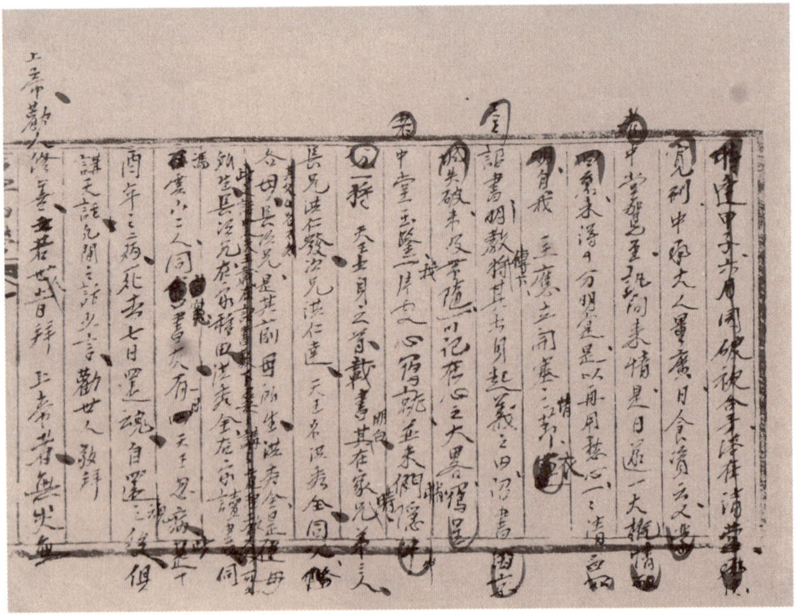

忠王李秀成自述手迹

持军务，他俩成为太平天国后期的两根顶梁柱。此后陈玉成主要在天京以西上游作战，李秀成则率军活动于天京周围及江浙一带，在东南富庶地区建立根据地，支持和捍卫首都。

1858年春，清军先后东陷镇江，西陷九江，形成包围天京之势。在危急关头，李秀成打出勤王旗帜，赶到安徽枞（zōng）阳镇大会各镇将领百余人，慷慨誓师，重新团结起分散的太平军，9、10月间先后大破清军江北大营和安徽之敌，并于次年攻破江南大营，重新振奋起太平天国的威风。由于李秀成捍卫京师有功，并且不计个人得失，一心忠于天国，洪秀全于1859年封他为忠王，并在一块黄缎子上书写“万古忠义”四字，赐给李秀成。

李秀成受封以后，更加积极地为革命奋斗。1860年，清政府重新建立起江南大营，在天京周围筑起一百多座营垒，还挖了一条号称“万里长壕”的封锁沟，把天京城包围起来。李秀成采用“围魏救赵”之计，率军突袭杭州，吸引江南大营的1万多清兵赶去救援。在敌军赶到杭州城下时，李秀成又悄悄挥师西去，集中优势兵力分5路进击江南大营，于这年5月一举摧毁了清军的包围圈。

再破江南大营后，李秀成乘胜挥军向东，十几天内横扫苏南，连克常州、无锡、苏州等重镇，解放天京以东大片土地，最后以苏州为中心，建立太平天国苏福省。第二年底，李秀成率军再克杭州，又在浙江开拓大片解放区，形成一个地域广阔的革命根据地。

（二）

1860年6月，太平军在追击溃兵的过程中，势力迅速向东扩展，接连占领了嘉兴、昆山、太仓、嘉定，并于7月1日攻克松江。李秀成统率的大军，已经逼近上海市郊。在这里，他们遇到了没有料想到的新情况，面前出现了新的敌人——帝国主义干涉军。

原来，自1842年8月丧权辱国的《南京条约》签订后，上海辟为通商口岸，殖民主义者纷纷前来设租界，驻军队，已经变成外国势力侵略中国的基地。对西方帝国主义的本性，太平军还缺乏认识。起初，他们因为太平天国信奉上帝，西方国家大多也信上帝，还把西方人当成“洋兄弟”看待。在李秀成逼近上海时，他曾写信给驻上海的英国官员，说明太平军来到上海是为了消灭清政府军队，不会损害外国的利益，希望西方国家保持中立。如果说，英法等国过去曾表示过要在清政府与太平军之间保持中立的话，那么现在他们则露出狰狞面目来了。还在太平军向上海靠近之初，英法驻军就发出了威胁：“勿攻上海，否则还击。”此时正值第二次鸦片战争期间，清政府正在北方京津一带与英法联军作战，但是上海的清朝官员却“忘记”了英法是敌国，居然无耻地向敌人请求援助。而帝国主义势力也与清政府一拍即合，阴谋勾结起来，开始共同对付太平军。1860年6月，上海道台吴煦和买办杨坊出钱，由美国一个原来担任炮舰大副的华尔出面，招募在沪的外国逃兵、水手等亡命之徒，装备洋枪洋炮，组成一支“洋枪队”，专门与太平军为敌。

太平军与“洋枪队”的首次交锋，是从“洋枪队”企图夺取太平军手中的松江城开始的。在7月上旬由300名“洋枪队”参加的这次进犯，被太平军狠狠打了回去。接着，华尔率大队雇佣兵，在万余清军的配合下，攻打守卫青浦的太平军。这一仗，李秀成亲自从苏州赶到青浦率军迎战。在手操洋枪、大炮的敌人面前，太平军战士毫不畏惧，奋勇还击。经过从晨至午半日激战，太平军歼敌数百，击伤华尔，还缴获了大批洋枪洋炮。青浦之役后，李秀成率部抵徐家汇，逼进上海西、南二门。英法联军即刻协助清军作战，用大炮、洋枪猛烈扫射太平军，停泊在黄浦江上的英国军舰也用重炮轰击太平军阵地。经过4天激战，因为后方告急，太平军不得不退离上海。

“洋枪队”进袭松江、青浦于前，英法正规军在上海逞凶于后，表明

“洋枪队”“常胜军”士兵

外国侵略者从此撕下了伪装中立的外衣，直接派兵与太平军作战。严酷的事实教育了太平军，帮助他们逐步看清了帝国主义者的真面目，坚定了反侵略的立场。从此，揭开了太平军奋勇抗击外国侵略军的新篇章。

1860 年 10 月，英法联军在打进北京、火烧圆明园之后，与腐败的清政府签订了进一步攫取殖民特权的《北京条约》。它们进一步勾结清政府，把剿灭太平天国当成了首要任务。帝国主义强盗一方面从天津调来英法联军 1000 多人，一方面把“洋枪队”大大扩充，改编为“常胜军”，同时还用军舰把李鸿章的淮军从安庆运往上海。中外反动派互相勾结，向太平军阵地疯狂进攻，相继进占嘉定、青浦，向上海、苏州、常熟之间的战略要地太仓进犯。

李秀成从苏州调集 1 万多名精兵，再次赶到前线指挥迎敌。他总结了前一阶段在与英法联军打阵地战时，我方因缺少火炮而吃亏的教训，决定采用新战术。根据太平军火力虽弱但士气高昂的情况，李秀成部署要在太仓以东打一场近距离的出击战。

1862 年 5 月 7 日，太仓决战打响。太平军战士不像以往那样与敌人远距离对射，而是隐蔽在战壕里单等敌兵靠近。英法联军见太平军人少火力弱，就排成方阵，在音乐声中趾高气扬地推进过来。敌人一步步靠近了，大炮无法打了，洋枪也施展不开了，太平军战士突然跃起，挥舞着大刀向敌阵冲去。在两个小时的激战中，太平军战士和敌军短兵相接，凭着大无畏的精神和高超的武艺，砍杀了几百名敌人。来犯之敌抵挡不住，纷纷后退。这时，李秀成一声令下，万名太平军战士全线杀过去，敌人无法稳住阵脚，队伍迅速被冲乱。在乘胜追击的两天中，太平军连破敌营 30 多座，歼灭外国侵略者几百人、清军 5000 人，缴获洋枪大炮不计其数。在这场战斗中，法国干涉军司令、海军将领卜罗德也被太平军击毙。

太仓大捷后，李秀成没有固守城市，而是指挥部队穷追猛打，继续出击。太平军乘势收复嘉定，又在青浦全歼“常胜军”一个团，活捉“常胜军”副统帅法尔思德。英法联军被迫缩回了上海租界，“常胜军”也失去了锐气，被围在松江城里惶惶不可终日。

在此前后，李秀成指挥太平军还在浙江宁波、绍兴地区同“洋枪队”“常胜军”及英法正规军进行了殊死的搏斗，除重创敌军外，还击毙“洋枪队”头子华尔、勒伯勒东、达尔第福，法国舰长耿尼等。

李秀成统率太平军数度与“洋枪队”“常胜军”及英法联军激战，沉重地打击了外国侵略者，显示了中国人民反抗帝国主义的力量和决心。

（三）

正当李秀成胜利地开展第二次上海之战，已经兵临徐家汇，即将攻占上海的时候，天王洪秀全一天连下三道诏书，命令他火速赶回天京。原来，清政府的湘军自安庆顺江而下，已经包围了天京，太平天国陷入了极端的困境。

1862 年 10 月，李秀成被迫撤离上海前线。他在苏州召开军事会议，决定将 30 万太平军调头西向，分三路救援天京。10 月 13 日，他亲率主力部队向湘军盘踞的雨花台发动进攻。在长达 46 天的战斗中，太平军轮番上阵，昼夜猛攻，打得湘军恐慌万状，胆破心惊。清政府调请上海的帝国主义“常胜军”前来应援，“常胜军”慑于李秀成的神勇军威，竟然不敢出兵。

太平军虽然勇敢顽强，但由于连年征战，再加上内部变乱，力量削弱不少，在整个战场上处于劣势。此时天已入冬，太平军外援断绝，既无粮食，又无棉衣，不得不暂时撤退。李秀成率军转战江北，准备绕道长江上游来解救天京。这以后，太平天国的形势愈加恶化：清军在帝国主义分子协助下，重新攻占了杭州；李鸿章的淮军靠英国侵略者戈登打前锋，先后攻陷了常熟、昆山、苏州；曾国藩的湘军则从安庆方面向下游不断增兵。太平天国首都天京两面受敌，粮食断绝，兵力不足，形势险恶万分。在这败局已近的时刻，李秀成不愧为“忠王”，他不顾别人劝阻，置个人安危于不顾，怀着赴汤蹈火的决心，于 1864 年 1 月毅然回到被围困的天京，指挥太平军与敌人浴血奋战。7 月 19 日，天京最终失守。李秀成保护幼天王突围出城，他把自己的战马让给幼天王，自己在天京城外被捕。1864 年 7 月，李秀成被曾国藩下令凌迟（即剐肉分尸）至死，终年 42 岁。

老将冯子材血战镇南关

近代史上，中外军队交战上百场。由于清政府的腐败无能，也由于“落后就要挨打”的历史法则，中国军队吃了不少败仗。但是，这并不能说明我们软弱，更不能说明侵略者是不可战胜的。震惊中外的镇南关大捷，就打出了中国人民无坚不摧的伟大志气。在这场胜仗中为国争光的民族英雄们，将永远受到人民的敬仰与纪念。

提起中华民族反侵略斗争中的民族英雄，就不能不说到中法战争中的老将冯子材。在法国侵略军闯进祖国南大门的危难关头，他以花甲之年挺身而出，率军驰骋疆场，奋勇杀敌，打得入侵者狼狈而逃，在中国近代史上留下了光辉的一页。

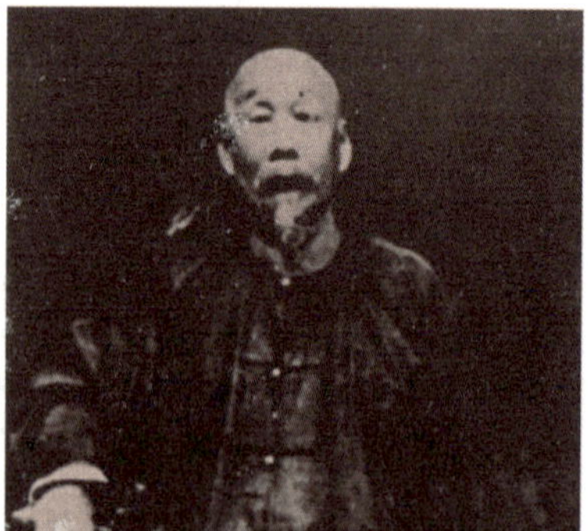

冯子材像

（一）

中法战争发生在1883年12月到1885年4月。当时，正在向帝国主义过渡的法国垄断资产阶级积极推行殖民政策，他们在武装入侵越南以后，又策动了一场新的侵华战争。

在中法战争爆发前后，清政府内部出现了主战与主和的严重分歧。以北洋大臣李鸿章为代表的一批人，对法国侵略者的步步进逼持退守之策，主张“委曲求全”，妥协退让，以达到避战求和的目的。法国侵略者见清政府软弱可欺，就一方面以“谈判”做烟幕，一方面放手调兵遣将发动进攻，几个月内就占领了越南北部的红河三角洲。接着，法国政府又软硬兼施，强迫清政府于1884年5月与它签订了《中法简明条约》。这一条约的签订，

中法战争中作战的炮台遗址

宣告割断了越南同中国数百年来的传统关系，清政府承认了法国对越南的占领。

但是，侵略者并不以此为满足，它们把越南变成殖民地，不过是打算以这里为基地，进一步向北实现侵略中国的更大野心。果不其然，《中法简明条约》签订后仅仅一个月，法军就蓄意制造了与清军冲突的事端，并以此为借口把战火烧到了中国。1884 年 7 月，在法国政府总理茹费理的指挥下，法军兵分两路侵略中国：一路由海军中将孤拔为司令，率领远东舰队开往台湾海峡，妄图武装攻占我沿海港口；另一路，委任陆军准将波里也为总司令，率陆军主力盘踞在靠近中国边界的谅山一带，不断向我方挑衅，施加军事压力，妄图从陆上大举侵犯我国。7 月，法国远东舰队强行驶入我国台湾基隆港和福建马尾港，在进攻基隆未果的情况下，法国舰队发动突然袭击，击沉停泊在马尾军港的中国军舰、商船几十艘，造成清军福建水师全军覆灭。

面对法国的野蛮侵略，清政府一味妥协退让。李鸿章一方面片面夸大法军的武装实力，一方面给抗法将士们泼冷水。他说：“一时战胜，未必历久不败；一处战胜，未必各口皆守”“败固不佳，胜亦从此多事”，并且命令前线“断不可轻于言战”。在清政府妥协政策的指导下，东南沿海听任法军不断侵扰进犯，广西陆地边境也接连败绩。中越边境前线统帅潘鼎新未经决战就已退兵，法军于 1885 年 1 月乘机占领谅山，并一度闯进镇南关。侵略者狂妄地在镇南关前竖起木柱，上面用中文写道：“广西门户已不复存在。”

祖国南大门洞开，边疆万分危急，举国朝野大震。法国侵略者的行径引起了中国人民的极大愤慨，纷纷要求清政府派兵南下。左宗棠、张之洞等一批主战的官员也主张抵抗法国的侵略。两广总督张之洞几次上书朝廷，要求起用老将冯子材，重振边关。重兵压境、国难当头的时局，把爱国老将冯子材推上了历史的舞台。

冯子材故居

冯子材，字南干，号萃亭，广东钦州（今广西钦州）人，1818年生。他是行伍出身，早年曾参加天地会起义，后来加入清军，曾任广西提督。由于不满朝廷中的腐败现象和屈膝卖国政策，他于1882年借口有病辞职还乡。冯子材虽然解甲归田了，但忠心报国之志未减当年。眼看法国侵略者如此肆无忌惮地欺侮中国，祖国南部边疆的形势日益危急。他忧心如焚，摩拳擦掌，恨不能重上战场，再立战功。正在这时，朝廷的委任状下来了，要他以帮办广西军务的名义重新出山。冯子材此时虽已年近七旬，但他欢欣鼓舞，毫不犹豫地抱病受任，挑起了保卫祖国南疆的重担。

（二）

1885 年 2 月，正当败将潘鼎新带着部下化装后日夜向内地溃逃，原有守军群龙无首、乱作一团的危难关头，冯子材已经率领旧部迎难而上，向镇南关挺进。2 月下旬，他进驻镇南关下的凭祥，立即收集溃兵，编组部队，团结众将，严肃军纪，安定民心，局面很快稳定下来。前线各路将领推举他为“前敌主帅”，原来属于湘、淮、桂、粤的各军，都一致拥戴他的领导。他对将士们说：“法兵不灭，无国就是无家，大家要齐心努力，保卫国家。”镇南关前线恢复了统一指挥，局面开始发生根本的变化。

法国侵略者见中国军民重振声威，担心自己由于战线过长、兵力不足而吃亏，于 2 月底炸毁了镇南关的城墙及附近工事，退守到关外 30 里的文渊城（今越南同登），准备寻找机会再实行反扑。冯子材来到镇南关前线，经过细心勘察地形，他重新布置了阵地，准备给敢于来犯之敌以沉重打击。他选定了镇南关内十余里的关前隘作为阻击阵地。这里地处交通要道，两边高山夹峙，中间峡谷窄长，形势险要，易守难攻，堪称“一夫当关，万夫莫开”。冯子材率领将士们利用地形优势，在狭窄的隘口修起一道长 3 里、高 7 尺、底宽 1 丈的长墙，并在东西两座山岭上构筑堡垒，以作依托。长墙以北 1 里处，又筑起一条与之平行的土墙，两墙之间设有帐篷、工事、仓库和指挥台，构成一座坚固的城堡。同时，他还把兵力做了周密的部署，命令陈嘉、蒋宗汉二将率部守东岭；王孝琪率部守西岭；自己统率“萃军”主力防守长墙，居中指挥，正面作战。经过一番精心准备，连同预备兵力，集中了 4 万多官兵，抗法前线军民士气大为高涨。他们在镇南关法军原来竖立木柱的地方，竖起了表示自己必胜决心的标语：“我们将用法军的人头，来重建我们的门户！”

此时企图向我广西龙州进攻的，是主力配置在文渊、谅山地区的法军第二旅，共有2000多人。法军在武器装备上优于清军，但在兵力上处于劣势。他们见冯子材防备精当，不敢发动正面进攻，于是决定从西边绕过镇南关，进行迂回侧翼偷袭。冯子材接到密报后，命令后方的第二梯队出动狙击敌人，同时派出一支“萃军”，乘虚袭击法军的据点扣波。3月13日，从侧翼来犯的法军遭到迎头痛击，败逃至扣波，又遭到埋伏在那里的“萃军”的突然袭击。残余法军只得放弃扣波，仓皇退到文渊城。

法军从侧翼偷袭龙州不成，决定从正面大举进犯镇南关。冯子材凭着自己丰富的作战经验，已经估计到恼羞成怒的敌人必定要发动总攻。他连日检查阵地，督促备战，鼓舞将士们准备与侵略者打一场硬仗。不出冯子材所料，3月23日凌晨，法军第二旅司令官尼格里统率全军，兵分三路向关前隘发起了猛烈进攻：两路进攻东岭炮台，一路直扑关前隘长墙。敌人以新式大炮为攻击武器，连续向我阵地猛烈轰击。顿时，镇南关一带炮声震天，直到七八十里之外都能听见隆隆的轰鸣。在大炮的轰击下，东岭上清军赶修起来的5座炮台，有3座相继被炸毁，法军乘势一度攻占上来。法军占据东岭后，居高临下，用重炮轰击关前隘长墙，步兵也向长墙猛扑，我军正面防线面临被突破的危险。在这危急时刻，冯子材亲临前沿阵地，高声向将士们呼喊道：“如果再让法寇入关，我们还有何面目去见两广父老，还有何面目做人！”在主帅爱国热情的激励下，将士们纷纷发出“誓与长墙共存亡”的誓言，个个热血沸腾，奋不顾身地跃出长墙，冒着炮火向敌人发动反攻。这时，奉冯子材之命前来增援的陈嘉、蒋宗汉也率部队赶到。他们登上东岭，经过一番拼杀，打退了正在向余下两座炮台进攻的敌人。西岭守将王孝祺也展开阵前反击，并派部队抄袭敌人背后，破坏了法军全力攻打东岭的计划。与此同时，另一支预备队也奉冯子材的命令，从战场东面迂回到敌人后方，切断了敌军的退路，并拦截了法军的运输队，夺得大批粮食和弹药。来势汹汹的法国侵略军，终于从主动势态转入了被动，当晚被迫停止了进攻。

关前隘这一场恶战，增强了爱国将士们杀敌卫国的勇气，但是也吓坏了个别贪生怕死的胆小鬼。负责督办广西军务的苏元春，这时就露出了惧战畏敌的面目。战斗还在进行中，他先支使冯子材的表兄黄某前往劝说退兵。冯子材听了怒不可遏，他抽出指挥刀，厉声喝斥道："你可知此地是执行军法的地方吗？！"黄某被吓得退出后，苏元春又在夜间来到冯子材跟前，他借口我方弹药不足，火力压不住敌人，要求把军队后撤到凭祥再想办法。面对这个怯敌将军的要求，冯子材断然严词拒绝，慷慨激昂地说："有此长墙不守，凭祥何恃？我退，敌必尾追，广西就不是我们的了！我已经老了，你要走你走，请不要扰乱军心。我誓与此墙共存亡！"他发出军令："有退者，无论是何将、何军，皆诛之！"这一夜，他周密地部署了各个阵地的防守，并且派出几百名敢死队，利用夜幕掩护潜伏到墙外的沟渠草丛中，准备迎击敌人新的进攻。

第二天清晨，隆隆的炮声打破了决战前的寂静，法军发动了更大规模的进攻。原有的第二旅兵力加上新赶来的援军，法军人数达到5000多人，发射炮弹几千发。阵地上，硝烟弥漫，山摇地动，我方炮台、长墙又有多处被炸塌。在强大炮火掩护下，法军主力再一次向清军阵地扑来，有的已前进到长墙脚下，有的甚至爬上了长墙。在这千钧一发的关头，冯子材甩去长战袍，用布裹起头，换上一双草鞋，手提佩刀，大喝一声，命令士兵打开长墙大门，率领一支大刀队冲了出去。他的两个儿子也紧随父亲，奋力拼杀在前。

清军将士们见年近七十的主帅带头冲锋肉搏，顿时军威大振，一齐涌出长墙，以排山倒海之势冲入敌群。这时，夜间埋伏下来的几百名敢死队员，也从草丛沟渠里呐喊着一跃而出，挥刀向敌人砍去。原先两军对垒的攻防战，一下子变成了短兵相接的白刃战、肉搏战。顿时，法军占优势的炮火没法发挥威力了，以往打惯了正规战的法军士兵面对亮闪闪挥舞的大刀，吓得不知如何是好。而我军却越战越勇，越战人越多，直杀得满山的法军鬼哭狼嚎，东奔西逃。战斗进行到午后，中国军队终于夺回了被敌人占据的阵地。这时，冯子材下令发起总反击，各个阵地、各路大军一齐冲出，法军全线崩溃，个个抱头鼠窜。

一名险些丧命的法军上尉威底埃在追述这场战斗时说：“在我们的脚下，敌人从一切缝隙中出来，手持短戟，开始了恐怖的混战。他们的人数比我们多十倍、二十倍，他们从我们的四周一齐跃出。所有军官和士兵都被围住、俘虏，敌人从各个方向射杀我们。”在激烈的肉搏战中，清军一举歼灭法军 111 团第 1 营 300 多人。在接着展开的总反击中，中国军队一路追杀，一直打到镇南关外几十里，直到深夜才鸣金收兵。这一仗，总共歼灭法军的精锐近千人，不仅使广西方面的清军反败为胜，而且使整个中法战争的战局发生了根本性的变化。一名法军中校爱尔明加惊呼：“我从没有想到中国军队有这么坚强的组织，打得这么好。”

（三）

镇南关之役，是我国近代反侵略战争史上，打得最为漂亮的战役之一。这场大捷消息传出后，中国军民举国欢腾，而法国则是舆论大哗，政坛一片惊慌，总理茹费理内阁被迫倒台。

法军在镇南关溃败后，收缩在谅山、文渊两处据点里，企图休整军队，待机卷土重来。为了继续扩大战果，不给敌人以喘息之机，冯子材指挥中国军队继续发动反攻。3 月 26 日，他亲率“萃军”出击文渊，把法军打得逃了出去。又经过两天的外围战，中国军队于 29 日一举攻克军事重镇谅山。几天反攻，又有上千法军被我军歼灭。

占领谅山后，冯子材命令各军“跟踪追剿，不准延缓”，继续挥师南下，很快以横扫千军如卷席之势又收复了一批城镇。正当他准备率军乘胜攻击北宁、河内，一举赶走占据越南的法军侵略者的时候，腐朽的清朝统治者却认为继续打下去有碍“中外和局”，下令叫他“乘胜即收”。6月9日，李鸿章与法国公使签订了《中法新约》，正式承认越南为法国的“保护国”，答应立刻撤出中国军队，允诺法国在中国西南享有种种特权。腐朽的清政府，终于演出了一场中国不败而败、法国不胜而胜的历史悲剧。

停战撤军命令传到抗法前线，浴血杀敌的爱国将士们被气得“拔剑砍地，恨恨连声”。冯子材义愤填膺，给朝廷打电报抗议卖国行径，要求处死“议和之人”。他的爱国精神不仅得不到支持，反而招致严厉斥责，最终只好放弃胜利果实，饮恨撤离战场。从此，越南沦为法国的殖民地，我国西南地区也逐渐成为法国的势力范围。

冯子材领导的抗法斗争的胜利虽然被封建统治者断送掉了，但是他那大义凛然，勇敢抗击外来侵略的爱国热情，却永远铭刻在中国人民的心里。

伟大的爱国者黄遵宪

泱泱中华，本若雄狮，沉沉昏睡，任人宰割。19世纪下半叶，我们苦难的祖国外遭帝国主义列强欺凌，内遭腐朽封建政治压迫，眼看国运日衰，民族危亡。如何挽救颓势，再造华夏？黄遵宪发扬精卫填海的精神，以笔为鞭，以歌为号，致力于唤醒睡狮，振兴中华，表现了一位近代先进知识分子的爱国热情。

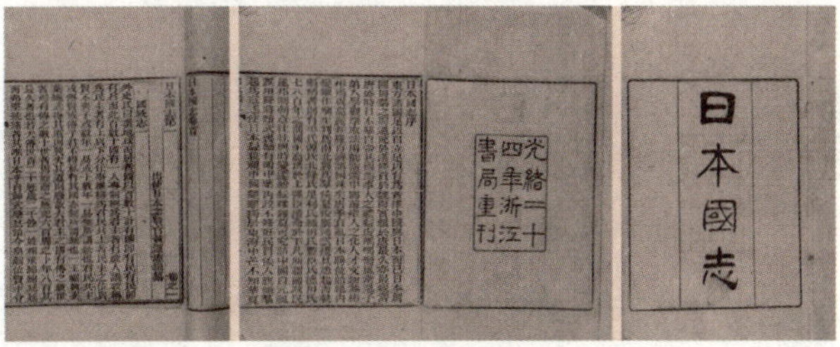

黄遵宪著《日本国志》书影

（一）

广东梅州是个有名的山歌之乡，那里的人们劳动、生活都离不开歌，男女老幼都喜欢在田头、山坡上亮开嗓子引吭高歌。100多年前的1848年5月27日，这里诞生了一位时代的“歌手”，以自己振聋发聩的歌声惊醒了全中国。他就是近代出色的外交家、杰出的爱国诗人黄遵宪。

清末爱国诗人黄遵宪的故居

黄遵宪，字公度，出生在当时称为嘉应州的梅州一个士大夫家庭。他的父亲黄鸿藻是位有才华的政务家和诗人。他家年迈的曾祖母也是一位擅长诗文、熟诵山歌的歌手。在这样的家庭里，黄遵宪从小就受到祖国古典文化和民间文学的熏陶，能歌善诗的才能，逐渐显示了出来。

黄遵宪出生、成长的年代，中国社会正经历着激烈的动荡，帝国主义和封建主义的双重压迫，也冲击到这个俊逸少年的心灵。就在广东，相继发生了两次鸦片战争，帝国主义入侵的炮火和林则徐、关天培等抗英志士的英雄业绩，在少年黄遵宪的心里留下了深深印记。他痛恨侵略者，仰慕爱国志士，憧憬着长大也要为国家建功立业。随着社会的动荡和封建制度的没落，他的家庭也在风雨飘摇中逐渐衰败下来，正像他在诗中所描述的那样："旧时典衣库，烂漫堆人衣。今日将衣质，库主知是谁？扫叶添作薪，

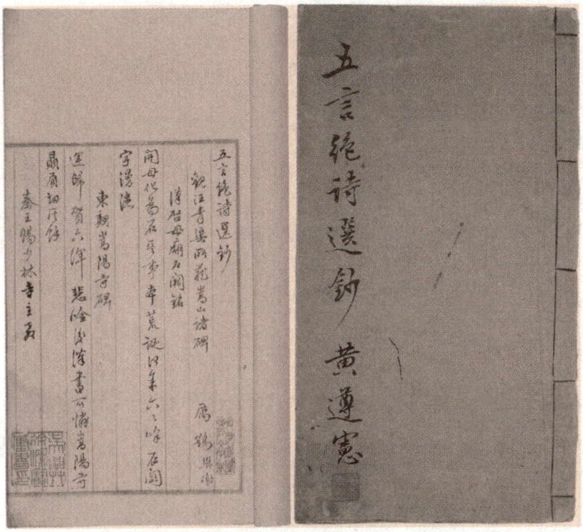

黄遵宪手迹

烹谷持作糜。”国家危难，黎民涂炭，就连自己家里也柴米无着，需要靠典当衣服维持生活了，他怎么能够还继续沿着旧的传统生活下去呢？严酷的现实，逼着他苦苦地思考，努力寻找生活的答案。他逐渐对僵死的八股和脱离现实的封建科举制度产生了不满，把兴趣转向了对国家、社会现实的研究与参与上。黄遵宪的这种思想转变，在他于1864年17岁时写的一组《感怀诗》中得到表达：

世儒诵诗书，往往矜爪嘴。
昂头道皇古，抵掌说平治。
上言三代隆，下言百世俟。
中言今日乱，痛哭继流涕。
摹写车战图，胼胝过百纸。
手持井田谱，画地期一试。

古人岂我欺，今昔奈势异。
儒生不出门，勿当论世事。
识时贵知今，通情贵阅世。

他在诗中批评了只知熟读古书高谈阔论的人，指出想用古代的过时方法来治理现在的国家是行不通的，认为不了解世界就没有资格谈治国，而要治理好国家，必须开阔眼界，“知今”“阅世”。

正是在这种思想支配下，黄遵宪1876年考中举人以后，便毅然放弃了科举取士的旧路，开始投身到社会实践中去了。

（二）

1877年1月，黄遵宪的同乡、翰林院侍讲何如璋被任命为清政府首任

黄遵宪与日本官员的合影

驻日本公使。何如璋熟知黄遵宪对时事的见解，很想邀他为同伴；黄遵宪也盼望着开阔眼界，为国效力，两人志同道合。于是黄遵宪不顾亲友们的劝阻，毅然选择了外交职业。经过何如璋的推荐，他被任命为驻日本参赞，随同出使。

这年年底，黄遵宪随何如璋东渡日本，成为近代中国第一个访日使团的成员，开始在外交官的岗位上为国效力，实现抱负。

日本和中国一衣带水，文化相通，两国原来同处封建社会，发展水平差不多。但当黄遵宪到达日本的时候，这个东洋岛国刚刚经过明治维新不到 10 年，已经开始强盛起来。怀着急切的想了解日本强盛之道，拿回中国以资借鉴的心情，黄遵宪悉心地了解、研究当地的情况。他漫游各地，结交各方面人士，收集大量资料，加以消化整理。他的思想有了深刻的变化，认清了落后就会挨打的世界大势，激起了更大的献身自己国家的热情。通过调查研究，反复对比，黄遵宪认定：民主政治比封建专制制度优越，中国也应该走维新之路，要学习西方的先进技术和社会制度。

为了把了解到的情况和自己的体会介绍给国内，他开始着手撰写《日本国志》。“湖海归来气未除，忧天热血几时摅？千秋鉴借吾妻镜，四壁图悬人境庐。”《吾妻镜》是日本的一部编年史书。他怀着忧国忧民的满腔热血，不知疲倦地挑灯夜战，把日本的经验写下来供中国有志之士借鉴。1887 年，历经 8 年辛苦，黄遵宪完成了这部共分 12 类、40 卷的 50 万言巨著。《日本国志》从国统、邻交、天文、地理、职官、食货、军事、刑法、学术、礼俗、物产、工艺等方面，比较系统地介绍了日本的国情，着重论述了日本明治维新以后的改革措施及其成效。这部著作加深了中国人对东邻日本的了解，也成为推动维新变法的启蒙读物。在后来的戊戌变法运动中，不仅维新变法人士以它为精神食粮，就连光绪皇帝也曾两次翻阅这部书，从中吸取日本变法的经验。

黄遵宪在研究、介绍日本的同时，也敏锐地预感到强大起来的日本具有极大的侵略性和冒险性，及时地向国人敲响了警钟。他写道：“日本维新之效成且霸，而首先受其冲者为吾中国。”1879年，日本阴谋夺占琉球群岛，黄遵宪立即替何如璋致书总理衙门，提请防范，并明确指出：“琉球如亡，不出数年，闽海先受其祸。”琉球陷落后，他预见到日本还将侵略朝鲜，又上书朝廷，主张“乘彼谋未定，先发制之”。后来的历史事实证明，黄遵宪的确是远见卓识，他的预见相当准确。可惜，他的提醒和建议没有为清政府所重视和采纳。

黄遵宪还十分注意沙皇俄国的动向。1880年，他在一篇策论中指出：俄国拥有“精兵百余万，海军巨舰二百余艘”，从“彼得王”起“新拓疆土，既逾十倍，至于今王，更有囊括四海，并吞八荒之心”。他的预见也被后来沙俄的侵略行径所证实。

1882年，黄遵宪被调任驻美国旧金山总领事。当时，美国西海岸正出现一场排斥、虐待华人的浪潮，议会制定了《限禁华人条例》，许多排华分子不断地侮辱、抢劫甚至杀害为开发美国西部流尽了血汗的华工和华侨。目睹这一切，黄遵宪深切地体会到了作为一个弱国臣民在海外所遭受的屈辱与辛酸。为了保护华侨的利益，改善华工的待遇，他多次据理力争，同美国地方当局展开交涉与斗争。怀着对苦难侨胞的深切同情和对民族耻辱的满腔悲愤，他在诗中写道：“呜呼民何辜，值此国运剥！轩顼（xū）五千年，到今国极弱”“皇华与大汉，第供异族虐”“倒倾四海水，此耻难洗濯。他邦互效尤，无地容飘泊”。

1885年，黄遵宪离美回国，在故乡整理著述5年。1890年，他又出任驻英国总领事，第二年调任驻新加坡总领事，直至1894年返回祖国，闲居南京。多年来驻节海外，足迹遍及亚、欧、美各洲，黄遵宪对西方的了解越深入，就越为中国的贫穷落后而忧虑。对祖国命运的关心之情，随着他对中外对比的愈益深入而与日俱增。

中日甲午战争爆发后，日本趁机勒索，无理要求在苏州、杭州划定日本租界。此时正在南京担任闲职的黄遵宪挺身而出，参加与日方的谈判。谈判桌上，他不卑不亢，义正词严，把日方代表驳得狼狈不堪。恼羞成怒的日本政府宣布中止谈判，撤回代表，提出所谓“抗议”。奴颜婢膝的清政府屈从压力，竟然调回黄遵宪，不让他再参加与日本的外交斗争。不久，李鸿章与日本政府签订了卖国求荣的《马关条约》，黄遵宪愤恨异常，提笔写道：“新约既定，天旋地转……时势至此，一腔热血，无地可洒……”表示了对祖国命运的无比关切。

(三)

在广东家乡居住的时候，黄遵宪的书房里，挂着一幅大大的《时局图》。图上，分别用熊、狗、蛙、鹰等代表的俄、英、日、美等帝国主义国家，正从四面八方扑向中国大好河山。黄遵宪在《时局图》上题了一首诗：

沉沉酣睡我中华，哪知爱国即爱家。
国民知醒宜今醒，莫待土分裂似瓜！

面对帝国主义的宰割瓜分，黄遵宪向全国人民发出了惊天动地的呼喊：中华睡狮，快快醒来吧！全国民众，起来投入保家卫国的战斗吧！这首诗，集中表现了黄遵宪对时局的忧虑，道出了他数十年奔走呼号为之奋斗的救亡抱负。

黄遵宪擅长诗文，浓烈鲜明的民族主义和爱国主义思想一直是他诗歌创作的主题。早在27岁的时候，他就在一首述怀诗中把笔锋指向了外国侵略者：“今年问周鼎，明年索赵璧。恫疑与虚喝，悉索无不力。”他当时就立志反抗侵略，保卫国家：“荷戈当一兵，吾亦从杀贼！”

后来他奔忙在外交战线上的时候，时刻关心着国内的形势，勤劳不辍地把中国人民反侵略斗争的历史，用诗歌的形式记载下来。写诗虽然不是黄遵宪的职业，但却是他一生的最显著成就。他先后创作 1000 多首诗，后来选出 600 多首，收集成书《人境庐诗草》。他的爱国诗篇，真实地记录了 19 世纪下半叶到 20 世纪初中国遭受的苦难，以及我国人民的英勇斗争历史，被人们推崇为“诗史”。

1885 年，爱国将领冯子材在抗法战争中英勇奋战，打败敌军，取得了中国近代史上少有的镇南关大捷。黄遵宪闻知精神振奋，挥笔写下热情赞颂抗敌英雄的《冯将军歌》：

将军气涌高于山，看我长驱出玉关。
平生蓄养敢死士，不斩楼兰今不还！
手执蛇矛长丈八，谈笑欲吸匈奴血。
左右横排断后刀，有进无退退则杀。
奋梃大呼从如云，同拼一死随将军。
……
将军一叱人马惊，从而往者五千人。
五千人马排墙进，绵绵延延相击应。
轰雷巨炮欲发声，既戟交胸刀在颈。
敌军披靡鼓声死，万头窜窜纷如蚁。
十荡十决无当前，一日横驰三百里。
……
得如将军十数人，制梃能挞虎狼秦。
能兴天国柔强邻，呜呼安得如将军！

黄遵宪对于献身抗战的英雄将领热情歌颂，对于那些毫无民族气节的懦夫国贼则痛加鞭挞，无情嘲讽。甲午战争时期，有些守将战前狂妄荒诞，战斗中临阵逃脱，黄遵宪又作《度辽将军歌》予以揭露：

此行领取万户侯，岂谓区区不余畀（bì）。
将军慷慨来度辽，挥鞭跃马夸人豪。
平时搜集得汉印，今作将印悬在腰。
……
两军相接战甫交，纷纷鸟散空营逃。
弃冠脱剑无人惜，只幸腰间印未失。
幕僚步卒皆云散，将军归来犹善饭。
平章古玉图鼎钟，搜箧价犹值千万。

在《悲平壤》诗中，他也入木三分地刻画了那些贪生怕死者的丑态：

长矛短剑磨铁枪，不堪狼藉委道旁。
一夕狂驰三百里，敌军便度鸭绿水。
一将囚拘一将诛，万五千人作降奴。

在黄遵宪的笔下，腐败无能的清朝官吏和那些失去民族气节的败将懦夫被鞭挞得体无完肤，钉在了历史的耻辱柱上。甲午战败以后，他接二连三地写出了《悲平壤》《东沟行》《哀旅顺》《哭威海》《马关纪事》《降将军歌》《度辽将军歌》等一批叙事长诗，既记录了战斗的史实，又抒发了诗人对祖国的热爱、对侵略者的愤怒和对清王朝的讽刺。读他的诗歌，常使人感到如泣如诉，血泪横流，既撼人心魄，又催人奋斗。在《台湾行》中，他写道："天胡弃我天何怒，取我脂膏供仇虏！……人人效死誓死拒，万众一心谁敢侮！"像这样的诗句，简直就是中国人民反侵略悲壮斗争的战斗号角。

（四）

甲午战争以后，割地赔款不断，亡国危险迫在眉睫。为拯救国家民族，康有为、梁启超等人发起维新运动。早就接受了西方维新思想的黄遵宪，在痛苦、忧郁中看到了希望。他来到上海，与梁启超密切交往，参加了维新派组织“强学会”。为了传播维新思想，他决定筹办一份报纸。他捐款1000元作为开办费，邀请维新健将梁启超担任主笔，于1898年8月创办了《时务报》。这份旬刊办得非常成功，“一时风靡海内，数月之间，销行至万余份，为中国有报以来所未有”。

1897年，黄遵宪出任湖南长宝盐法道、署理湖南按察使等职务。他到任后积极支持推行新政，并与维新志士谭嗣同、唐才常等组织“南学会”，宣传、推广新政，使湖南出现了蓬勃的改革生机。

由康有为、梁启超等推动的戊戌变法运动，被慈禧太后发动的政变扑灭了。黄遵宪被从上海逐令回原籍。他对变法失败非常悲伤，在一首诗中感叹道：“生当大乱时，忠贤或祈死。人至以死祈，世事可知矣！”但他仍然壮心不已，“尚欲乘长风破万里浪，不妨处南海弄明月珠”。1904年，他的思想发展到一个新的高度，他在一首诗中写道：“人言廿世纪，无复容帝制。举世趋大同，度势有必至。”他已经站到完全否定君主独裁的革命立场上来了。

1905年，这位一生忧国忧民，志在唤醒睡狮的爱国知识分子，在忧虑和希望交织的心境下病逝于家乡。他的爱国精神和激人奋起的诗作，将永远在人间传颂。

左宗棠长歌出塞复新疆

我们960万平方公里辽阔疆土上的统一祖国，既是历代各族人民辛勤开拓、建设的结果，也是无数爱国志士英勇捍卫的结果。凡是为保卫祖国边疆、维护国家统一做出过贡献的人，历史都将永远记住他们的功业。他们所表现出的民族正气，是我们应该继承的宝贵精神财富。

1880年5月，在嘉峪关外河西走廊的黄沙古道上，一支浩荡的大军冒着戈壁滩上的烈日，顶着迎面扑来的沙尘，英勇豪迈地向西挺进。统率这支大军的，就是年近七旬的老将左宗棠。为了抗击沙俄的入侵，左宗棠豪迈地表示：“壮士长歌，不复以出塞为苦。”他命令部下为他准备了一口棺材，装在车上，随军西进，以表示他不收复伊犁，誓不生还的决心。这是何等壮烈的一幕啊！

左宗棠雕像

（一）

19 世纪 60 年代以来，自古就是中国领土的新疆，已经处于分裂割据、肢解鲸吞的危险之中。

1865 年，当时在中亚地区存在过一个回教王国浩罕国，它的军事头目阿古柏率兵侵入新疆，建立了一个“哲德沙尔汗国”，妄图把新疆从我国分裂出去。对我国早有野心的英国和沙俄，都想利用阿古柏作为吞并中国西北河山的工具。它们宣布承认阿古柏为国王，并派出使团，订立条约，向它提供军火。趁着新疆局势混乱，俄国悍然于 1871 年 5 月出兵，7 月占领了北疆重镇伊犁，新疆河山沦入了他人之手。

在对待新疆遭受外国侵略的问题上，清政府内部发生了一场激烈的争论。当时执掌大权的李鸿章以东部海防吃紧为由，主张废“塞防”，重“海防”。他发谬论说，新疆北邻俄国，西接波斯各国，南靠英属印度，这些国家必然侵略新疆，我国不必收复，否则只能耗费实力。他的方针是放弃新疆，把西部边防军队、银饷移作海防之用。一时间，这种退让妥协的主张在清廷内部赢得了众多昏庸大员的附和。

在这一派妥协声中，却有一个人力排众议，坚持塞防不可弃，坚决主张用武力收复新疆。这就是当时担任陕甘总督的爱国老将左宗棠。

左宗棠（1812—1885年），字季高，湖南湘阴人。他做过乡村教书先生，当过官府幕僚，后来任过巡抚、总督等职。他在历史上有过参与镇压太平军等农民起义的不光彩记录，但在面临外敌入侵时，却能坚持爱国、抵抗，反对妥协、投降。青年时代的左宗棠，就很留心时事，他曾以“身无半亩，心忧天下”来形容自己。后来在跟林则徐的接触中，他受到深深的反侵略思想的影响。第二次鸦片战争后，目睹民族危机日益严重，左宗棠接受了林则徐、魏源等人“师夷长技以制夷”的思想，先后创办福州船政局、兰州机器局等军工企业，为增强国防做出了积极的贡献。

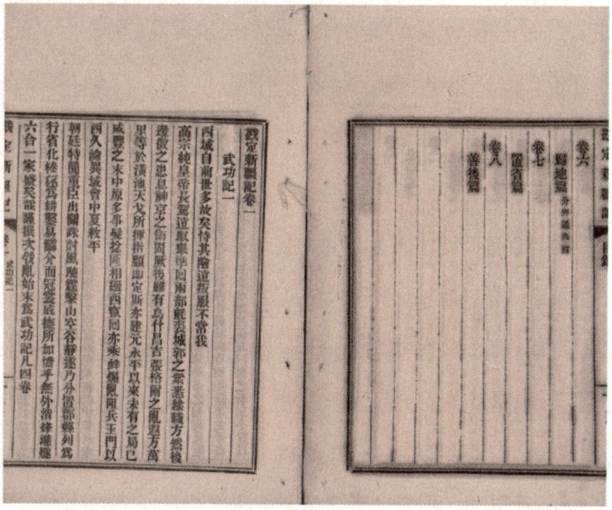
戡定新疆記卷一

武功記一

西域自兩世多故矣恃其險遠叛服不常我
高宗純皇帝長駕遠馭舉準回兩部[illegible]
邊[illegible]之患息神京之衛固[illegible]後雖有烏什昌吉張格爾之亂[illegible]萬
里等於潢池天戈所指指顧即定斯亦建元以來未有之局已
咸豐之末中原多事[illegible]西[illegible]回亦[illegible]兵玉門以
西久淪異域會中夏敉平
朝廷特簡重臣出關誅討風馳電擊山空谷靜[illegible]乃分置郡縣列為
行省化[illegible]為耕鑿[illegible]而冠裳[illegible]所加[illegible]乎無外[illegible]
六合一家[illegible]大[illegible]始末為武功記凡四卷

清学者所著《勘定新疆记》书影

祖国西北边疆岌岌可危的局势，使左宗棠万分忧虑。听到李鸿章放弃新疆的主张，他立即上书予以驳斥。他指出，西北自古以来是我中华民族重地，如今英俄进逼，阿古柏横行，已构成对中国的重大威胁。如果停兵节饷，自撤藩篱，那就会“我退寸而寇进尺”，一直影响到中原大地。而俄国久占伊犁，其他列强也会群起效仿，海防也不会有太平局面。因此，西部塞防与东部海防必须二者并重，当前应首先打下俄国的侵略气焰，第一步攻克乌鲁木齐，第二步收复伊犁。他在奏折中还表示，虽然自己年老身衰，也要尽瘁驰驱，“与此虏周旋”。

左宗棠的分析切中时局，终于说服朝廷采纳了他的意见。1875 年底，清政府委任左宗棠为钦差大臣，负责督办新疆军务。

（二）

左宗棠接到任命后，很快率军离开兰州，向西进发到祁连山下的历史名城肃州（即酒泉），在那里建立起西征总指挥部，立即着手策划收复新疆的军务。

首先，是做好进军新疆的充分准备。左宗棠长期在甘肃工作，对新疆情况有较深入的了解。那里地广人稀，沿途荒僻，交通困难，长途进军有着“兵疲、饷蚀、粮乏、运艰”等诸多困难。为了保证进军和抗敌的胜利，他精心组织，通过购粮、屯田等办法，从各地筹措到 4000 多万斤军粮；制定了骡马车与骆驼队并举，变长途运输为节节短途转运的运输方案；通过裁减冗员、缩编部队的办法，整顿、建立起一支战斗力强的精兵部队。

接着，左宗棠在肃州大本营召开军事会议，研究确定了收复新疆的基本方针。他根据新疆敌方势力的分布情况和清军长驱深入、补给线长的特点，制定了“先北后南，缓进急战”的战略：先剿北疆之敌，而后以北疆为基地出兵南疆；每场战斗先做好充分准备，打起来要速战速决，以免劳师疲兵、旷日耗粮。左宗棠从实际情况出发制定的这个作战方针，为西征军的胜利奠定了基础。

1876年6月，清军主力出星星峡，过哈密，穿戈壁，越天山，“一月骤驰三千余里”，来到乌鲁木齐附近。8月中旬，清军在乌鲁木齐东北方先后奇袭黄田、古牧地守敌，歼敌五六千人，接着分三路围攻乌鲁木齐，毙敌数百，收复了这座重镇。又经过艰苦的玛纳斯南城攻坚战，歼敌3000余人。至11月初，肃清了盘踞北疆之敌。在收复北疆的战斗中，清军官兵作战极为英勇，许多军官身先士卒，带头冲杀。有时敌我双方攻防拉锯达10余次，清军士兵高呼爱国口号，拼死与敌人奋战。战斗中，饱经沙俄及阿古柏蹂躏的新疆人民，也纷纷前来劳军、带路、运粮，有力地支援了正义的战争。

北疆收复后，阿古柏为了保住剩余的地盘，很快在通往南疆的重要门户吐鲁番一带集结了3万多守兵。与此同时，沙俄看到阿古柏已朝不保夕，就匆忙派出一个“考察团”到南疆活动，诱迫阿古柏与它签订了一个把准噶尔盆地西部大片中国领土划给俄国的边界条约，企图在阿古柏覆灭前造成既成事实，然后再胁迫清政府承认。左宗棠洞察到沙俄的阴谋，决定立即挥师南下，指挥数万大军兵分3路，分进合击，直逼吐鲁番。1877年4月，清军1万多人跨越天山，突袭达坂城。在把敌人团团包围之后，经过3天连续战斗，歼敌3000多人，拿下了这个要塞。接着3路清军合力夹攻吐鲁番，俘虏2万多敌人，打开了南疆的门户。在清军强大军威的打击下，敌人乱作一团，走投无路的阿古柏于5月服毒自杀。清军取得了收复新疆的决定性胜利，同时也粉碎了沙俄企图再一次掠夺中国领土的阴谋。

阿古柏死后，英帝国主义又出面干涉，要求清政府允许残匪占据南疆西部的喀什噶尔（今喀什）、英吉沙尔（今英吉沙）、叶尔羌（今叶城）、和阗（今和田）四座城市，作为一个受它保护的“国家”而存在。李鸿章竟然对此准备表示同意。左宗棠坚决维护领土完整，痛斥了帝国主义的无理要求。他指出：英国人想帮这伙人立国，为什么不割英国或英属印度的土地给他们，偏偏要占据我国的肥沃土地？他们显然是借建置别国之名，行占据我边疆河山之实。他进一步指出：在两次鸦片战争中，英国人“恃其船炮，横行海上，犹谓只索埠头，不取土地，今则并索及疆土矣。彼阴图为印度增一屏障，此何可取？”左宗棠这一番坚持原则、义正词严的话，既顶回了英国的无理要求，也把李鸿章驳得哑口无言了。在这之前，风闻英国人要来新疆“调停”，他就指示前线部队：喀什噶尔是我国固有领土，清军任务是蹑踪追剿，尽复疆土。如果英国人无理纠缠，尽可置之不理，或让英国人到大本营找我说话。左宗棠的这一坚决反对外国干涉，维护国家主权的态度，挫败了英国政府的阴谋。

1877 年夏末，左宗棠下令清军沿塔里木盆地北缘西进，攻打尚被残匪占据的南疆 8 城，展开一场远距离的追歼战。9 月，部队首先接近库尔勒。敌人为阻止清军前进，开挖河道，造成百余里汪洋，但清军或从浅处涉水而行，或搭造浮桥继续前进，一路追击敌人 900 里，接连拿下库尔勒、库车两城，救出 10 万难民。接着，清军又先后拿下拜城、阿克苏，收复了南疆东 4 城。这场追歼战历时一个月，驰驱 3000 里，把残敌赶到了塔里木盆地西、南边缘的西 4 城去了。清军发扬不怕疲劳，前赴后继的精神，又向西 4 城的敌人展开了连续作战。至 1878 年 1 月，全面收复了南疆各城，敌人除部分逃入俄国境内外，被我毙俘上万，缴获大炮百余门，战马上万匹，取得了辉煌的胜利。至此，我国神圣领土新疆，除了伊犁地区尚被沙俄占领外，天山南北其他地方都重新回到祖国的怀抱。

（三）

在西征军消灭阿古柏入侵势力后，收复伊犁就成为左宗棠下一步的作战目标。

伊犁地处新疆西部富饶的伊犁河和特克斯河谷一带，是西路第一重镇，曾纵横相联宁远、惠远、绥定、塔勒尔等9城。俄国1871年用武力侵占伊犁后，悍然把这一地区划归中亚阿拉木图的地方官管辖。当清军击败了阿古柏匪军以后，沙俄又别有用心地收容了叛匪头目白彦虎和阿古柏的儿子伯克·胡里，并纵容他们多次以俄国为基地骚扰新疆。左宗棠在同沙俄的长期交道中，对其侵略野心有深刻的了解。他向清廷建议，先通过外交途径向沙俄交涉。他并且指出，俄国人绝对不会痛痛快快地交出伊犁，两国外交必定要有一番争执。1879年10月，清政府派去交涉伊犁归还问题的全权代表崇厚，在沙俄的威逼与愚弄下，竟擅自答应沙俄对我领土的要求，签订了一个丧权辱国的《交收伊犁条约》。消息传来，举国大哗，左宗棠更是极为愤慨。他当即上书清廷，反对崇厚的卖国行径。他写道："自从俄人窃据伊犁，蚕食我领土不已，照此下去，新疆迟早要被吞并。现在我索要伊犁，它则要我赔款500万卢布，而崇厚还答应把伊犁西南之地归俄，此万万不可允许之事。"他指出，对俄国一味退让，就好比向饿狗扔骨头，"骨尽而噬仍不止"，必然带来无穷后患。他进一步提出："于今之计，应先以理力争，如行不通，就决以战阵，必以坚忍求胜。臣虽年衰才庸，愿意为国奋勉。"朝廷接到他的奏折后，称赞他的忠心和勇气，命令他整饬武备，准备收复伊犁。同时，决定将崇厚撤职治罪，另派驻英法公使曾纪泽赴俄重新谈判。

在曾纪泽与沙俄谈判的同时，左宗棠制订了以武力收复伊犁的作战部署。为了保证军事解决方案的出战必胜，他拟订了周密的用兵计划，准备从东、南、西3个方向兵分3路，一举夺回伊犁：东路，在伊犁通往乌鲁木齐及新疆内地的交通要道精河一带，先派重兵加以扼守，防止俄军东窜；中路，调近万名步兵、骑兵由南边的阿克苏出发，穿越天山山脉腾格里峰下的山口，沿特克斯河直扑伊犁；西路，调1万多步、骑兵绕道腾格里峰以西，从伊犁河下游直趋伊犁。与此同时，他还在伊犁以北塔城一带加拨兵力，防备俄军北犯。1880年5月，左宗棠完成了进军伊犁的准备。他兴奋异常，在写给朋友的信中表示，此次出兵“非将其侵占康熙朝地段收回不可”。在全军一片欢腾声中，他下令把大本营从肃州移往哈密。为了表示自己“黄沙百战穿金甲，不破楼兰终不还”的决心，他命令兵丁为他带去一口棺材，准备随时为国捐躯，埋骨荒漠沙海。

正当左宗棠移师哈密，准备发令出兵伊犁的时候，清政府竟在国内外妥协势力的诱迫下，动摇了以武力收回伊犁的决心。这年 8 月，朝廷下诏命令左宗棠回京。他 11 月离哈密，翌年 1 月回到北京。他的报国壮志成为遗恨。1881 年 2 月，《中俄伊犁条约》签字。虽然这也是个不平等条约，但由于左宗棠积极备战、大军压境的影响和曾纪泽在谈判桌上的力争，与崇厚的条约相比，中国毕竟争回了一部分主权，收复了伊犁地区，结束了沙俄在这里长达 10 年的军事血腥统治。

新疆收复后，左宗棠又及时上奏，建议在新疆设省，实行屯垦戍边。清廷接受了他的建议，于 1884 年决定以迪化（今乌鲁木齐）为省会，在新疆正式建省。这一措施加强了中央政府对新疆的行政管理，增进了各族人民之间的团结，对巩固西北边防，防止帝国主义侵略，都具有重大意义。

直到垂暮之年，左宗棠的爱国反侵略精神依然光彩熠熠。中法战争爆发后，他抱病上书，要求到前线督师。在法军偷袭福建后，他又出任钦差大臣，前往整顿防务。到任后，他积极备战，甚至打算亲自率军渡海打击侵犯台湾的侵略者。1885 年，这位爱国老将病逝于福州。他在遗折中说：“此次越事和战，实中国强弱一大关键。臣督师南下，迄未大伸挞伐，伸我国威，遗恨平生，死不瞑目。”悲壮的报国之情，实在令人感动。

左宗棠是封建统治阶级中的一员封疆大吏，他参与镇压过农民起义，那是他的阶级地位决定的。但在帝国主义侵略面前，他能挺身而出，奋起抵抗，收复祖国河山，这在清末统治阶级中是不多见的。后人写诗纪念他：“绝口不言议和事，千秋唯有左文襄。”这种不妥协的反侵略斗争精神，是我们中华民族共同的宝贵精神财富。

邓世昌大义撼云天

涛涛黄海，硝烟早已散去，舰炮不再轰鸣。但是，它却永远讲述着100多年前发生的一场壮烈的海战，映射出那海战中一个顶天立地的身影……

邓世昌纪念馆主体建筑邓氏宗祠

（一）

阴云黪（yǎn）惨海气黑，王浚楼船誓杀贼。
两军鏖战洪涛中，雷霆铿訇（hōng）天异色。
高密后裔真英雄，气贯白日怀精忠。

炮石攻击乱如雨，血肉激射波涛红。
敌舰纷纷多击毁，我舟力尽亦沉水。
不分猿鹤与沙虫，全军尽葬鱼腹里。
将军历险得生出，当留此生待异日。
志存灭虏图再举，畴谓将军节遽失？
将军大呼曰不然，宁为玉碎毋瓦全。
誓与士卒共生死，人死我生何靦（tiǎn）颜？
呜呼人生孰不死，死亦要贵得其所。
重如泰山轻鸿羽，流芳遗臭俱千古。
将军视死甘如饴，凛凛大节青史垂。

这首名为《纪大东沟战事吊总兵世昌》的诗，热情歌颂了一位大义凛然、壮烈捐躯的将军。这位将军，就是在1894年中日甲午海战中与日

邓世昌像

本侵略者血战到底的北洋海军著名爱国将领邓世昌。

邓世昌字正卿，广东番禺人，1849年出生在一个农民家庭。少年时代的邓世昌，就胸怀大志，勤奋学习，盼望着长大为国效力。他生在外国资本主义最早入侵的广东地区，成长在中国逐渐沦为半殖民地的时代，目睹了中国人民遭受侵略的苦难，逐渐萌发出反击侵略、拯救祖国的志向。1867年，18岁的邓世昌毅然背弃了读书人传统的追求功名的道路，走上了“求学强国”之路——他只身离开家乡，考进了福州船政学堂。这是清朝创办的最早的一所海军学校，讲授的全是新引进的西方近代科学和先进技术。怀着救国救民的强烈愿望，邓世昌在船政学堂里非常用功，英语、地理、天文、数学、绘图、测量、驾驶、机械等各门课程，他都学得很出色。

5年后，他以优秀的成绩完成学业，成为清军水师船队中第一批掌握近代海军知识与技能的军官。邓世昌被分配到水师后，先在一艘木制运输舰上任职，后来又调去指挥振威、扬威等军舰。他与当时清军水师军官中流行的腐败作风不同，平时很少离舰，管理严格细致，而且同士兵们打成一片，带兵领舰很有办法。短短几年间，邓世昌已显露出指挥舰只的非凡才能。

当时，清政府正在筹建近代化的北洋舰队，负责此事的北洋大臣李鸿章听说邓世昌“熟悉管驾事宜，为水师中不易得之才”，便调他加入北洋海军。邓世昌到这支大不同于旧式水师的新型海军就任后，心情十分激动，他认为中国自鸦片战争以来之所以受外国欺侮，原因就在于没有一支强大的海军。他决心在建设近代中国海军的事业中，为祖国做出自己的贡献。

1880年他31岁时，随统领北洋海军的丁汝昌赴英国接收新买的军舰。在英国，他勤奋地考察西方海军建设的情况，留心地学习人家的管理经验。在驾船回国的几个月航行中，他又认真学习操舰及海战技术。1887年，

醇亲王奕譞天（xuān）津巡阅海防时与李鸿章、善庆合影

邓世昌再次被派往英国，以副将衔参将的身份接收“致远”“靖远”“经远”“来远”4艘新舰回国。归途中，他一路指挥将士认真进行海上操练，每天变换阵形好几次。有时练救火，有时练堵漏，有时练攻击，使官兵们受到很好的锻炼。航行过程中，每当遇到风暴的袭击，邓世昌总是站在指挥台上，组织全舰官兵与风浪搏击。当军舰行驶到非洲好望角附近大西洋与印度洋交汇处时，南北潮头激撞，浪头高达数十丈，邓世昌不依靠随舰“洋员”，带病指挥行船，沉着机智地操纵军舰闯过了危险海域。

1888年4月，这4艘军舰驶抵天津大沽港，邓世昌被任命为“致远”舰管带（即舰长）。作为当时中国最先进的铁甲巡洋舰的舰长，他担当了北洋海军的主力战将。这年9月，北洋舰队正式成立，邓世昌以“致远”号管带的身份，兼任舰队中军副将。1891年，李鸿章到威海检阅北洋海军，见邓世昌指挥的致远舰操纵准确、炮火猛烈，报请皇帝赏给他“勇士”称号。

（二）

邓世昌担任“致远”舰管带后，十分注意对国际形势的了解，时刻警惕可能出现的敌对国家的入侵。自 19 世纪 60 年代末，日本出现明治维新运动以来，逐渐把扩张的矛头指向了它的近邻朝鲜和中国。从 19 世纪 70 年代起，日本海军迅速发展，除本国大量建造新式军舰、鱼雷艇外，还从英法等国购置军舰，到 90 年代初终于形成了一支拥有 68 艘舰艇、总排水量近 6 万吨的现代海军。与此同时，日本陆海军还频繁地进行以中国为假想敌的军事演习，日本国内也为侵华战争大造舆论。面对这种形势，邓世昌特别注重对部属进行爱国主义教育，经常以各种方式激励官兵的保家卫国热情。每次他对官兵的训话，大都讲中华民族历史上的英雄人物，每次慷慨陈词，让人听得热血沸腾。他常对部下说：“人谁不死，但愿死得其所耳！”他勉励全舰官兵，随时准备为保卫祖国而牺牲自己的生命。

1894 年 6 月，朝鲜发生了农民起义之事，应朝鲜政府请求，中国派出海陆军帮助平息。原先表示不会插手的日本政府，迅即派大部队开进朝鲜。7 月 17 日，日本天皇召开御前会议，做出了对中国开战的决定。酝酿了多时的中日之战，终于揭开了序幕。还在日本刚刚出兵朝鲜的时候，邓世昌就意识到中日战争不可避免。他对部下说：“现在海疆多事，我们海军将士报效国家的时候到了。”他号召全舰官兵，一旦战争爆发，一定要不怕牺牲，奋勇杀敌。他当众宣誓：“万一遇到不测，誓与敌舰同沉海底！”

7 月 25 日凌晨，日本海军在朝鲜中部牙山口外丰岛海面，向回国的中国军舰发动突然袭击。8 月 1 日，中日双方同时宣战，战火迅速在朝鲜半岛和黄海海面蔓延开来。因为这一年是中国农历甲午年，所以被称为“甲午战争”。

9月中旬，日军对在平壤的清军实行包围和进攻，清政府决定通过海路紧急向朝鲜增兵。9月12日，邓世昌所在的北洋舰队奉命从大连湾出发，护送运兵轮船驶往鸭绿江口的大东沟。16日晚，护送任务顺利完成。第二天上午，天晴气朗，北洋舰队的战士们操练完毕，正准备返航。突然间，西南方黄海水平线上隐隐出现一团烟雾。慢慢地，烟雾越来越大，越来越浓，烟雾下，一支舰队疾驶而来，人们逐渐看清，那是一支日本舰队。随着警笛齐鸣，北洋舰队立即投入战斗准备。中午11时左右，海军提督丁汝昌发出命令，各舰立刻起锚出海迎敌。12时50分，中日两支舰队在大东沟西南方海面接近，一场激烈的黄海大海战开始了。

北洋舰队参战军舰共有12艘，排成两舰一队的多叠横阵，以每小时5海里的速度前进。日舰一共12艘，排成纵队阵形，以每小时10海里的速度冲来。日本舰队依仗航速快、火炮强，来势汹汹。北洋舰队毫不示弱，准备同敌人决一雌雄。双方舰队相距5300米处，北洋舰队旗舰定远号发炮，各舰紧跟着发炮，数十发炮弹飞向敌舰。以吉野号为首的日本舰队，几乎在同时发炮还击。“轰！轰！轰！”一时间，两军各舰大小炮位连环轰炸，黄海海面炮声不断，硝烟弥漫，水柱冲天。

在激烈的海上鏖战中，邓世昌指挥着致远舰冒着密集的炮火，频频发炮，穷追猛打，纵横海面。当日本鱼雷艇逼近定远号时，邓世昌为了保护旗舰，命令本舰开足马力，奋勇冲到阵前，一阵猛烈的炮火击沉了日军鱼雷艇。战斗中，旗舰定远号的桅杆被炸断，发送作战命令的信号旗设施失效，提督丁汝昌受伤。在这整个舰队将失去统一指挥的危急关头，邓世昌挺身而出，毅然命令在自己的军舰上升起帅旗，勇敢地担负起指挥全舰队作战的任务。经过一个多小时的激战，双方各有损伤，不分胜负。

第二回合的战斗开始了，邓世昌指挥致远号勇敢地冲在最前边，不断向敌舰射击。敌人见致远号威胁最大，就调集4艘军舰对它实行包围。

面对不利情况，邓世昌毫不畏惧，命令前后左右炮分别瞄准敌舰轰击。在战斗最激烈的时刻，致远舰上本来就配备不足的炮弹打完了，邓世昌又下令以步枪射击，继续给敌人以打击。经过近一个小时的拼杀，致远舰毕竟寡不敌众，甲板上中弹累累，水线以下舰体也已受伤，船身逐渐倾斜。

怎么办？是尽快退出战斗保全性命，还是与敌人拼杀到底？邓世昌大义凛然，怒目圆睁，下定了血战到底的决心。看见致远舰弹药已尽，即将沉没，日舰吉野号大摇大摆地开近过来。吉野是这次日本参战舰艇中速度最快的主力舰，它在海战中横冲直撞，恣意逞威，对中国舰队的威胁最大。邓世昌怒视吉野，对大副陈金揆说："日本舰队全仗吉野横行，如果撞沉它，我军一定能打掉敌人的威风取得胜利。"说罢，邓世昌登上舰桥，朝着祖国的方向跪下告别，然后慷慨激昂地向全舰宣布："我们从军卫国，生死早已置之度外。现在致远船伤弹尽，无法再战，正是我们为祖国牺牲的时候了！我决定，全速前进，撞沉吉野！"全舰官兵齐声高呼，表示拥护。致远号开足马力，朝着吉野舰猛冲过去。

敌人发现致远号冲向吉野，立刻集中火力轰击，致远舰甲板起火。但是，它并没有停止前进，而是像一条火龙一样，劈波斩浪，继续冲向吉野。吉野舰上的日本兵见此情景，惊恐万状，纷纷嚎叫着跳水逃命；日本舰长吓得目瞪口呆，开炮射不中，要躲躲不及，眼看就要相撞完蛋。不幸恰在这时，一枚另一艘日舰发射的鱼雷，击中致远舰，引起剧烈爆炸，致远号舰身破裂，于下午三时半沉没。

邓世昌落水以后，仍然大呼杀敌不已。随从刘忠把救生圈抛给他，恳请他带上以保全性命脱险，邓世昌却表示：全舰都沉没了，我决不一个人逃生，拒绝使用。他平日饲养的军犬，看到主人将要沉没，也游过来用嘴衔住他的胳膊，不让他沉下去。邓世昌决心实践自己的誓言，只好用手揽住爱犬，一起沉没在汹涌的波涛中。全舰 250 多名爱国官兵，除少数遇救外，全部壮烈牺牲。

邓世昌和致远号官兵的英雄行为，极大地激发了中国水兵的爱国热情。他们在致远等舰沉没，局面更加不利的情况下，继续与敌人顽强拼搏。在第三个回合中，我方先后重创敌舰多艘，敌人旗舰也被打得剧烈爆炸，舰体倾斜，被迫退出战斗。日本侵略者妄图“聚歼中国舰队于黄海”的计划没能得逞。

黄海大海战，历时5个小时，中日双方几乎动用了各自的全部舰只，其规模之大，时间之长，战斗之激烈，为世界近代海战史上所罕见。这场战斗中，北洋水师虽然损失惨重，终告失利，但广大爱国将士顽强作战、宁死不屈的精神，尤其是邓世昌义撼海天、为国捐躯的英雄行为，却永远铭刻在人民的心中。

邓世昌牺牲后，被隆重地封予“壮节”的谥号。近代爱国思想家郑观应在《忆大东沟战事感作》一诗里写道：

东沟海战天如墨，炮震烟迷船掀侧。
致远鼓楫冲重围，万火丛中呼杀贼。
勇哉壮节首捐躯，无愧同袍夸胆识。

邓世昌无愧于这充满热情赞颂的诗句，无愧为百世流芳的民族英雄。

宁死不屈的丁汝昌

傲然屹立于山东威海刘公岛上的“北洋水师提督府”里，几尊栩栩如生的蜡像永远再现着一百多年前丁汝昌指挥北洋水师坚决抗敌的英雄形象，令后人肃然起敬，感慨不已。丁汝昌在甲午战争中鏖战黄海，负伤不下火线，扼守威海，宁死不降敌寇的英雄事迹，永远铭刻在人们的心中。

（一）

丁汝昌照片

说起近代史，就不能不说到甲午海战，而说到甲午海战，就不能不说到丁汝昌。

1894年9月17日下午，辽东半岛以东的黄海大东沟海面上，炮声轰鸣，硝烟弥漫，中日两国海军展开了一场惊心动魄的鏖战。双方共投入战舰24艘、兵员5600余人，其规模之大、历时之久、战斗之激烈，都为近代世界海战史中所罕见。因为这一年是中国农历甲午年，历史上就称这次著名的海战为中日甲午海战。指挥中国海军与日本侵略者顽强战斗的，就是当时的北洋水师提督丁汝昌。在他的统帅下，中国海军的爱国将士们以生命和热血写下了中国人民反帝斗争史上光辉的一页。

丁汝昌是安徽庐江人，生于1836年。他的父亲是一位贫苦的农民，家境相当穷困。丁汝昌从小参加牧鸭、放牛劳动，还为人家打零工、撑渡船、磨豆腐，帮助家里生活。17岁那年，庐江一带久旱无雨，灾荒和瘟疫一齐降临，他的父母在病饿煎熬下相继去世。衣食无着的丁汝昌于1853年只身投奔太平军。后来，因为作战失败，他所在的太平军被清军收编。

丁汝昌在军队里开始只是一名职位很低的哨官。但由于他天资聪颖，作战勇敢，又很有组织、指挥才能，逐渐受到重视，一步步被提拔为千总、营官、副将，32岁担任了总兵。后来因为得罪了上司，丁汝昌险些遭迫害，他逃回安徽老家，隐匿闲居了5年。

此时的中国，一场希望靠引进西方先进技术来实现富国强兵的洋务运动正在兴起。洋务派人士认为："治国之道，在乎自强，而审时度势，则自强以练兵为要，练兵又以制器为先。"这就是说，要把引进先进的武器装备作为加强国防的首要条件，通过建设强大的军队来自强治国，抵御日益严重的外侮。1875年，李鸿章等人报请清廷批准，大批购买和仿制当时较先进的以蒸汽机推动的大型铁甲舰船，筹建北洋、东洋、南洋3支水师。其中北洋水师由北洋大臣李鸿章管辖。就在这3支近代海军的筹建过程中，丁汝昌重新得到起用，被派往北洋水师任职。

不久，北洋水师从英国订购的"镇东""镇西""镇南""镇北"4艘炮舰驶抵中国港口，丁汝昌被委任为督操，负责组织指挥这4艘舰中国水兵们的军事技术学习和操练。1880年，丁汝昌奉命去英国接收并督带订购的"超勇"和"扬威"2艘巡洋舰回国。他们穿越万里重洋，历经千辛万苦，胜利地完成了接收任务，并且在沿途远航中初步积累了航海经验。带舰回

艦隊トノ間ニ向テ敵ヲ左舷ニ見テ砲擊通過ス。故ニ此時ハ恰モ好シ本隊ト共ニ敵ヲ挾ムノ姿勢トナレリ。此間揚威ハ火焔ヲ揚ケテ我前面ヲ過キ。大鹿島ノ方向ニ逃走セシニ。後チ陸上ニ乘揚ケ。定遠、超勇、及廣甲モ同シク火災ヲ起シ列外ニ出

第二圖

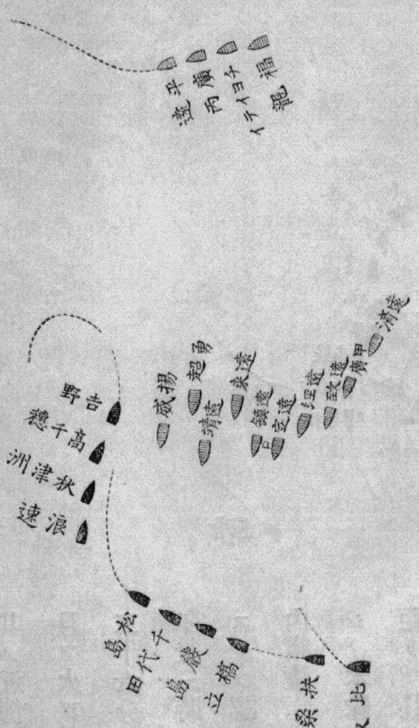

テシカ。幾ナラス來遠亦同一ノ運命ニ會セリ。既ニシテ本隊及先鋒共ニ定遠及鎮遠ヲ挾擊セシニ。定遠ハ火災ヲ起セリ。次テ我先鋒隊ハ逃走セル敵艦ヲ追ヒ經遠ヲ打沈メ。本隊ハ定遠、鎮遠ヲ攻擊ス。

日军在战后总结的黄海海战清朝北洋舰队与日军舰交战时双方队形排列图

国后，丁汝昌升任天津镇总兵。

自 1875 年起，清政府花费巨资，在十几年间先后向英、德等国订购舰艇 46 艘，由中国自己的福州船政局和江南制造局仿造各种小型舰艇 23 艘。这些舰只大多编入了李鸿章控制的北洋海军。1888 年，北洋舰队正式建立，丁汝昌被委任为北洋水师提督府提督，也就是北洋舰队司令。这时，北洋舰队共有军舰 22 艘，其中包括 2 艘 7000 多吨的铁甲舰，7 艘 3000 吨以下的巡洋舰，还修建了位于辽东半岛南端的旅顺船坞和山东半岛北部的威海卫军港。这支当时中国最大的海军，以南北犄角之势扼守渤海口，担负起保卫北京乃至北部中国海疆的重任。

身为这支近代化海军的提督，丁汝昌深知在未来反侵略战争中海军的重要意义，十分重视舰队的建设与训练。在他的领导下，北洋水师营规较为严明，官兵具有一定的近代军事素质，爱国热情也很高。无论是士气还是战斗力，这支舰队都远远胜过当时清政府的陆军。丁汝昌为创建中国第一支近代海军尽心竭力，功不可没，无愧为“海上长城”的开拓者。

（二）

北洋水师所面对的，是一支几乎与它同时发展起来的强大的海上武装力量——日本海军。

明治维新以后，日本经济迅速发展，国力不断增强，但这个后起的资本主义国家带有浓厚的封建性，它从一开始就强烈地要求对外侵略扩张。明治天皇公开宣称要“开拓万里波涛，宣布国威于四方”，并且制定了野心勃勃的“大陆政策”：第一期征服台湾，第二期征服朝鲜，第三期征服满蒙（即我国东北及蒙古），第四期征服中国，第五期征服世界。1874 年，日本曾武力侵犯我国台湾。1879 年，日本并吞了琉球国（即今琉球群岛）。这时，日本已经积极向朝鲜扩张，并准备对中国实行侵略战争。从 1885 年起，日本实行了10年扩军计划，并提前两年完成，建起了一支以对外侵略扩张为目的的强大海军。

1894年春，朝鲜爆发了东学党领导的起义。朝鲜统治者请求清政府派兵“进剿”，日本政府也假惺惺地鼓励中国出兵。可是，当清军进驻朝鲜以后，日本立即以“保护侨民”为借口，派出大批军队在朝鲜仁川登陆，进入汉城，与驻守牙山的清军形成对峙。中日战争一触即发。

可是，此时清政府内以慈禧、李鸿章为首的妥协派却一心指望帝国主义国家来“调停”，不作战争准备。李鸿章为了“保持和局”，竟下达了“可守则守，不可则退”的荒唐命令。日本见清政府软弱可欺，更加肆无忌惮，竟然在7月25日对中国军队发动袭击，在丰岛海面击沉运载清军的高升号商船，并在陆地上向驻牙山的清军发起进攻，挑起了中日甲午战争。

战争爆发后，丁汝昌和北洋海军的爱国将士摩拳擦掌，坚决主张抗击敌人。他几次要求率舰出击，可是都被李鸿章制止。担任北洋大臣的李鸿章把北洋海军看作是自己的私人财产，采取了“避战保船”的方针，命令丁汝昌只能在鸭绿江口至威海卫这条线以内防守，决不准“滥进袭击”。对于这个命令，丁汝昌非常气愤，可是又不能违抗，只好让军舰在划定的海域内巡逻，不敢越雷池一步。朝廷里的主战派一时不明真相，反而因此而指责丁汝昌“畏葸（xǐ）无能、巧滑避敌”，于是朝廷下令将他革职。只是由于无人可以代替，后来才改为暂免处分，“戴罪立功”。对于这种莫须有的罪名，丁汝昌自然极为不平，但他以国家民族利益为重，将个人恩怨置之度外，继续忍辱负重，勤奋地忙碌在备战的岗位上。

9月12日，丁汝昌率领北洋海军的12艘舰艇，护送援军至鸭绿江口的大东沟。到港完成任务后，17日上午正准备返航旅顺，突然发现了敌情。

上午10点左右，瞭望哨兵在望远镜中发现，南方海面出现一支日本舰队。原来，早有准备展开海战的日本吉野、西京丸等12艘快速战舰，正气势汹汹地向中国舰队猛扑过来。

坐镇旗舰定远号上的丁汝昌，果断地下达了起锚迎敌的命令。北洋舰队开足马力，朝着敌人舰队破浪前进。双方距离迅速地缩短，在逼近到5300米时，丁汝昌看敌舰已进入火力范围，立即发令开炮。“轰！”随着定远号主炮的轰鸣，各舰大炮相继怒吼，颗颗炮弹飞向敌舰。顿时，双方大炮齐喷烈焰，黄海海面炮声震天，硝烟翻滚。

自从丰岛海战以后，日本联合舰队依仗在舰数、吨位、火炮等方面的优势，一直在黄海往来巡弋，寻衅挑战，并扬言要“聚歼清国舰队于黄海”，气焰十分嚣张。这一回，北洋海军居然敢正面开来，开炮迎战，大出日本海军的意外。开战仅几分钟，中国海军就击中敌舰一艘。

面对强敌，丁汝昌冷静沉着地指挥舰队战斗。日舰吉野号中弹，甲板被穿透，比睿号中弹起火，西京丸号船舵受创，赤城号舰长被击毙……丁汝昌威武地挺立在高高的瞭望台上，随时观察敌情，下达命令。突然，日舰炮弹击中了定远号，瞭望台也被炸塌。丁汝昌跌下甲板，衣服着火，手臂烧伤，无法站立。但他负伤不下火线，在裹上伤口后仍然咬牙坐在甲板上督战，鼓舞全军士气。丁汝昌的英雄行为激励着将士们继续奋勇鏖战，涌现出许多视死如归的英雄。致远号管带邓世昌在舰体多处中弹、炮弹消耗殆尽的时刻，率领全舰官兵视死如归，开足马力向敌舰撞去，除极少部分人员遇救外，最后全体以身殉国。超勇号在中弹倾斜的情况下，仍然不停地向敌舰猛烈开炮，直至沉没。定远、镇远等舰也奋勇拼杀，连连发炮命中敌舰。

经过5个小时的浴血奋战，日方旗舰松岛号受重伤，一艘军舰被击沉，还有几艘军舰被重创，终于被迫退出战斗。北洋舰队虽然损失更大一些，但还是升旗集队，向南追逐敌舰十几海里，最后悲壮地返回旅顺港。

（三）

黄海之战中，北洋海军虽然损失了 5 艘战舰，但主力还在，依然拥有相当的战斗力。但李鸿章却抱定投降主义的方针，不再允许北洋舰队参战。而此时，日军却分南北两路大举入侵我国。北路日军进攻辽东半岛，李鸿章命令北洋舰队撤离旅顺，避往威海卫。丁汝昌眼看国土沦丧，旅顺将失，心如刀割。他赶到天津面见李鸿章，请求“以海军全力援旅顺，决死战”。李鸿章坚决不允，并训斥道：“你给我老老实实地在威海守护好那些船，其余的事你不要管！”

1895 年 1 月，南路的日军避开威海卫，从山东半岛最东头的荣城县成山头登陆，向威海卫的后路包抄。威海卫位于山东半岛东部的北岸，面朝东方的港湾被伸向海中的南北两岸包成半圆形。港湾口上还横列着刘公岛、日岛两座天然屏障，是个从海面上易守难攻的要塞。但是，威海卫的后方陆地上却是不高的丘陵地带，没有险要的防守工事。当日军从后方陆路包抄过来时，丁汝昌明白形势十分不利，他主张舰队尽快出港，一来可以向东进击包抄敌人后路，切断敌人供应，二来可以保存自己。他说：“与其按兵不动等待敌人围攻，不如派舰队迎头痛击。”可是，李鸿章根本听不进他的意见，只是武断地命令他：舰队不许出战，不准离开威海卫。李鸿章甚至威胁说：“假如你违反命令出港迎战，就是打了胜仗也要治罪！”丁汝昌求战不成，只好据守。他要求山东巡抚认真布置陆路兵力拦阻日军，可那个巡抚竟然敷衍了事，率兵先退。日军很快占领了威海卫陆路南北两岸的炮台。困守港湾的北洋舰队在丁汝昌的指挥下虽然利用舰炮猛烈轰击，接连击沉日本军舰两艘、鱼雷艇 5 艘，并炸死了陆地上的日军少将大寺安纯，但还是改变不了被包围的命运。

2 月 2 日，日军完成了对威海卫的铁壁合围。漂泊在港湾中的北洋舰队，外有敌舰封锁，内临陆上围攻，只能靠刘公岛和日岛上的两座炮台来守护。到了这种孤悬小岛、水陆夹击的境地，丁汝昌知道大局已定，难以挽回了，但还是顽强地指挥将士们坚守着。日本舰队司令伊东祐亨写信给丁汝昌，劝诱他率队投降。丁汝昌大义凛然，加以拒绝，表示：我丁汝昌决不背弃报国大义，如今只有一死来尽我的职责。他还派人把敌人的劝降信上交给李鸿章，表明自己决不投降的心迹，决心“必至船没人尽而后已”。

接连几天，他率领将士们死守刘公岛、日岛两处炮台，多次击退来犯日军。2 月 7 日，日岛炮台在日军总攻下失守，刘公岛上弹药也不多了，清军伤亡也日益严重，部队士气面临瓦解之势。这时，在舰队里供职的一些外国人趁机活动，勾结了一批贪生怕死的将领，在劝降不成的情况下，竟然举行武装叛变。他们聚众哄闹，鸣枪过市，声称“向丁提督乞生路”，妄图胁迫丁汝昌降敌。丁汝昌正气浩然地申斥他们：“你们想要夺权，那就快快来杀掉我！我难道还吝惜自己的生命吗？”

到了 2 月 11 日，日军进攻更加猛烈，刘公岛炮台上的弹药也已用光，而陆地上的援军也毫无希望了。深夜，丁汝昌怀着悲愤交集的心情召集将领会议。他提出：各舰开足马力撞开敌船向外突围，也许还能幸存下几条船来，以免全军覆没。但是，他的意见得不到下属的响应。丁汝昌悲愤异常，当即下令派人去炸沉“镇远”舰，以免落到日军手里，竟也遭到拒绝。一些士兵在洋人和几个民族败类的唆使下，持刀威胁丁汝昌，要求他在投降书上签字盖章。眼看大势已去，丁汝昌下令将自己北洋水师提督的官印毁坏作废，然后从容地服下了毒药，实践了自己“与舰偕亡”“誓以身殉”的誓言。

如今的刘公岛，已经成了喧闹的旅游胜地。但岛上北洋水师提督府内那座面露刚毅悲愤之气的丁汝昌塑像，却永远在向人们倾诉着当年的那出历史悲剧，倾诉着爱国将士至死不渝的忠烈气节。

中华正气 ㊦

良化 著

海燕出版社

目录

徐骧誓死保卫台湾

自古时势造英雄。而英雄之所以能够脱颖而出，还在于他有着崇高的信念和强烈的历史使命感。曾是一介书生的徐骧，在国难临头的关头挺身而出，成为叱咤风云的台湾民众抗日领袖，那是因为他把个人的命运同祖国的命运紧紧地联系在一起，表现出了自己对祖国的一片赤诚之心——“中华中华，我所至爱！”

台湾的日本总督府外景

（一）

神州大陆东南方的美丽宝岛台湾，自古就是中国神圣领土的一部分。早在两千多年前的秦、汉时期，祖国大陆人民就已接触并参与开发台湾。隋、唐以后，台湾与祖国的关系更为密切。到了南宋时期，这里已隶属大陆行政管辖。清代，清政府更先后设置了台湾府和台湾省。世世代代居住在台湾岛上的人民，绝大多数都是历代迁徙过去的原大陆居民，他们始终视大陆为自己的根，视中国为自己的祖国，为维护祖国的统一进行了不屈不挠的斗争。

1895 年，在中日甲午战争中吃了败仗的腐朽的清政府，干了一件遗臭万年的卖国丑事。这年 4 月 17 日，清政府派出的议和全权大臣李鸿章，在日本马关与日本首相伊藤博文签订了丧权辱国的不平等条约——《马关条约》。条约的主要内容之一，是将台湾全岛和附属岛屿以及台湾海峡中的澎湖列岛割让给日本。这一条约的签订，引发了台湾人民风起云涌的反割让、反投降斗争，并且在民众自发的抗日斗争中产生了杰出的民族英雄徐骧。

清政府割让台湾的消息传出后，全国人民群情激愤，纷纷谴责李鸿章的卖国罪行。台湾各族同胞听到这个消息，“若夜午暴闻轰雷，惊骇无人色，奔走相告，聚哭于市中，夜以继日，哭声达于四野”。他们既愤怒又痛心，感到蒙受了奇耻大辱，坚决表示不愿离开祖国怀抱。正在京城参加科举会试的台湾籍举人，严正表示“如其生为降虏，不如死为义民”。条

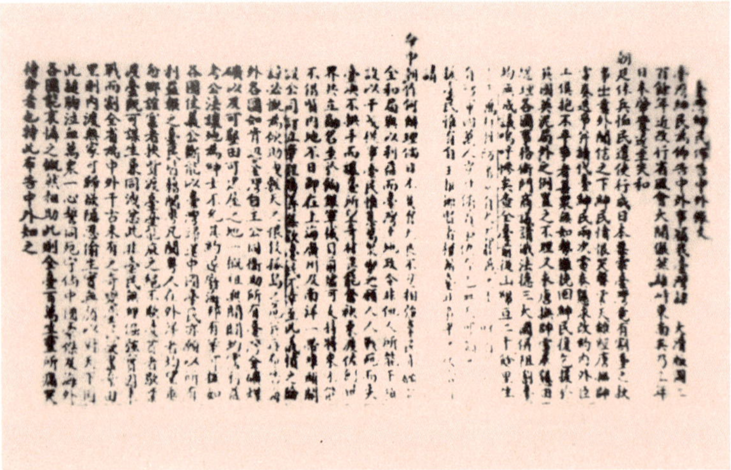

台湾绅民反对日本强割台湾的檄文

约签订后第三天，台北市民鸣锣游行，举行罢市，群众纷纷拥进巡抚衙门，抗议清政府的卖国行径。台湾同胞还发出檄文，表示“愿人人战死而失台，决不愿拱手而让台”，发誓与进犯的日本侵略军决一死战。

但是，清政府对抗议之声充耳不闻，下令台湾大小官员迅速撤回大陆，限期交割台湾。6月2日，清政府的割台特派大臣李经方，在基隆港外的日本军舰上会见日本新任命的“台湾总督”，交出了割让台湾的清单，把台湾岛连同全体台湾同胞一起出卖给了日本。两天后，日本侵略军强占了基隆，又过了3天，日军进占台北。在这生死存亡的严重关头，台湾巡抚唐景崧仓皇逃往厦门。眼看靠官府保不住家园了，不甘做亡国奴的台湾人民决心自己来保家卫国，纷纷自发组织起抗日义军，抵抗前来接收的日本侵略者。徐骧领导的义军，就是在这样的形势下出现的。

徐骧是台湾苗栗县人，1858年出生在一个以耕织为生的农民家庭，自己也是个农民。他自幼“耕而兼读”，曾经考中过秀才，同时又喜欢练习武艺，平素为人正直，乐于助人，深受当地民众的爱戴。这位虽然不曾去过大陆，却在读书过程中深知祖国大好河山和光荣传统的汉子，向来以自己是炎黄子孙而自豪。他曾满怀深情地说过：“中华，中华，我所至爱！”如今，眼看台湾就要离开祖国怀抱，家乡就要划归异邦，同胞们即将沦为亡国奴了，徐骧再也无法安心地耕读下去了。他横下一条心：挺身而出，保家卫国！

日军进占台北，步步向南推进，即将逼近家乡新竹了。徐骧把乡亲们召集到一起，慷慨陈词：“台湾是父母生我们养我们的故乡，我们的田地房舍在这里，子孙后代在这里，祖宗的坟墓也在这里。如果台湾亡了，我们还有归宿吗？”他号召大家在这生死存亡的关头，组织起来，武装起来，“人自为战，家自为守”，共同保卫家园。他说：“就是打败了，我们流尽鲜血与台湾共存亡，那也是光荣的。”

徐骧的演说在乡亲中引起强烈反响，他们激动地边哭边挥舞着拳头，纷纷表示愿意拿起武器，听从徐骧的领导，跟随他共赴疆场，拼死杀敌。

在群众的推举下，徐骧担任了抗日义军的首领，一支民团组织起来，并且迅速地发展壮大了。

与此同时，台湾其他地方的民众也纷纷组织义军，各支义军人数从几十到几千人不等。为了联合留在台湾的清军共同抗日，义军推举驻守台南的南澳总兵刘永福为军事统领。各支义军的成员有猎枪的用猎枪，有大刀的用大刀，他们还积极从民间搜集起各式土枪土炮，抓紧进行军事训练。这些义军多是青壮年农民，他们熟悉地形环境，惯于爬山越岭，身手矫健彪悍，平时习武打猎，精通射击拼杀，具有不可小看的战斗力。

（二）

6 月中旬，随着日本侵略军的南下，激烈的台湾保卫战开始了。

6 月 12 日，日军兵分两路从台北进犯新竹。新竹地处台湾岛西北部，这里西濒台湾海峡，东接雪山山麓，是南下台中的必经要道。日军事先了解到这一带已经没有清军，对手持土枪土炮的义军又十分轻视，因此大摇大摆地开了过来。不料，东路的日军没有行进多少路，就遭到隐藏在竹林中的义军的狙击。义军的土枪土炮虽然威力不大，但东放一枪，西放一炮，日军却找不到狙击的人，无法组织还击，很快就伤亡多人。战斗打响后，徐骧率队伍赶来增援，他们和别路义军一起对日军展开游击战，消灭 60 多名侵略者，并把敌人先头部队的残部赶进山林中，继续围剿追击。西路日军在大湖口附近也与义军相遇，经过 6 天 6 夜的周旋、激战，日军不得不退回中坜休整。后来，日军集结大队人马卷土重来，而义军因为火力不足被迫撤退，日军于 6 月 23 日占领了新竹。

6 月下旬，镇守在台南的黑旗军老将刘永福，率军在台南附近的安平港口炮轰两艘进犯的日本军舰，打得它们东倒西歪，仓皇逃窜。捷报传来，北部地区的义军受到巨大鼓舞。徐骧与义军领袖吴汤兴、姜绍祖商议，共同反攻新竹日军。7月中旬，徐骧率民团1000多人，会合前来配合的黑旗军杨紫云部，向新竹日军发动进攻。不料，由于奸细告密，日军已有防备。日军将主力埋伏在新竹郊外，用重兵据守城东的十八尖山。战斗打响后，杨紫云、吴汤兴率军从东南方进攻，与日军激战于十八尖山。敌军用大炮轰击，义军则靠肉搏冲锋，双方反复争夺山上阵地。姜绍祖率兵攻打新竹东门，遭到敌人伏兵的袭击，队伍被打散，姜绍祖也在战斗中牺牲。徐骧按分工率部从北路进攻，但早有准备的日军炮火猛烈，并且逐渐形成左右夹击之势。徐骧见敌我力量悬殊，就果断指挥义军分散撤退到竹林中去。日军尾追来到竹林外，只见里边密不见天，到处哗哗作响，大有风声鹤唳之势，不敢贸然进入，只好在林子外布兵实行包围。到了傍晚，徐骧命令一支小分队佯装突围，迷惑并吸引了敌人，自己则带领大部队绕到敌人身后，出其不意地发起前后夹击。日军遭到突然打击，顿时乱了阵脚。义军乘势冲出包围，还一路抓了100多名俘虏，把敌人打回了新竹城。这以后，徐骧率领义军在新竹周围不断袭击敌人，坚持战斗一个多月，有力地阻遏了敌人的南进。

新竹义军的战斗，得到了当地群众的积极响应与支持，广大民众纷纷以各种方式起来参加战斗，打击敌人。当时的日方资料就记载着：新竹地区“人民就是士兵，其数不得而知，破坏铁路，割断电线，皆他们所为”，他们“每个人，甚至年轻妇女都拿着武器，一面呼喊着，一面投入战斗。我们的对手非常顽强，一点儿也不怕死”。

义军阻遏了敌人的进攻后，退守到大甲溪、台中一带，准备利用地形伏击敌人。徐骧与黑旗军将领吴彭年商定，义军和黑旗军分别埋伏在大甲溪南北两岸的山丛密林中，等日军前来渡溪时伏击。8月22日，日军出动步兵、马队、炮队，气势汹汹地向大甲溪扑过来。徐骧派小股义军前往迎敌，假装败退，引诱敌人来追。日军见义军势孤力单，更加肆无忌惮，大模大样地渡过大甲溪南进。谁知，渡过溪水的日军还没站稳脚跟，就遭到埋伏在南岸丛林、路侧的官兵的攻击。日军防范不及，乱成一团，又纷纷拥回溪边，仓皇北渡逃命。哪知刚渡过一半，徐骧率领的伏兵又突然从北岸丛林中杀出。两岸夹击，火力交织，日军进退两难，躲藏无处，被打得鬼哭狼嚎，纷纷落水，死伤不计其数，就连溪水也被堵塞住了。这一仗，中国军民大获全胜，并缴获敌人大批枪支弹药。

第二天，日军调集主力再度猛攻大甲溪，义军和黑旗军寡不敌众，大甲溪陷入敌手。徐骧率领的义军在大甲溪的一条支流上伏击了另一股日军以后，才逐渐退出了这个地区。

（三）

大甲溪是台中的屏障，敌人渡过了大甲溪，台中便无险可守，很快落入日军手里。徐骧的队伍退到了台中西南的彰化。当时，他手下的义军士兵们见家乡沦陷，非常担忧亲人的安危，情绪发生波动，有人还对徐骧说，他们怕是对不起家眷了。徐骧当然也十分挂念家乡的亲人，但他更清楚此时安定军心、鼓舞士气的重要性。他激昂地回答："我要对得起家眷，更要对得起中华！台湾不亡，我不愁找不着家眷；台湾亡了，还谈什么寻找家眷！"在他的影响下，义军士兵的情绪稳定下来，继续准备打击侵略军。

8 月中旬，日军逼近彰化，徐骧和黑旗军及别路义军配合，分兵把守八卦山。八卦山地处彰化县东门外，那里地形险要，是县城的天然屏障。27 日，日军主力向八卦山猛扑，义军居高临下还击，消灭许多敌人，打退了日军的第一次进攻。第二天清晨，敌人收买汉奸做向导，沿山谷小路绕到八卦山背后，企图偷袭山顶。徐骧指挥义军用土枪、弓箭、石块攻击敌人，经过激烈肉搏，反复争夺，终于打退了敌人。在这场悲壮的浴血奋战中，日军伤亡很大，中国义军的损失也很惨重，吴彭年及 300 名士兵壮烈牺牲。为了保存力量，徐骧只好忍痛撤离八卦山，率领残部杀出重围，摆脱了险境。日军付出重大代价占领八卦山后，在山顶架炮轰击彰化县城，守城义军同侵略者展开激烈的巷战，继续打击敌人。一位当时的日军成员事后回忆道：“凡是树林桥荫，田里园里,都有人埋伏向我狙击，不知有多少处。我只有在万死中期得一生。”

抵抗日军的台湾民众

9月初，刘永福派出的增援部队来到彰化附近，会同各路义军一起向彰化发动反攻。徐骧的义军在八卦山损失了部分力量后,又从阿里山区的高山族同胞中吸收了700名壮士,部队战斗力得到恢复。经过半个月的激战，台湾军民连续获胜，日军伤亡惨重，就连少将山根信城也被我方击毙，吓得日军龟缩在城里不敢出来。但义军由于粮食和弹药不足，无法长期围攻，只好放弃攻城，退出战斗。

台湾军民拼死抵抗日军侵占，造成侵略者大量伤亡的事实，令日本政府大为震惊。为了尽快扑灭台湾军民的反抗怒火，他们又急忙从已经占领的我国辽东半岛调来第二、第四两个师团共万余人，由侵台总督高岛丙之中将率领，实行增援。4万多名日军主力会合一处，对台湾军民进行了残酷的围剿。日军接连攻陷云林等地后，于9月中旬进逼嘉义县城。嘉义是台南的门户，如果失守，势必危及台南。刘永福急令千余官兵北上阻击。徐骧也率义军赴嘉义参战。经过大莆林一战，日军伤亡严重，不得不退出云林。可是，面对十分有利的台湾抗战形势，腐败的清政府生怕得罪日本侵略者，不仅对台湾军民不予支援，反而一再严令沿海各省不得接济，甚至对驶往台湾的船只也严加搜查。清政府的封锁，使台湾军民的武装斗争日益陷入孤立无援的困境。

10月初，日军万余人涉水渡过浊水溪。徐骧率领高山先峰营顽强阻击

日军攻占台南嘉义后，残酷杀死守城的中国勇士

几天几夜，退守嘉义城下。10月11日，日军大举进攻嘉义城。徐骧和刘永福军在城外兵营里设下地雷阵，然后退守城里。日军见台湾军民撤退，不知是计，发兵进占。半夜时分，各处地雷爆炸，当场炸死日军700多人，吓得残敌丢盔弃甲，四散逃命。第二天，日军集中炮火猛轰嘉义城，一小时发炮180多发，炸塌了嘉义城墙。顽强守卫的义军，又同窜进城里的日军展开了浴血巷战，造成敌人重大伤亡。在这次战役中，日本近卫师团的中将师团长北白川能久亲王也丧了命。

嘉义失陷后，双方在距台南20公里的曾文溪展开了最后的决战。这时候的义军，已经到了弹尽粮绝的地步，情况万分危急。而日军前有骑兵冲锋，后有步兵紧随，远处的大炮还不停地向义军阵地轰击。徐骧眼见敌人越逼越近，而我方的枪声越来越零落，万分感慨："如果还有一千发子弹，我们也可以支持一天一夜，可现在子弹到哪儿去找呢？"面对着压上来的日军，他怒目圆睁，拔出短刀高呼一声："大丈夫为国捐躯，死而无憾！"带着战士们冲了过去。

一排子弹扫来，徐骧倒在了血泊中。

事后，人们曾写下一首气壮山河的挽联，来深切悼念这位为保卫台湾、维护祖国尊严而牺牲的民族英雄：

临危不惧，方显中华儿女真本色；

为国捐躯，最是人民英雄一片心！

丘逢甲慷慨悲歌怀宝岛

在山河破碎、民族危亡的紧要关头，敢于横刀立马御外侮的武将固然英名永存，能够挥笔抒怀唤民心的文人同样值得景仰。台湾近代爱国志士丘逢甲，既曾挥刀杀敌，又曾作诗明志。他那字字血泪、句句深情的感人诗篇，向我们展示了一位忧国忧民的近代爱国知识分子的崇高气节和赤诚情怀。

（一）

19 世纪末 20 世纪初，我国文坛出现了一位名噪一时的台湾省籍爱国诗人——丘逢甲。他一生作诗数千首，其中有相当部分述及国事，尤以咏怀台湾的内容为突出。他的爱国诗歌既深刻地反映了 19 世纪末期中华民族的苦难，又真挚地表达了我国人民收复台湾、统一祖国的壮志。

著名的维新派领袖梁启超曾把他与黄遵宪（字公度）并誉为晚清“诗界革命之巨子”。著名诗人柳亚子曾写诗赞誉他：

丘逢甲像

时流竞说黄公度，英气终输仓海君。
战血台澎心未死，寒笳残角海东云。

丘逢甲晚年自号仓海，世称“仓海先生”，诗中的“仓海君”就是指的他。这首诗热情歌颂了丘逢甲早年血战台湾保卫祖国，后来内渡大陆雄心不减的爱国精神和英武气概，生动地概括了这位爱国知识分子的一生。

丘逢甲，字仙根，号蛰仙、仲阏、华严子等，写诗作文时还曾别署“海东遗民”“台湾遗民”“南武山人”等笔名、雅号。1864 年 (清同治三年)12 月 26 日，丘逢甲出生在台湾省苗栗县铜锣湾的一个富裕家庭。他的祖上原籍广东嘉应州镇平员山 (今广东蕉岭县文福乡印山村)，曾祖父那一辈东渡来到台湾彰化县，以后历经四代，都在台湾生活。他的父亲丘龙章是一位很有学问、擅长诗词的塾师，致力于开展乡村教育。

丘逢甲自幼随父亲读书学诗，非常聪明好学。他 14 岁时以全台湾第一名的成绩考中秀才，获得“东宁 (即台湾) 才子” 的称号。在以后的求学过程中，他的眼光日益开阔，格外关注时局发展和国家民族的命运。中法战争爆发以后，他逐渐树立了“以天下为己任”的抱负，经常思虑国家大计，曾撰写过议论时政的《穷经致用赋》《全台利弊论》等文稿，很有振兴社会的独到见解。1889 年，25 岁的丘逢甲考取进士后，光绪皇帝曾任命他为工部主事。但他无意在京做官，请假返回台湾，先后在台中、台南各书院讲学，同时兼做《台湾通志》的编纂工作。

丘逢甲通过参加编纂台湾史，愈益加深了对国情、省情的了解，加深了对祖国和台湾的热爱，深切体会到台湾与祖国大陆密不可分的关系。民族英雄郑成功从荷兰殖民主义者手中收复台湾的光辉业绩，给了丘逢甲以极大的影响。他常以郑成功为榜样勉励自己，写了不少景仰、学习郑成功的诗，立志维护祖国统一。

1894年中日甲午战争爆发后，日本侵略我国的意图充分暴露出来，而清政府的腐朽无能也显露无遗。丘逢甲预感到形势发展危急，台湾将遭厄运。他忧虑地说："天下从此将动乱了。日本人野心勃勃，早就对台湾垂涎欲滴了，如今他们怎么会不借机来犯呢？"他看出不能靠清政府保卫台湾，只能寄希望于台湾民众自己组织起来。他在后来的《离台诗》中写道："成名竖子知多少，海上谁来举义旗？"在这年中秋节前后，他毅然举起了"抗倭守土"的义旗。对上，他奔走呼号，主动请命督办团练；对下，他动员号召民众，鼓舞台胞士气。他捐献出自己家的财产，向各界筹募了一笔经费，招募了大批台湾青年，组织起抗日义军，自己担任了义军统领。

1895年4月，卖国贼李鸿章赴日本马关乞和，丘逢甲闻讯后表示："如果当权者真有放弃台湾之意，我愿带领所有义军共同保卫疆土。"果然，《马关条约》签字了，清政府将台湾割让给日本。消息传来，丘逢甲悲愤异常，当即向朝廷发去电报，痛切陈词，加以抗争，并且写了3封血书，请求清政府废约抗日、保卫台湾。

丘逢甲的电报到京后，引起轰动。光绪皇帝的老师翁同龢（hé）在日记中也曾写道："得丘逢甲电，字字血泪，使我无面目立于人世矣！"然而，清政府抱定退让求和宗旨，不肯废约，

设在台北的日本"台湾总督府"

反而加紧办理割让台湾的手续。丘逢甲激愤地痛哭失声，他说："朝廷虽然背弃了我们，我们怎能再自暴自弃呢！"他全力投入了保卫台湾的斗争。

日本侵略军从基隆登陆后，很快进占台北，接着向南进军。丘逢甲立即从台中调集义军，北上迎击。在新竹附近，义军与日本侵略者展开激战。经过 20 多个昼夜的拼死搏斗，由于敌强我弱，弹尽粮绝，义军战斗失利。丘逢甲带领少数亲随冲出重围，撤进深山。他哀痛地叹息道："恨我无回天之力，徒呼奈何！"经过商议，他们决定先回内地，待来日再光复故土。7 月下旬，丘逢甲哭别台湾，携家人含恨乘船返回大陆泉州，后经汕头回到原籍镇平员山。离台之时，他满腔孤愤，作《离台诗》六首，表达了内心的悲苦和对李鸿章之流卖国行径的强烈不满。他在其中一首诗中写道：

宰相有权能割地，孤臣无力可回天。
扁舟去作鸱（chī）夷子，回首河山意黯然。

意思是说，台湾被李鸿章之流出卖了，局面暂时已难以挽回。我如今像春秋时代的范蠡改名鸱夷子皮那样渡海引退，以图再起，当回首告别沦陷的故乡山河的时候，心情怎能不无比哀伤呢！

（二）

1895 年秋，丘逢甲来到广东蕉岭县定居。山河破碎、故土沦亡的惨痛现实，时刻强烈地刺激着他，令他积愤难平、思恋不断。此时的丘逢甲，"百事不能能执笔"，他只剩下手里的一支笔，唯有以笔做刀，饱蘸忧国忧民的血泪，抒发自己怀念台湾、誓报国仇的胸臆，写下一首首感人至深的爱国诗篇。

回忆起台湾军民奋起抗日而因孤立无援、归于失败的经过，丘逢甲悲愤至极，挥笔写道：

当时痛苦割台湾，未肯金牌奉诏还。
仓葛哀呼竟何补，全军难保武峦山！

想起挣扎在日寇铁蹄下的台湾父老兄弟，他寝食难安，洒泪悲歌：

天涯断雁少书还，梦入虚无缥缈间。
兵火余生心易碎，愁人未老鬓先斑。
没蕃亲故沦沧海，归汉郎官遁故山。
已分生离同死别，不堪挥泪说台湾。

第二年春天，员山风和日丽，景色宜人，看着眼前的美景，丘逢甲却是想念着一年前被割让出去的台湾。他在《春愁》诗中写道：

春愁难遣强看山，往事惊心泪欲潸。
四百万人同一哭，去年今日割台湾。

1898年，他收到一封从台湾辗转寄来的信，读后不禁感慨万千，思情绵绵：

故人消息隔乡关，花发春城客思闲。
一纸平安天外信，三年梦寐海中山。
波涛道险鱼难寄，城郭人非鹤未还。
去日儿童今渐长，灯前都解问台湾。

他想到随自己内渡的孩子都渐渐长大了，非常关切故乡的情形，经常在傍晚家叙时聚在灯旁发问。这是一幅多么感人的思乡图啊！为了不忘收复台湾、统一祖国的志愿，丘逢甲特意给儿子丘琮改名为丘念台，他还将自己的住处命名为“念台精舍”。

诗人爱台至深、思乡至深，已经到了提起往事就难禁眷念之情的地步。他在另一首诗中写道：

往事何堪说，征衫血泪斑。
龙归天外雨，鳌（áo）没海中山。
银烛鏖（áo）诗罢，牙旗校猎还。
不知成异域，夜夜梦台湾！

丘逢甲内渡广东后，自号“海东遗民”，时时提醒自己是台湾人，终生不减使台湾回归祖国的信念。

一位名叫颂臣的友人回台湾去，他写了首长长的《送颂臣之台湾》诗，既寄语台湾同胞莫忘祖国，又表达自己对光复台湾的信心，其中写道：

王气中原在，英雄识所归。
为言乡父老，须记汉官仪。
故国空禾黍，残山少蕨薇。
渡江论俊物，终属旧乌衣。
……
亲友如相问，吾庐榜念台。
全输非定局，已溺有燃灰。
弃地原非策，呼天傥（tǎng）见哀。
十年如未死，卷土定重来。

在这首诗里，他恳切吁嘱台湾父老乡亲永远铭记自己是炎黄子孙，要保持民族气节。他认为台湾不可能永远沦为外人的属地，局面早晚必将扭转，只要坚持不屈不挠的反侵略斗争，宝岛台湾一定会得到光复，重新回到祖国的怀抱。

他还经常教导、鼓励家人后代："台湾同胞四百万尚奴于倭，吾家兄弟子孙当永念仇耻，勿忘恢复。""我希望汝辈树捍卫国家民族之勋业耳！"

丘逢甲对国家民族的热爱，不只局限在思念、光复台湾，他把眼光投向了全中国，他的一片忠贞赤子之心永远和祖国的命运一齐搏动。

甲午战争后，沙皇俄国借机出兵入侵中国，强占了东北的旅顺、大连，并且修筑中东铁路，掠夺我国的领土和资源，危及我们民族的存亡。1897年，丘逢甲在《岁暮杂感》中写道：

一曲升平泪万行，风尘戎马厄潜郎。
民愁竟造黄天说，岁熟如逢赤地荒。
七贵五侯金穴富，白山黑水铁车忙。
老生苦记文忠语，多恐中原见鹫（jiù）章。

在这首诗里，诗人在哀叹自己无法施展抱负的同时，把矛头指向了封建统治者和沙俄入侵。诗的三、四、五句揭露统治者的罪恶，第六句点明沙俄的掠夺扩张。诗人不由得想起林则徐（谥号林文忠公）生前说过的警语："终为中国之患者，其俄罗斯乎！"沙俄帝国的国徽是双头鹰，诗人担忧俄国的鹫章出现在中原大地，尖锐地指出了沙俄侵略我国的严重危险。

1897年，德国军队入侵山东胶州湾，丘逢甲闻讯愤然作《闻胶州事书感》。1900年，八国联军攻占北京，他又怀着苍凉的心情写下《述哀》。在一系列述国事、抒感怀的诗中，他发出了深沉痛苦的悲叹，表现了极大的忧虑："九州无地不胡尘，难觅名山老此身""东南已无干净土，半壁江山半腥血"。对祖国的无限忠贞，对侵略者的深仇大恨，在他的笔下凝聚成震撼人心的呐喊：“丈夫当为祖豫州，渡江誓报祖国仇，中原不使群胡留！”这位爱国诗人反抗外敌、保卫祖国的赤胆忠心，表现得是多么强烈、鲜明啊！

（三）

从 1895 年到 1911 年，丘逢甲在 16 年间先后赋诗 2000 多首，后来从中选出 1700 多首，辑成《岭云海日楼诗钞》。在这些诗歌中诗人不仅表达了誓报国仇、统一祖国的强烈爱国主义思想，也表现了关心人民疾苦、痛恨清政府腐败的心情，萌发了反封建的革命意识。

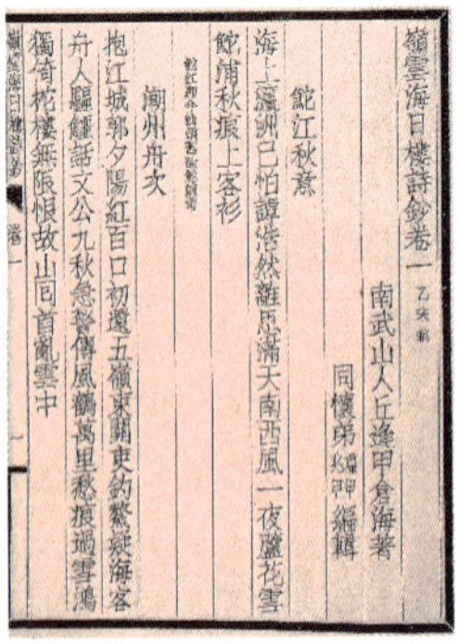

嶺雲海日樓詩鈔卷一 乙未

南武山人丘逢甲倉海著

同懷弟瑞甲編輯

鮀江秋意

海上瀛洲已怕譚浩然離思滿天南西風一夜蘆花雪

鮀浦秋痕上客衫

潮州舟次

抱江城郭夕陽紅百口初還五嶺東關吏釣鰲疑海客

舟人驅鱷話文公九秋急警傳風鶴萬里愁痕過雪鴻

獨倚柁樓無限恨故山回首亂雲中

嶺雲海日樓詩鈔 卷一 一

丘逢甲著《岭云海日楼诗钞》

他在一首除夕诗中写道：“满城多少贫儿屋，难过钱荒米贵年。”在另外一首诗中，他写道：

颇闻被灾处，草木无根皮。
不知馈民况，能再支许时？
念此不能餐，北望挥涕洟！

他曾在《海军衙门歌》《虫豸诗》中，无情嘲讽、鞭挞了腐败的封建当朝者：

我不能工召洋匠，我不能军募洋将。
衙门沉沉不可望，若有人兮坐武帐。
早知隶也实不力，何事挥金置兵仗？
战守无能地能让，百万冤魂海中葬。
购船购炮仍纷纷，再拼一掷振海军。
故将逃降出新将，得相从者皆风云。

在他的这些诗中，丘逢甲尖锐地揭露了那批封建官吏“全无心肝”“一官便具奴才性”“伺人怒喜为怒喜，不知国仇况国耻”的丑恶嘴脸。

丘逢甲内渡广东以后，积极投身于教育事业，先后在潮州韩山书院、潮阳东山学院、澄海景韩书院讲学，把启迪民智、振奋民心当作拯救民族危难的途径。1900年，他专程赴马来西亚、新加坡，向爱国侨胞募集资金，在汕头兴办了传播近代新思潮和西方科技知识的岭东国文学堂。这所近代学堂开设了数学、化学、医学、经学、史学等课程，并聘请外籍教师前来授课。从1906年起，丘逢甲先后担任了两广学务处视学、广州府中学堂监督、两广方言学堂监督、广东教育总会会长，成为岭南最有名望的教育家和社会贤达。

进入20世纪，东方出现了民族觉醒的新形势，资产阶级民主革命成为历史的潮流，丘逢甲非常兴奋，思想也跟随着历史的发展逐渐转向革命。

他在为一位隐居台湾的故旧送别时挥笔赋诗：

我年方强君未老，惜君投身隐海岛。
亚洲大陆局日新，时势径待英雄造。

他向在海外活动的革命志士表示：

相期亚陆风云再相见，骑鲸东海来挽神州沉。

看到孙中山领导的反帝反封建民主革命不断兴起，迅猛发展，丘逢甲非常欣喜，对即将发生的社会大变革寄予厚望。他在一首《春感》诗中写道：

莽莽平原郁旱尘，草痕绿浅不成茵。
东风吹起懒龙梦，一夜雨声千里春。

他把即将到来的革命看作浩荡东风，期待它吹醒中国这条昏睡的巨龙，迎来祖国万象更新的春天。

1908 年，丘逢甲秘密加入了孙中山领导下的同盟会，并庇护赵声、邹鲁等革命党人的活动。

1909 年，广东成立咨议局，丘逢甲被推选为议长。广东革命军政府成立后，他又担任了教育部长。不久，他被推举为广东出席南京临时政府成立会议的三名代表之一，并在会上当选中央参议院里唯一的台湾省籍参议员。1912 年元旦，丘逢甲在南京出席了孙中山主持的中华民国成立盛典，他欣喜若狂，赋诗热情讴歌辛亥革命的胜利：

郁郁钟山紫气腾，中华民族此重兴。
江山一统都新定，大纛（dào）鸣笳谒孝陵。

他热情地欢呼“中国睡狮今已醒”，并兴奋地对人说：“内渡十七年，无若今日快心者。”

不幸的是，就在南京出席会议期间，丘逢甲因操劳国事引发肺病，口吐鲜血，只得仓促返回广东。1912 年 2 月 25 日，年仅 49 岁的丘逢甲与世长辞。临终前，他仍然念念不忘祖国的宝岛，向亲属交代遗言：“葬须东向，吾不忘台湾也。”

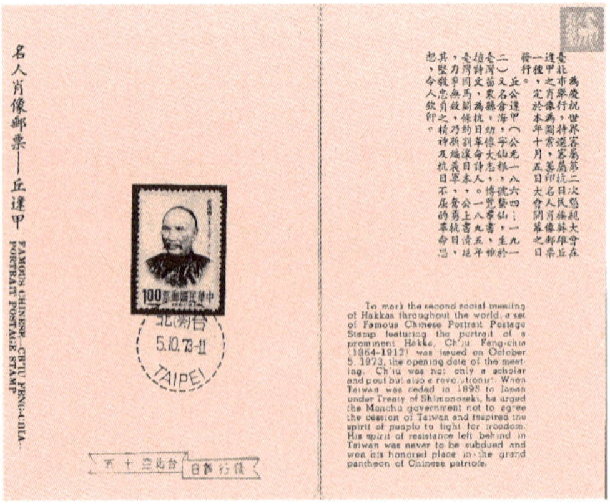

抗日英雄丘逢甲曾登上中国台湾地区发行的纪念邮票

康有为图存变法

为了探索振兴中华的道路，以康有为为代表的一批先进知识分子曾经努力向西方国家寻找救亡图存的真理，并且在历史上留下了短暂而灿烂的足迹。尽管他们的运动失败了，他们的人生也是曲折的，但他们作为那个时代的先驱，所表现出来的执着的爱国精神，仍将给后人以启迪与教益。

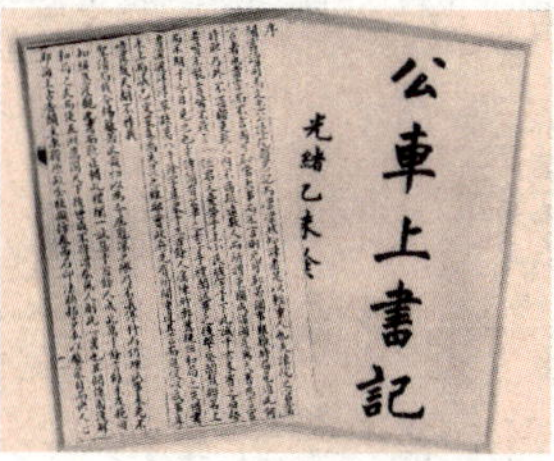

《公车上书记》书影

（一）

1895年5月2日，暮春风沙笼罩下的北京宣武门大街上，出现了一支身穿长袍马褂的游行队伍。这支由上千名斯文儒雅的读书人组成的队伍，足足排了500米路长，一直向城里走去。他们是全国各省进京应考的举人，此时正在列队去清朝中央政府的都察院呈递奏章。都察院门前，一位额宽眼凹、操广东口音的为首者，边慷慨陈词，边向官方递上一份《上皇帝书》。

这就是近代史上著名的“公车上书”。“公车”一词起于汉代，因为

康有为像

康有为书法对联。其上盖有“康有为印”和“维新百日出亡十六年三周大地游遍四洲经三十一国行六十万里”两方印章

当时是公家用车马接送被征举的士人，后来人们就把进京赶考的举人称为“公车”。这次轰动全国的“公车上书”的为首者，就是近代史上的著名人物康有为。

康有为(1858—1927年)，又名祖诒，字广厦，号长素，广东南海人，出生于一个世代官宦之家。他6岁进私塾念书，11岁起跟从祖父熟读四书五经，17岁又拜师受业于当地著名学者朱次琦的礼山草堂。他求学的时代，正是中国国势衰落、外患不已的时代，广东既是饱尝帝国主义侵略的地方，又是首先从海外刮进新鲜空气的“南风窗”。处在这样的环境里，少年康有为不满足于传统的旧学，经常找机会博览群书，特别是认真研读介绍海外情况的新书。

他阅读了翻译过来的《西国近事汇编》《环游地球新录》等书籍，从中发现了一个完全不同于中国社会制度的新世界。21岁时，他去英国统治下的香港游览，亲眼目睹资本主义文明给那里带来的巨大变化。早就立下“经营天下”抱负的康有为，更加注意研读西学，有意识地进行中外对比研究。他阅读可以找到的一切介绍西方的书籍，从数学、物理、化学到政治、历史、经济，无不涉猎。经过对比，他认定，西方确实有许多先进的知识和技术，应当介绍到中国来；而西方国家的政治、经济制度，更是大大优越于中国古老陈旧的制度，尤其应该借鉴、学习。逐渐地，康有为确立了一套在当时非常大胆新颖的思想：中国要想独立富强，必须向西方学习，实行变法维新。带着对未来世界的美好憧憬，他把自己的理想写成了一本书——《大同书》。在《大同书》里，康有为把封建社会定为“据乱世”，把资本主义社会定为“小康世”，把设想中的未来社会定为“大同世”。他描绘的大同之世里，没有国家，没有皇帝，没有阶级，没有家庭，没有私产，人人自由平等，大家都成了那个美好世界里的神仙。他在书中还指出，由旧的君主专制向新的君主立宪转化是历史发展的必然规律，要实现社会的进步，就必须变法改良。《大同书》表现了康有为对未来世界的幻想，也反映了他主张通过实行君主立宪的改良主义道路发展资本主义的政治主张。

1888 年，康有为进京参加考试。当时，中法战争刚刚结束，由于清王朝的昏庸无能，中国“不败而败”，法国“不胜而胜”，国家进一步遭受欺凌。忧愤交迫的康有为再也憋不住了，就在考试以后的空闲时间里写了一封 5000 字的上皇帝书，这就是后来所说的康有为上皇帝第一书。在这封上书里，他痛陈列强环伺、国势日衰、危机四伏的险境，要求皇帝“变成法、通下情、慎左右”“翻然图治”。但是，一个无职无位的无名文人竟敢上书皇帝议论朝政，而且言辞又这样激烈，这在当时只能被看作是“狂妄”“越格犯上”。结果，不仅上书遭到扣压，就连考试也因此而落榜。

满腹经纶却没人理会，康有为只好回到广州，设立学堂宣传自己的主张，培养维新变法的人才。他的学问和思想吸引了不少有志的热血青年，其中有一个梁启超，后来成为他在维新变法运动中的主要助手，他们被世人并称为“康梁”。

在梁启超的协助下，康有为在讲学的同时，完成了两部变法理论的代表作——《新学伪经考》和《孔子改制考》。他大胆地把历代尊奉的传统儒学一概斥为“伪经”，把自己的变法主张说成是孔子精神的发扬。这两部书一破一立，完全是为他的政治主张服务的，充满了否定传统、突破陈规、鼓吹变革的精神。这两部书一问世，立即引起封建守旧派的谴责、封锁与批判，在政治界、思想界引起巨大反响。追求真理的先进知识分子，正是从这两部书中受到启迪、受到鼓舞，坚定了他们的变法决心。事实上，这两部书为后来的戊戌变法准备了理论基础，康有为也因此确立了改良派领袖的地位。

（二）

1895年春，已经拥有举人身份的康有为再次进京，参加投考进士的会试，梁启超与他结伴同来。

当时，中日甲午战争刚刚结束不久，战败了的清政府派出李鸿章为头等全权大使赴日本去谈判签订和约。4月17日，李鸿章按照日本政府的要求，与日本首相伊藤博文在马关签订了丧权辱国的《中日马关条约》。这个卖国条约承认日本对朝鲜的控制权，向日本割让辽东半岛、台湾、澎湖，赔偿白银2亿两，并给予日本在中国许多特权。

消息传来，中国人民无比愤慨。康有为更是心绪翻腾、义愤填膺。他立即串联应试的广东籍举人联名上书请愿，要求清政府拒绝承认《中日马关条约》。湖南省的举人听说后，也纷纷起来响应，参加签名。4月22日，两省举人一齐来到都察院递交了请愿书。

为了增加请愿书的分量，改变最高当局的决策，康有为同梁启超商量决定：干脆征集全国应试举人的意见，直接给皇帝上书。接连几天，他们往来奔波于各省驻京会馆之间，在各省举人中慷慨陈词、鼓动游说。5月1日，来自18个省的举人们齐聚北京宣武门外达智桥胡同的松筠庵，讨论通过上奏书。受举人们的委托，康有为一天一夜不合眼，奋笔写出了一篇一万多字的“万言书”。

万言书要求光绪皇帝不要签字批准《马关条约》，建议皇帝下诏检讨自己的过失，任用真正有才能的人来管理国家，把首都迁往长安，把赔款改充军费，训练强大的军队，誓死与侵略者决战。作为变法自强的根本之策，提出要兴办铁路、机器、轮船、矿业、邮政等事业，改革官僚制度，裁减官吏，设立议会，废除科举，兴办新学……

聚会上，康有为和梁启超情绪激动，轮流慷慨而读："为安危大计，乞下明诏，行大赏罚，迁都练兵，变通新法，以塞和款而拒外夷，保疆土而延国命……"整篇奏书洋洋洒洒，慷慨激越，痛切感人，掷地有声，在各省举人中引起强烈的共鸣。很快，1300多名举人在请愿书上签了名。

5月2日，千余举人来到相当于最高检察院的清政府都察院门口，递交这份《上皇帝书》。他们没想到，都察院官员从中阻拦，以皇帝已在条约上盖过印为借口，拒绝呈递奏书。《上皇帝书》虽然没能递到光绪帝手里，但是这一行动却震动了整个北京城，这封万言书也被辗转传抄，广泛传播，在社会上引起了巨大的反响。

康有为发起的公车上书活动，以及他在上皇帝第二书中公开提出自己的政治主张，标志着他作为资产阶级改良派的领袖，登上了中国近代历史的政治舞台。

公车上书的第二天，考试揭晓，康有为中了进士，被授以工部主事的官职。他没有去任职，却把万言书加以删改，再次以自己个人名义上呈光绪皇帝。这就是他的上皇帝第三书。此后，他又第四次上书，继续百折不挠地鼓吹、推荐自己的变法主张。

这年7月，康有为和梁启超在北京创办了《中外纪闻》报，每期印2000份，送给朝廷官员和士大夫看。《中外纪闻》介绍资本主义国家的政治、经济情况和国际形势，从舆论上宣传维新思想。8月，康有为又发起组织强学会，经常组织讨论、聚会，宣传变法主张，号召救亡图存。年底，康有为又到上海组织起强学会上海分会，创办了《强学报》。不久，这些组织和报刊都遭到清政府内顽固派的解散、查封。但是，康有为毫不气馁，他又在上海创办了《时务报》，由梁启超担任主笔，更加系统地宣传变法维新理论，与封建保守势力展开激烈的论战。

变法维新的主张虽然暂时受到压制，但是这种思想却广泛传播开来，在全国范围内形成了一股蓬勃涌动着的浪潮。两年多时间里，各地成立维新学会 87 个，学堂 131 所，报馆 91 家，上海、湖南、广东逐渐成为维新运动的中心。康有为的政治主张已经演化成为不可阻挡的时代潮流。

（三）

1897 年，继德国强占胶州湾之后，列强纷纷索地占港，掀起瓜分狂潮，中国封建王朝已经呈现朝不保夕的末日景象。康有为再次进京，第五次上书光绪皇帝，希望他“因胶警之变，下发愤之诏”，决心变法。处在困境中的光绪帝，这时开始重视起他的见解来了，就命令总理衙门传见康有为，要他把自己的主张和盘托出。于是，康有为又写了《应诏统筹全局折》，系统地提出了变法的纲领。

在奏折里，康有为建议光绪效法日本明治天皇，设立法律、财政、邮政等新政机构 12 局，吸收维新派参与国政，除旧布新，大誓群臣实行变法。他同时把自己写的《日本明治变政考》一起送给皇帝，告诉他：欧美国家经过 300 年建立起来的体制，日本花了 30 年就学习、模仿成功。以中国地广人多，就近学习日本的有利条件，变法以后 3 年就可以初具规模，5 年可以纳入正轨，8 年可以大见成效，10 年以后就可以成为称雄世界的强国。康有为的一番谋划，打动了光绪皇帝的心，他把这篇奏折放在书案上，经常阅览，并且转发给王公大臣们看，开始把变法提上了议事日程。

随后，康有为又第七次上书光绪，劝他学习俄国的彼得大帝，广开眼界，大力实行国内改革。他还在北京成立了保国会，以保国、保种、保教为宗旨，深入研讨维新方策，筹备实行变法。

在不断高涨的变法思潮影响下，光绪皇帝终于下定决心，于 1898 年 6 月 11 日颁布诏书《明定国是》，宣布实行变法。

6 月 16 日，光绪帝在颐和园仁寿殿召见康有为，针对变法事宜做了长时间交谈，并安排他在总理衙门工作，准许他可以直接上书提出建议。从此，康有为利用专折奏事的权力频频上书，提出各种方案措施，实际上成了光绪皇帝维新变法的政治顾问。在康有为的周围，一批变法志士如谭嗣同、杨锐、刘光第、林旭等也进入军机处，他们在一起形成了变法的智囊团和参谋部。

根据康有为等维新人士的建议和策划，光绪皇帝接连颁布了几十道变法的命令，涉及政治、经济、军事、文化等各方面。在政治方面，精简机构，裁减官员，取消满人享有的特权，广开民众言路，鼓励创办报纸、学会，允许一定的言论出版自由。在经济方面，设立银行及工商、矿务局，保护农工商业，重视兴办铁路、开矿山，鼓励发展工业。在军事方面，裁减旧式军队，训练新式海陆军，设厂制造军火，加强国防力量。在文化方面，废除八股文，改革考试制度，改书院、寺庙为学堂，设立编译局翻译国外书刊，派人出国留学，奖励新著作、新发明。

这些法令的基本内容，是学习西方的政治、经济、军事和文化制度，力图在不从根本上触动封建制度的情况下，通过君主立宪的改良主义道路在中国发展资本主义。如果能够得以实现，它们无疑对国家富强和民族资本主义的发展大有助益。

但是，当时清王朝的实际统治权却控制在以慈禧太后为首的顽固守旧派手里，他们不能容忍维新变法运动。正当光绪皇帝推行新政的时候，慈禧却在 9 月初密谋动用军事力量发动宫廷政变，推翻光绪，镇压维新人士，取消新政。光绪于 9 月 16 日得知这一消息后，立即写信给康有为、谭嗣同等，要他们“妥速密筹，设法相救”。康、谭等商量后，决定向拥有重兵并表面上拥护维新的袁世凯求援，要他调兵进京保护光绪。哪知，阴险狡诈的袁世凯却通过荣禄向慈禧告了密。9月21日，慈禧太后发动政变，把光绪皇帝囚禁起来，自己临朝听政，并下令逮捕主张变法的人。谭嗣同、林旭等6位变法志士被捕，被押至宣武门外菜市口惨遭杀害。康有为、梁启超因为事先得到消息，得以躲过追捕，经天津逃往香港，后来又被迫避往日本。

这场虽轰轰烈烈却以失败告终的变法，因为是发生在农历戊戌年，所以被称为“戊戌变法”。从6月11日到9月21日，变法仅仅实行了103天，所以在近代史上人们又称它为“百日维新”。

戊戌变法虽然失败了，但它的影响是深远的。康有为在民族危机深重的关头，能够大胆冲破几千年封建传统的束缚，起来向西方寻找救国真理，致力于建设独立的资本主义国家，这在当时是符合中华民族利益的，在历史发展阶段上是具有进步意义的。康有为试图以变法改良来救国，但他的改良失败了。康有为写了《大同书》，但他没有找到一条走向大同世界的道路。作为振兴中国的一次伟大政治试验，康有为的历史贡献功不可没。他百折不挠的献身精神和爱国情操，将受到人们的尊敬。戊戌变法为中国民族资产阶级登上政治舞台提供了第一次表演的机会，它在历史上留下了自己的足迹；戊戌变法又是一次资产阶级启蒙运动，它推动了中国近代史上的第一次思想解放运动；戊戌变法还是一次爱国救亡运动，它标志着中华民族的进一步觉醒。

戊戌变法的失败，从反面教育了人们：在当时的中国，改良主义的道路已经走不通了，把希望寄托在封建统治阶级内部少数“开明派”人物身上也是靠不住的，唯有推翻封建王朝的统治，依靠新兴的阶级来实行革命，中国才有生路和希望。这，也可以说是康有为留给后人的宝贵的教益。

谭嗣同气贯长虹

为了振兴中华，平生慷慨悲歌，冲决旧的罗网；为了唤醒民众，敢于独闯地狱，献出一腔热血；面对敌人屠刀，纵情仰天长啸，豪气长留人间。维新志士谭嗣同为祖国昌盛而殉身的牺牲精神，将永远激励着后人。

1898年9月28日(清光绪二十四年八月十三)，北京城到处风沙弥漫，地暗天昏。城南宣武门外菜市口一带岗哨林立，观者如堵。下午时分，一群杀气腾腾的刀斧手押着六名“犯人”来到监斩台前。就在监斩官下令斩首的一刻，一位气宇轩昂的“犯人”忽然哈哈大笑，向着上万名围观者高声呼出四句惊天地泣鬼神的绝命诗：

有心杀贼，无力回天；
死得其所，快哉快哉！

谭嗣同像

位于北京市的谭嗣同故居

呼罢，引颈接刀，慷慨就义。

这位大义凛然的英雄，就是为维新变法而献身的著名“戊戌六君子”之一、杰出的维新志士谭嗣同。

（一）

谭嗣同字复生，号壮飞，湖南浏阳人，1865 年 3 月出生于北京。他的父亲谭继洵是一位官吏，当时正在北京担任清政府的户部员外郎，后来曾做过湖北巡抚。谭嗣同从 5 岁起开始读书，由于勤奋好学，他十几岁时就能写一手漂亮的文章。他 12 岁时，生母病故，继母对他不好，家庭失去温暖。在逆境中生活，谭嗣同从少年起就逐渐磨炼出独立思考、不慕荣华、敢于反抗的品格。他不认同当时官宦人家纨绔子弟浑浑噩噩的生活方式，既不花天酒地，也不追求功名仕途，而是认准自己的方向，孜孜不倦地努力读书。

在谭嗣同的青少年时代，有两个人对他影响最深。一个是他的学业老师欧阳中鹄，另一个是他的武术老师“大刀王五”。欧阳先生是位有变革思想的开明知识分子，平生最为推崇明末清初的两位大爱国思想家王夫之和黄宗羲。通过他的传授与影响，王、黄二人强烈的民族意识在谭嗣同的头脑里深深地扎下了根。“大刀王五”是清末赫赫有名的幽燕大侠，此人性情豪爽，为人正直，武艺高强，喜欢扶弱锄强，是个江湖上难得的好汉。谭嗣同拜他为师习马舞剑，两人意气相投，结成了生死之交。

平生慷慨悲歌士，今日驱车燕赵间。
无限苍茫怀古意，题诗独上井陉关。

这是年轻的谭嗣同在经过燕赵古战场，登上汉代名将韩信打过大胜仗的井陉关后写下的一首诗。诗中，他壮怀千古，激情无限，表现了强烈的爱国之心、报国之志。

1878 年，谭嗣同随外放甘肃的父亲移居大西北各地。他时常策马陇上，伫立高丘，夜宿军营，在无拘无束的浪漫生活中开扩胸襟、陶冶情操、磨炼意志。19 岁以后，他离开家庭，开始了长达 10 年的漫游生活。他到新疆巡抚的幕府中任过职，又到江南去求过学，到各地的名山大川去踏访，到民间去体察民情。10 年间，他的足迹遍及江南塞北、大江上下，游历过河北、新疆、陕西、甘肃、山东、湖北、江西等十几个省，行程达 8 万多里。饱览神州大地的崇山峻岭、秀丽原野，激发了他对祖国的深切热爱；瞻仰了华夏各处的名胜古迹、人文景观，使他胸中的民族自豪感倍增。旅途中，通过接触和了解社会下层人民啼饥号寒的悲惨生活，加深了他对社会现实矛盾的认识。漫游中，谭嗣同还结识了各地不少有胆有识的豪杰，更唤起了他报效祖国、立志改革的心灵共鸣。为了表示自己要奋发努力以振兴中华的志向，他在这个时候为自己取号“壮飞”。

随着眼界的开阔、对国情的深入了解，谭嗣同的志趣和思想开始发生转变。他在王夫之、黄宗羲的著作里，吸收了他们“道不离器”的唯物主义观点和反对封建专制的民主主义思想。在广泛阅读反映西方社会和科学知识的书籍后，谭嗣同又对“西学”发生浓厚兴趣，产生了维新思想。

1895年结束的中日甲午战争，使中国被迫签订了丧权辱国的《马关条约》。消息传来，谭嗣同痛心疾首，愤而难眠。他在给友人的信中愤懑地写道：“此条约是将中国的生死命脉尽授于人，全国将要没有一家一人不做亡国奴了！”眼看列强纷纷效法宰割，祖国听任外人欺凌，谭嗣同怀着对侵略者的悲愤，对民族命运的忧虑，挥泪写出了自己悲怆痛切的心声：

世间无物抵春愁，合向苍冥一哭休。
四万万人齐下泪，天涯何处是神州！

如何挽救中华于危难之中？如何才能使可爱的祖国站立于世界民族之林？刚刚进入而立之年的谭嗣同苦苦思索，反复探求。正如他后来自己所说的“三十之年，适在甲午，地球全势忽变，嗣同学术更大变”。他深感“守文因旧”于世无补，通过“详考数十年之世变，而切究其事理”，他得出了结论：要救亡图存，必须“酌取西法，以补吾中国古法之亡”——走变法维新的道路。

（二）

认准了这条路，他就勇敢地走下去，谭嗣同很快投身到正在兴起的维新运动洪流中。他开始写文章，发书信，痛斥清政府的卖国投降政策，公开提出废科举、兴学校、修铁路、开矿山、造火轮、办工厂、改官制等维新主张。在家乡湖南，他与另一位维新派人士唐才常倡设了算学社，研讲救亡之道，介绍西方近代科学知识。

1896年春，他又来到维新派十分活跃的上海，结识了创办《时务报》鼓吹变法的梁启超，两人思想十分相投，自此成为莫逆之交。谭嗣同在同梁启超的密切交往中，深入地了解了康有为的变法学说，内心十分拥护、钦佩，高兴地宣布自己是康有为的“私淑弟子”。

同年，父亲替谭嗣同谋得一个江苏候补知府的位置。在南京候补期间，他潜心整理、阐发自己的治世思想，写成了 5 万字的代表作《仁学》。他创造出一种学说，认为“以太”是天地万物的根源，世上的各种现象，都是“以太”作用的结果，这种作用就叫作“仁”。在这种学说的后面，《仁学》毫不留情地把批判的矛头指向了专制制度和封建教条。他指出：“数千年来，三纲五常之惨祸烈毒由是酷矣！”“君臣一体，尤为黑暗否塞，无复人理，沿及今兹，方愈剧矣。”他把两千年来的历代王朝斥为“秦政”“大盗”。他认为封建社会的纲常伦理是束缚人们思想行动的“网罗重重”，必须“初当冲决利禄之网罗，次冲决俗学若考据、词章之网罗，次冲决群学之网罗，次冲决君主之网罗，再次冲决伦常之网罗，次冲决天之网罗，终冲决佛法之网罗”。在他的主张里，封建社会赖以维系、统治的一切上层建筑几乎都在冲决、否定之列。这，简直是对封建社会的正面宣战，是一篇充满战斗精神的檄文。在他的《仁学》中，有些观点已经突破了改良主义的框框，带有相当的革命精神和民主思想。如他认为“君末也，民本也”“彼君之不善，人人得而戮之”，主张实行“民治”，以及宣扬资产阶级自由、平等、博爱的思想等，这些内容不仅为维新派提供了理论武器，而且对后来的资产阶级革命派也产生过很大影响。在孙中山领导的辛亥革命时期曾轰动一时的《革命军》《猛回头》等著名革命宣传品中，不少句子甚至段落均摘自《仁学》。革命派后来还曾出版过《仁学》一书，用来宣传反满革命思想。

在完成变法理论探索的同时，谭嗣同一刻也没有忘记把自己的理论付诸社会实践。1897 年，应倾向维新的湖南巡抚陈宝箴的邀请，他毅然弃官回湘，协助推行新政。在他的倡议和参加下，湖南省先后办起时务学堂、武备学堂、南学会、法律学会等，创办了《湘报》，并且筹办内河轮船运输、矿山、铁路等事业，使湖南成为全国维新运动最活跃的地区之一。作为南学会的实际主持人和主讲者，谭嗣同大力宣传维新思想，“讲爱国之理，求救亡之法”，吸引和培养爱国志士。他在讲演中痛切指出，中国正面临豆剖瓜分的危险，救国的唯一办法是变法自强，如不奋起革新，“则去当奴仆牛马之日不远矣”。

不久，湖南形势出现反复，顽固派人士大肆反扑，《湘报》报馆遭捣毁，维新派人士遭围攻，不少维新志士纷纷离湘。在这黑云压城的时刻，谭嗣同表现出大无畏的精神，他激励自己的同伴：“平日互相劝勉者，全在杀身灭族四字，岂临小小利害而变其初心乎？”“今日但观谁勇猛耳！”他还说：“现国弱民贫已达极点，唯有新旧两党流血遍地，方有复兴希望，否则国家就将真的要灭亡了。”这些大义凛然、慷慨激昂的言论，表现了谭嗣同强烈的爱国主义思想和勇于献身的坚定志向。

（三）

在时代洪流的推动下，北京的光绪皇帝逐渐接受了维新思想，终于下决心实行变法。1898 年 6 月 11 日，光绪颁布《明定国是》诏书，大张旗鼓地开始了“戊戌变法”。为了更好地推行变法，光绪招揽天下有志于维新的干才。就在宣布实行变法的第二天，他就下令要谭嗣同进京晋见。

正在湖南的谭嗣同接到光绪皇帝的谕旨后，心中喜忧交加。眼看自己平生的政治报负有机会得以付诸实施，真是柳暗花明，绝处逢生，又怎么能不欣喜呢？但是，亡国的危机已是如此之深，反对变法的政治势力也还顽强反抗，前途凶吉难卜，未可乐观，他的心中自然隐忧难排。临行前，谭嗣同坦然地叮嘱家人：要视荣华为梦幻，视生死为幸事，无论发生什么事，都要无喜无悲，听其自然。此时的谭嗣同，虽然是奉召进京参与新政，但他已下定义无反顾的决心，做好了“我不死谁死”的准备。

8 月下旬，谭嗣同拖着病体赶到北京，京城的变法运动已进入高潮。

光绪帝接二连三地颁布变法诏令，形势似乎不可阻挡。谭嗣同见到了康有为、梁启超，交谈之下，大家对国家前途充满了希望。至此，谭嗣同行前的忧虑一扫而光，他在给家人的信中说："朝廷毅然变法，国事大有可为。我因此益加奋勉，不欲自暇自逸。"

进京不久，他就受到光绪的召见，表露了自己的政见。光绪对他很是赞赏，当即下令破格任命他为四品军机章京。与他一起被提拔任用的，还有另外三位维新派人士杨锐、林旭、刘光第。他们这"军机四卿"，成了替光绪皇帝专门谋划、处理变法事宜的得力干将，当上了光绪推行新政的心腹参谋。

为了报答光绪帝的信赖，实现自己救国救民的理想，谭嗣同不分日夜，悉心操劳，不断地向光绪提出建议，起草文件。一次，军机处收到一份奏折，是顽固守旧的湖南举人曾廉写来的，折中罗织康有为、梁启超的罪名，要求朝廷杀康、梁以谢天下。为了防止这份奏折被慈禧太后利用发动反扑，谭嗣同根据光绪的暗示，连夜起草文书加以批驳。文末，他还勇敢地挺身而出，以自己的身家性命保护变法主将："臣嗣同以百口保康、梁之忠，如曾廉之言属实，臣嗣同请先坐罪。"为了变法成功，他早已把个人安危置之度外了。在他进京参与新政期间，深知世事多变、官场诡谲的父亲谭继洵曾几次来信，劝他赶快退出变法，火速回家，以避以后招致"杀身灭族"之祸。但谭嗣同看后仅付之一笑。他那颗火热的心，连同自己的躯体，早已献给了变法救国的事业。

正当维新派大刀阔斧地自上而下厉行变法的时候，以慈禧为首的封建顽固派也在加紧准备反扑。9月初，慈禧和直隶总督荣禄密谋，准备乘光绪帝10月份到天津阅兵的机会发动兵变，废黜光绪皇帝，取消新政。光绪闻讯后，连下两道密诏，告诉康有为等"今朕位几不保"，要他们"妥速密筹，设法相救"。维新派紧急商议对策，苦于手中没有兵权，只好把希望寄托在争取掌握新建陆军的袁世凯上面。

9 月 18 日，谭嗣同只身夜访袁世凯。他来到袁的住处法华寺，单刀直入地向袁展示了光绪的密诏，要他为皇帝救难，立奇功大业。袁世凯当即指天发誓，表示效忠。他们商定，天津阅兵时，光绪帝进入袁氏军营，发令诛灭奸臣，袁军立即杀死荣禄，然后带兵进京包围颐和园，为实行新政铲除阻力。

在谭嗣同面前，袁世凯慷慨激昂、信誓旦旦。而满腔热忱、豪爽率真的谭嗣同竟轻信于人，全无防备。哪知道，阴险狡诈的袁世凯在了解了维新派的计划后，立即赶往天津，向荣禄告了密。20 日晚，荣禄又急奔北京，向慈禧太后密报。

9 月 21 日凌晨，慈禧突然从颐和园赶回紫禁城，发动政变，囚禁了光绪皇帝，她本人“垂帘听政”，下令取消新政，搜捕维新派人士。前后历时 103 天的戊戌变法，就此中途夭折。

事变后，康有为逃出北京，梁启超躲避进了日本大使馆。纷乱中，梁启超劝谭嗣同一起出走，可他执意不走。他对梁启超说：“不有行者，无以图将来；不有死者，无以酬圣主。”他劝梁启超当“行者”，保存实力，以图将来继续变法。而对自己，他决心以死来“酬圣主”。政变军队四处搜捕，形势万分危急，好朋友“大刀王五”找上门来，以性命相许要保他出城，被他拒绝了。别的朋友赶来相劝，他也一一回绝。他说：“各国变法，没有不经过流血就成功的。现在中国还没有听到有人为变法而牺牲的，这也许就是国家难以昌盛的原因。那么，就让我谭嗣同来当第一个为变法而流血的人吧！”

9 月 25 日，清廷禁卫骑军闯进浏阳会馆，谭嗣同从容被捕。在狱中，他明知噩运将至，却镇定自若，在墙上慨然题诗：

望门投止思张俭，忍死须臾待杜根。

我自横刀向天笑，去留肝胆两昆仑。

当代画家所绘《远去的足音》描绘了戊戌变法六君子慷慨赴义的悲壮一幕

1898年9月28日，年仅33岁的谭嗣同和康广仁、杨深秀、林旭、杨锐、刘光第六位爱国志士，被押上了菜市口刑场。面对屠刀，谭嗣同浩气如虹，慨然大笑，呼出四句绝命诗后，壮烈就义。

谭嗣同的遗骸后来被人运回湖南家乡，安葬在浏阳城外牛石山下。在他墓前的华表上，人们刻下这样一副对联以示崇敬、纪念：

亘古不灭，片石苍茫立天地；

一峦挺秀，群山奔趋若波涛。

谭嗣同为祖国昌盛而牺牲的英雄气概，确将顶天立地，亘古不灭。他那不屈不挠、勇于进取的精神，必将激励千千万万有志于振兴中华的人像波涛般奔趋向前。

寿山将军宁死不降敌

中华民族自古就崇尚“轻生死，重大义”的精神，历来视屈膝降敌为奇耻大辱，视杀身成仁为忠义大节。在当年东北抗俄战场上，就出现了一位誓死不降、悲壮殉节的将军——寿山。他表现了强烈的爱国主义精神和崇高的民族气节。

（一）

1900年8月27日，在沙俄军队已经霸占的黑龙江省城齐齐哈尔，一位悲愤满胸的中国将军穿戴好朝服，从容地躺进一副灵柩中，举枪自杀殉职。这位誓死不投降的将领，就是署理黑龙江的将军寿山。

寿山字眉峰，1860年出生在黑龙江边上的瑷珲城。他是明末著名抗清将领、兵部尚书袁崇焕的后裔。袁崇焕当年含冤被杀后，他的子孙被清政府编入汉军正白旗，派往黑龙江边的军事重镇瑷珲城世代居住，戍守边防。

寿山将军像

寿山的父亲富明阿是袁崇焕六世孙，曾经历任清政府的荆州、江宁、吉林将军，对子女管教严格，经常向他们讲述历代英雄故事，培养爱国尽忠思想。生长在这样一个世代戍边的军人家庭，寿山从青少年时代起，即具有强烈的爱国反帝思想。面对列强入侵、沙俄逼近、民族危亡的现实，他发愤读书，立志将来成就功业，报效祖国。1892 年，他的父亲病故，32 岁的寿山以长子的身份承袭世代职务——骑都尉，成为拥有三品官衔的补用郎中候补员外郎，他的弟弟永山也成为四品衔的三等侍卫。兄弟俩在北京领受了官职后，寿山留在北京等待正式任用，永山回到原籍从军，在黑龙江镇边军中任职。

1894 年中日甲午战争爆发，继平壤、黄海两战失利后，日本侵略者将战火烧到了鸭绿江边。大敌当前，国难当头，在京居官的寿山再也不能忍耐下去了，便毅然请求从军上前线。不久，他的申请获得批准，被编入满族将领依克唐阿的部队。接到命令后，寿山单骑出京，昼夜兼程赶赴东北前线。路过奉天（今沈阳）时，他知道前线兵力不足，便报请依克唐阿，举旗招募士兵。仅仅十几天，他边招兵边训练，组建起两营步兵。11 月间，寿山率领部队赶到依克唐阿设在辽东山区的赛马集行营，他被任命为步队统领。身为马队统领的弟弟永山也在依克唐阿帐下效力。

此时，日军已越过鸭绿江向我国东北境内发动全面进攻，并推进到千山北部的连山关、草河城一带。寿山、永山兄弟率领所部人马赶赴迎敌，在草河岭同日军发生激战。清军虽然三面受敌，但寿山、永山无所畏惧，“无不怒马当先，摧坚执锐”，带头冲锋杀敌。双方苦战一整天，枪炮齐鸣，弹如飞雨，山谷里杀声如雷，硝烟弥漫，日军终于被迫向南退回靠近边境附近的凤凰城(今辽宁省凤城)。

12 月初，清军调集兵力反攻凤凰城。永山慷慨激昂、泪流满面地向依克唐阿表示杀敌决心，请求负责一个方面的进攻，发誓不夺回凤凰城决不生还。寿山坚决支持弟弟的行为，也表示愿一同前往，协助永山收复凤凰城。他们的请求获得了批准，于是兄弟二人率领大队骑兵沿河谷而下，直逼凤凰城下。经过连续几昼夜的进攻，寿山兄弟二人的马队和另外的步兵相互配合，包抄侧攻，终于冲破防线，把日军赶出凤凰城，并一举跟踪追击至 50 里之外。不幸的是，弟弟永山在收复凤凰城的战斗中胸部中弹，壮烈牺牲。永山牺牲后，寿山同时兼任了镇边军的马队统领，他牢记国恨家仇，作战更加英勇，“大小各战，无不登山越涧，身先士卒”，成为抗日前线一名令日军胆寒的骁将。原先，依克唐阿认为寿山是文官，担心他虽然善于出谋划策，但不善于勇战。战后，这位将军的看法大变，认为寿山“谋勇兼优”，是不可多得的保国人才，并奏请皇帝给他以破格奖励，加以重用。

1895 年 3 月，辽阳告急，寿山率领两营马队奔往战场，在鞍山以南的汤岗子同日军骑兵主力相遇，双方展开激战。面对越聚越多的日本骑兵，寿山沉着冷静，他先是指挥部下下马设伏，用枪支火力迎击冲过来的日军。一阵猛烈的射击，日本骑兵纷纷落马，冲锋阵势乱了。趁着敌人掉头回撤的机会，寿山马刀一挥，喝令全军上马，然后自己一马当先地挥舞着战刀追了上去。清军马队奋勇拼杀，浴血奋战，杀得敌军四散奔逃。战斗中，寿山的小腹被敌人的子弹击中，但他仍然挺立在马上指挥冲锋，终于将敌人打退。战斗结束后，寿山忍着剧痛率队回营。当他被人扶下战马的时候，战袍、马裤上已是鲜血淋漓，马鞍上已凝结了一指厚的血块……由于他作战英勇，屡立战功，清政府给予嘉奖，赏戴花翎，升任知府。

（二）

甲午战争结束后，寿山回到瑷珲老家。

当时，借中国在甲午战争中失败的机会，帝国主义纷纷张开血盆大口，企图瓜分中国。其中动手最早、野心最大的算是沙皇俄国。1895 年，沙俄联合德、法两国出面干涉，迫使日本同意由中国增加赔款来“赎回”辽东半岛，它自己则借机胁迫清政府向它借款。1896 年，沙俄又诱使清政府签订《中俄密约》，夺得了在我国东北修筑铁路的权利。接着，沙俄又在东北肆意横行，到处强占土地，伐木采矿，设厂筑路，驻军设卡，大有侵吞东北之势。与此同时，在黑龙江以北沙俄前些年刚割占过去的土地上，更是进行大规模的驻军、扩占准备。

鉴于东北边防日益吃紧，黑龙江将军恩泽急于起用可以承担卫国重任的将领，遂于 1897 年报经朝廷批准，任命寿山为镇边军左路统帅，驻防瑷珲城。瑷珲是黑龙江西岸我国的军事重镇，这里是俄军从北路入侵我国的必经之地，隔江即是当时还属我国管辖的江东六十四屯。寿山进驻瑷珲后，即着力整顿防务，加强战备，并派部队过江行使主权，保护江东六十四屯人民免遭俄军侵扰。

1899 年，清政府调寿山去当河南开封知府，恩泽马上给清廷上书说，黑龙江边防离不了寿山，请求让他留下担当重任。这样，寿山留了下来，改任瑷珲副都统，帮助恩泽办理边防和军务。在此期间，寿山日夜奔忙在黑龙江防线上，收集研究有关俄军动态的情报，指导加固沿江防御阵地，并招募训练了15营新军。在他的挑选、推荐下，军营里招入了一批通晓边疆事务、谋勇兼备的军事参谋。经过苦心筹措，部队的装备也大为改观，特别是训练水平有了长足的进步。

1900年初，原黑龙江将军恩泽病故，清廷命令寿山为署理黑龙江将军，他成为全省最高行政、军事长官。担子重了，他更加勤勉努力，几乎废寝忘食，不敢稍有懈怠。为了防备沙俄入侵，他采取了一系列政治与军事措施。在政治上，他革新吏治，铲奸除弊，严明赏罚。他每天认真批阅文件，凡事一定亲自过问，随时注意听取下级的意见，并根据对部属的考核结果选用人才。在军事上，他不仅加紧督促练兵，而且亲手制定操练方法，绘出各处防地关隘的地图，发给下属将领们熟悉、研究。

在整军备战的同时，寿山还正确地分析了国内、国外两种矛盾，默许清军可以联合义和团共同抗俄。当时，黑龙江省的义和团组织也在迅速发展，那些以“扶清灭洋”为口号的团民到处设坛练拳，准备抗击沙俄侵略者。

八旗绿营兵士图片

满蒙骑兵兵士图片

出于政治立场的不同，寿山虽然不信任、不支持义和团运动，但也反对对他们实行镇压。他认为：外侮正在逼近，决不能再酿成内乱，不应该与义和团为敌，而可以联合、借用义和团的力量共同对外。由于寿山的支持，在后来俄军大举入侵时，黑龙江省人民自发的反侵略斗争非常普遍，出现了爱国官兵和义和团共同抗敌的局面。

（三）

与黑龙江军民加紧准备抗敌反侵略的同时，沙俄帝国更是咄咄逼人地一步步施展侵吞东北的计划。在东北南部，它派舰队开进旅顺港，强行“租借”了旅顺口、大连湾等地，甚至进而把那里改为“关东省”，正式纳为它的殖民地。接着，沙俄就制订了“黄俄罗斯”计划，露骨地要把整个东北像白俄罗斯一样并入沙俄帝国的版图。为了公然派兵从北部边境侵入中国，沙俄侵略者处心积虑地寻找出兵的借口。当义和团运动刚刚席卷京津、波及东北的时候，沙俄陆军大臣库罗巴特金就高兴地表示：“这样一来，我们就有口实占领满洲了。”1900 年 5 月，沙俄政府命令中俄边境附近的沿阿穆尔军区开始战争动员。6 月 23 日，沙皇决定沿阿穆尔军区进入战争状态，限期完成部队动员，并大规模扩编、增派部队。6 月下旬，黑龙江对岸的俄军开始出现准备进攻的工兵、铁道兵、架桥兵。战争阴云密布，大有一触即发之势。

对沙俄的入侵，寿山是有思想准备的。他早就指出，俄国对我“谋之日久”，“不厌其欲，必不可止”。沙俄入侵之前，寿山根据得到的情报判断：敌人的进攻就在眼前。他于 7 月 1 日上书清政府，详细报告边境形势，陈述自己的抗战主张，敦请朝廷立即下决心，准备反侵略战争。

7 月 6 日，沙皇尼古拉二世自任总司令，下令动员。9 日，沙皇政府发布了进攻我国东北的命令。俄国陆军部确定，分 5 路大规模进军：从旅顺、营口、大沽向北进攻沈阳；从海参崴登陆向西进攻牡丹江、吉林；从伯力（今称哈巴罗夫斯克）溯松花江而上进攻哈尔滨；从瑷珲对岸的海兰泡（今称布拉戈维申斯克）渡江向瑷珲、齐齐哈尔进攻；从海拉尔向东攻齐齐哈尔。5 路大军中，有 4 路是进攻黑龙江，而黑龙江省城齐齐哈尔，是俄军进攻的重点，瑷珲则是首要之地。

担负黑龙江省防务重任的寿山，处于三面受敌、大兵压境的境地。但他毫不畏惧，立即采取了积极的备战对策：调整驻军部署，加强主要方向的防御；命令各部队补足兵额，同时增招新军并募集军民；电商奉天（今辽宁）、吉林两省支援枪械弹药；委派战将分别负责东、西、北各路战守……

7 月上旬，沙俄沿阿穆尔军区司令照会寿山将军，蛮横地提出要派集结在海兰泡附近的几千名俄军“借路”经瑷珲、齐齐哈尔去哈尔滨“保护铁路”。寿山严词予以拒绝：“敌逼我邦，我假敌道，如大义何？”他立即命令瑷珲都统：“如俄兵过境，宜迎头痛击，勿令下驶！”

7 月 14 日，俄军两艘轮船在黑龙江中靠近瑷珲沿岸航行挑衅，中国军队命令其停止，双方发生炮战，毙伤敌军几十人，俄船被迫撤回。次日晚，俄军 9 艘舰艇载上千士兵向清军阵地进攻。我瑷珲军民早有防备，奋勇发炮反击，粉碎了敌人的偷渡阴谋。

沙俄侵略者接连失败，恼羞成怒，竟下令对居住在海兰泡的中国居民和江东六十四屯实行血腥报复。从 17 日到 21 日，俄军洗劫中国人房舍，滥杀中国居民，烧毁一座座村庄，把几千名中国人赶入江中活活淹死，制造了惨绝人寰的海兰泡大惨案。寿山痛悉这一惨讯，怒不可遏，当即下令瑷珲守军派兵渡江作战，给刽子手以严惩。瑷珲军民根据他的命令，组成 500 人的突击队趁夜色渡江，奇袭俄军在博尔多屯附近的一号哨所，杀得 500 名俄军尸横遍野，狼狈逃窜，给敌人以应得的惩罚。

（四）

为了确保我军不腹背受敌，寿山电约吉林将军长顺，在正面敌军没有攻进来时，先围攻盘踞在哈尔滨的俄军，以解除后顾之忧。7月28日，寿山统率聚集在哈尔滨周围的清军和义和团，向市内俄军发起猛攻。但因吉林方面长顺借故拖延，耽误战机，使俄军援兵开到，这一计划未能实现。此时，寿山面对从4个方向压上来的十几万俄军，他手中兵力有限，清政府不给支援，形成了以弱敌强、孤军奋战的局面。

8月初，在数万俄军的进攻下，瑷珲失守。接着，呼伦贝尔方面的清军遭敌包围，防线被冲破。在战斗最危急的时刻，寿山想亲赴前线指挥，但被部下劝阻住。他发电报请朝廷及奉天、吉林将军增援，却杳无音讯。眼看将士捐躯，军民流血，侵略者长驱直入，寿山心痛欲裂。8月25日，从前线返回的行营营务处总理程德全报告，他已与俄军将领商定停战，俄军即将开进齐齐哈尔。听到这一消息，寿山知道局面已经无法挽回了，他悲愤交加，深感"疆土不保，负罪甚深，唯有全家殉以报国而谢桑梓"。

27日，俄军进入齐齐哈尔，并通知第二天俄将要面见寿山，确定占领方式。寿山下定决心："虽然战败，不能降敌。"他拿起笔，先写下遗书，谆谆叮嘱继任将军要修内政，御外侮，设民官，开荒务，重振黑龙江。接着，他又致信俄军将领，要求俄军不要杀害老百姓。写毕，他命令部下抬来一口棺材，然后穿好中国官服，戴上朝帽，从容地仰卧进灵柩中。一声枪响，这位富有民族气节的将军自杀殉职，含恨而死。他对帝国主义侵略者毫无奴颜媚骨，充满刚毅和仇恨，不愧是一位英勇悲壮的爱国志士。

杨儒威武不屈争国权

"富贵不能淫，贫贱不能移，威武不能屈"，这是自古以来中国人民所推崇的修身立命的信条。在国难当头的清朝末年，一位身处异域的中国外交官，不屈不挠地在谈判桌上与强敌抗争，使大好河山免于丢失，维护了祖国的利益和尊严。在他的身上，表现了崇高的民族气节。

（一）

1901年3月12日，俄国首都彼得堡，在帝俄财政部大厅里，一场关系中国东北三省归属于谁的谈判正在紧张地进行。谈判桌旁，一位年高体衰的中国官员正襟危坐，双目炯炯有神。面对俄国代表的威逼恫吓和最后通牒，他大义凛然地拍案而起："我要忠于祖国。在这样的条约上，我决不签字画押！"

这位勇于虎口夺食的中国谈判代表，就是清末爱国外交家杨儒。

全权履行清朝外交职能的总理各国事务衙门

杨儒字子通，汉军正红旗人，出生年月不详，据推算约在1830年以后。1861他年以读书人的身份步入仕途，先在兵部任职，以后陆续担任江苏常镇通海道、浙江温处道、安徽徽宁池太广道道员等职务。1893年，他步入外交战线，被任命为中国驻美国、西班牙、秘鲁三国的公使。3年后，他又转任驻俄国、奥地利、荷兰三国公使，驻节俄国首都彼得堡。

杨儒生活在外患深重的清朝末年，他目睹了外国列强在轰开中国的大门之后，强迫清政府签订了一个接一个不平等条约，使中国日益陷入被瓜分、凌辱、压榨的殖民地深渊。作为一名爱国者，他“切齿外人之凌逼，痛心中国之不强”，产生了强烈的反对外国侵略、捍卫祖国主权的思想。当他转入外交工作以后，便在力所能及的范围内积极维护国家利益和民族尊严。

杨儒初任驻美公使的时候，美洲大陆上的反华、排华、迫害华工的逆潮已出现多时。杨儒到任后，立即对各地迫害华工的问题进行调查了解，着手与美国政府进行交涉。经过反复谈判、磋商，终于迫使美国同中国签订了一个新条约。新条约在一定程度上保护了华工的权益，改变了美国原有法律不许离境华工重新入境的歧视性规定，取消了对路过美国的华工勒

清代的外交官员与来访者合影

索过境费的规定，使海外华侨的境遇有所改善。

1899年，杨儒受命代表中国政府出席了在荷兰召开的世界和平会议。近代史上，中国同西方打交道已经有半个世纪了，但是还从来没有派高级官员参加过国际会议。利用出席这次会议的机会，杨儒留意考察西方国家的情形，了解有关国际组织的情况。会后，他上奏中国政府，建议参加邮政、商务、公法等国际组织，开展中外交流与联系，提高中国的国际地位。他还特别重视向国内推广体现人道主义精神的日内瓦红十字公约，并曾请求待他任满回国后筹办中国的红十字会。所以，杨儒也是中国最早倡导建立红十字会的先驱。

杨儒出任驻俄公使期间，正是沙皇俄国野心勃勃地放手侵略中国的时期。在此之前，俄国先后鲸吞了中国黑龙江以北、乌苏里江以东以及西北地区合计150多万平方公里的土地。此时的俄国，已经把侵略的目标放在我国整个东北地区上。1896年，通过订立《中俄密约》，沙俄夺得了东北的铁路修筑权；1897年，俄国海军进占旅顺，强行租占了这处东北出海口和渤海门户；1900年，俄国又趁参加八国联军进犯京津之机，出动17万大军占领了东北三省。就是在这样的情况下，杨儒于1901年1月被委任为全权大臣，负责与俄国谈判收回东北事宜。

（二）

中俄谈判从1901年1月4日起到4月6日止，前后历时3个月，在俄国首都彼得堡进行。杨儒的谈判对手，是担任俄国代表的财政大臣维特和外交大臣拉姆斯多夫。

会谈刚刚开始，英国《泰晤士报》上刊登的一条消息引起了双方的激烈争论。这条消息披露：俄国已与清政府订立了《奉天交地暂且章程》。章程规定，奉天(即辽宁)省的所有中国军队一律遣散，交出军火，炮台和火药局等予以拆毁；俄军留驻奉天，他们的食品、住房由中方供给；俄国在奉天派驻总管，监督当地政府的一切要政。

看到这条消息，杨儒既震惊又气愤。经了解，他弄清了这个所谓章程的来龙去脉。原来，这是沙俄为了永久侵占东北策划的一个阴谋。由俄方单方面炮制出的这一章程，原来是准备在造成武装占领东北既成事实的情况下逼迫清政府签订的，以便使他们的占领“合法化”。后来由于八国联军攻打北京，慈禧、光绪等出逃西安，无法直接谈判，便改由东北占领军总司令阿历克赛耶夫抓来清政府盛京将军增祺，强迫他派出已被革职的官员去签字。沙俄政府的如意算盘，是先逼东北地方政府签了字，然后再逼清朝中央政府承认既成事实。

谈判一开始，双方就围绕着《暂且章程》争论起来。维特和拉姆斯多夫盛气凌人，蛮横地要求清政府先批准《暂且章程》，然后再讨论正式条约。杨儒当即严正声明：章程“不但夺其兵权，且干预内治，侵我主权”，这决不能批准。维特强词夺理地说：“可是，中国的官员已经在章程上签了字呀！”“不对！那个签字完全无效。”杨儒针锋相对、据理争辩：“按照国际公法，有关两国之间的条约必须由两国政府决定，并经双方批准才能生效。这个章程事先没有请示我国政府，我国政府当然不能承担义务。再说，被派去签字的是已经被革职的官员，他不能代表政府，更无权签字画押！”

在事实和公法面前，维特讲不出理来，只能蛮横地咬住一句话：“反正已经签字画押，你们不能变，只能承认。”杨儒反问他：“请问，如果有俄国的官员没有奉政府命令就擅自画押，贵国政府是不是承认这样的东西呢？”维特不敢说承认。经过这样几次唇枪舌剑的辩论，时间拖了 20 来天，沙俄政府始终无法强迫杨儒接受《暂且章程》。

这个时候，各帝国主义国家的分“赃”谈判正在北京进行，俄国急于在其他国家与清政府签订条约之前先行签约，怕彼得堡谈判长期拖下去不利，就提出暂时放下《暂且章程》，先商议正式条约。面对这一提议，杨儒寸步不让地表示：章程若不废除，决不开始讨论正约。万般无奈，沙俄代表在 1 月 23 日同意废除《奉天交地暂且章程》。中俄谈判的第一个回合，杨儒取得了胜利。

（三）

双方转入正约谈判以后，俄方先后以口头和书面形式提出过两个草案。第一个草案，由维特口头提出，共 13 条。其主要内容为：中国在东三省只准设巡捕兵，名额须与俄方协商；清政府委任东三省将军，要事先经俄国同意；东北、蒙古及中国北方各省的利益，未经俄国允许不得让给其他国家；东北的税务、海关事务交给俄国人管理。按照这些规定，我国东三省已名存实亡，北部诸省也被纳入了沙俄的势力范围。

杨儒当然不同意，他一针见血地指出：“照此办法，那和俄国对待布哈拉(被沙俄吞并的一个中亚汗国)、英国对待印度不是一样了吗？难怪人们都在议论说俄国要把东三省变成他的保护国呢！”理屈词穷的维特见说不服杨儒，就摆出了流氓架势：“不管怎么说，俄国在满洲吃了很多亏，士兵也死了不少人，铁路遭到了损坏，我们必须得到补偿!”杨儒当即反驳：“要是你们当初不把铁路修到满洲境内，不往东北派兵，不就没有这些损失了吗？”他对俄方提出的条款，一条条加以驳斥，然后严正地总结道：“按照国际公法，每个国家都有自己的兵权、利权和派官之权。三者损害其一，就是有损自主。你们口口声声讲要保护中国自主，可是在你方条款里这三种权力都遭到了损害，这不是不能自圆其说吗？”

维特被驳得无言以对，只好改由沙俄外交大臣拉姆斯多夫出面，代表沙皇政府向杨儒提出了经过改头换面的第二份草案，共有12项条款，并且声称“细节可以商量，大的原则不能修改”。在这份约款中，沙俄仅仅在形式上向我国交还东三省，但在实质上把东北划为它的势力范围，而且还要进一步攫取在蒙古、新疆等地修铁路、开矿山的权利，并且要求修建从东北到北京的铁路，以便更容易控制清政府。

杨儒一眼看出，新约款尽管字面上有所修改，但侵略我国的实质没有变。他在谈判中毫不退缩，逐条加以批驳。谈到末尾，12项条款中，有11条遭到了他的反对。拉姆斯多夫懊丧地说：“看来，只有交还东三省这一条还没有被你批驳了，真是令人大失所望！”

在谈判桌上得不到的东西，沙俄代表又想在私下交易中骗得。外交大臣拉姆斯多夫依仗自己和身为驻俄公使的杨儒平时交往较多、比较熟悉的关系，又约杨儒“商谈”。他见到杨儒，不谈公事，却拉起了私人关系：“最近收到北京来信了吗？家里人是否平安？”“谢谢你的关心！家里人没有伤亡，只是家产在战火中全毁了。”杨儒回答。“有没有什么挽救的办法？我能帮您什么忙？”拉姆斯多夫假装关心地问。“唉！你能帮什么忙？国家都成这样了，我也顾不上自家了。”拉姆斯多夫做出很同情的样子说：“我和你是好朋友，决不能让你为难，一定尽力关照。我们之间有什么事情都好商量。”杨儒听出对方的用意，严肃地回答：“商量可以，但是必须把公事和私事分开。个人交往，咱们以友情为重，可是谈到公事，那就顾不上朋友情面了。我身为全权大臣，必须维护中国主权，这样才能上可以对得起国家，下可以对得起百姓，我自已也不负使命。否则，那便是不忠。”

一席话，说得拉姆斯多夫脸色发红，十分尴尬。他只得喃喃地说：“那当然！那当然！我对您的态度十分钦佩，俄国政府对贵国也一向是友好的。”杨儒不动声色地笑道：“既然友好，那就请交出东三省来。不然的话，英国在长江流域、德国在山东、法国在广西、日本在福建都学着俄国的样子干，那中国将何以为国？”

在另外一次见面中，拉姆斯多夫甚至提出，如果杨儒答应签字，俄国可在彼得堡为他置买土地房产，供他安度晚年。杨儒更是嗤之以鼻，始终不为所动。

杨儒在谈判中坚持原则，一身正气，据理力争，软硬不吃，这可气坏了骄横的俄国政府。3 月 12 日，俄国代表将原稿稍加修改，删去了一些刺眼的字句，最后通牒式地提交给杨儒：“我们的谈判已经进行了两个多月，不能再拖延了。贵国政府现在只有两条路可走：或者赶快画押，这样可以换取俄国的帮助；或者与俄国决裂，那样我们就要自行决定采取行动了。这份约稿，已经得到我国皇帝的核准，一个字也不能再改了。限你方在十五天以内画押，超过了期限交还东北一事作废！”面对以强凌弱、蛮不讲理的沙俄代表，杨儒毫不畏惧，正义凛然地大声说：“我是中国的使臣，

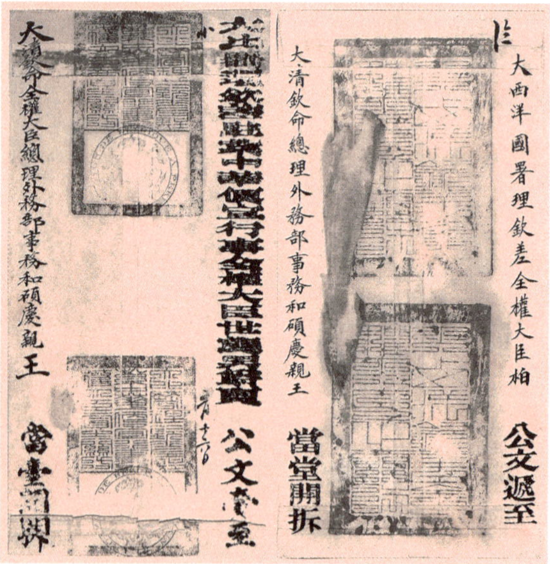

清代末年外国公使馆寄总理外交衙门的信函

必须忠于自己的祖国。没有政府的命令，我决不签字画押！”

（四）

虽然杨儒表明了态度，沙俄却毫不放松，继续施加压力。过了三天，沙俄外交部前来我公使馆催促：“最后期限不能延长，是同意还是决裂，请杨公使一句话决定！”又过了两天，俄方进一步逼迫：“限期已经迫近，如果逾期不画押，东北不再交还中国，两国也不要再谈友好！”

杨儒只身在外，身负千钧重压，他继续顽强地开展斗争。照会俄方，要求继续谈判，可是拉姆斯多夫却借口公务繁忙，拒绝会见。杨儒给俄国外交部送去备忘录，俄方拒不拆阅，原封退回。杨儒去找财政部和陆军部，也同样遭到回绝。就连他去递交中国光绪皇帝给俄国沙皇的亲笔信，竟也被拒之门外。

杨儒不仅受到沙俄代表的胁迫，而且受到国内投降势力的出卖与挟制。当时主持清政府外交事务的李鸿章和庆亲王奕劻，害怕和俄国闹翻，就几次发来电报，指示杨儒“势处万难，不能不允”，要他“酌量画押，勿误”!3月23日，代表清王朝行使最高权力的军机处也发来电报，通知杨儒“自行全权定计，朝廷不能遥断”。内推外压，进退维谷，怎么办？杨儒寝食不安，思酌再三：朝廷把签字画押的权力交给了自己，如果因为不签字而引发中俄新冲突，那将负多大的罪责呀！可是，对如此丧权辱国的条款，自己如果签了字，那不成了出卖民族利益的千古罪人了吗？经过反复思考，他下定了决心，再一次给朝廷发去了电报。电报中，他列举条款中侵犯中国主权的事实，力陈不能签字的道理。他表示：我们决不能受俄国人的逼迫，除非朝廷颁发下明确的圣旨，否则决不签约。

沙俄代表维特知道了清政府给杨儒电报的内容，就跑来哄劝他说：“贵国军机处已经授权您全权决定画押，您就赶快动手吧！如果将来中国政府因为签字而加罪于您，我们俄国一定出来保护您。”一听这话，杨儒非常气愤，他正颜厉色地痛斥：“这是什么话！我是中国官员，为什么要求俄国来保护？这太无耻了！”

在与俄方代表接连几个月进行了20多次的谈判后，杨儒劳累过度，心力交瘁，忧心忡忡。在俄方规定的最后期限的前一天，俄国代表最后一次约见杨儒，施加压力。这天风猛雪大，天寒地冻，杨儒回到使馆刚下马车，一跤跌倒在冰雪中。这位年届古稀的老人伤势很重，无法起床再去谈判了。

就在杨儒在彼得堡与沙俄代表展开面对面的斗争的同时，国内爱国人士也掀起了一场反对在不平等条约上签字的拒俄运动，许多官员士绅致电清政府力主不可画押，上海等地的工商界人士还集会声讨俄国的侵略行径。在这种形势下，清政府慑于国内人民的反对，同时也迫于列强群起效法俄国的压力，在最后关头决定拒绝签字。

3月26日，这份电报发至中国驻俄公使馆，躺在病床上的杨儒惊喜万分，立即派译员赶往沙俄外交部送去电文。拉姆斯多夫接过电报，气得跌坐在椅子上，再也无话可说。4月6日，无可奈何的沙俄政府只得发表宣言，宣布中止这次谈判。

在历时3个月的艰苦谈判中，杨儒威武不屈，不畏强暴，不受利诱，据理力争，终于使沙俄企图胁迫签约、侵吞东北的阴谋无法得逞。在近代史上，这是中国外交官第一次在谈判中挫败强敌，拒绝在不平等条约上签字。这次外交斗争的胜利，为东三省留下了生机，维护了祖国的统一。第二年4月，俄国政府不得不向清朝政府交还东三省，答应撤出俄国军队。可惜，在这之前两个月，杨儒病逝于彼得堡，没能看到胜利的结果。

义士景廷宾“扫清灭洋”

有压迫，就有反抗和斗争。近代史上，投入这种反抗斗争的，不仅有中上层爱国志士，更有广大下层劳动群众。二十世纪初年，带头掀起一场标志着中国人民新觉醒的反帝反封建斗争浪潮的，就是一位来自民间的英雄义士。

（一）

1902 年，震惊中外的义和团运动刚刚被镇压下去不久，在清王朝统治的心脏地带——直隶省南部，又杀出了一支浩浩荡荡的农民起义军。义军所到之处，两面镶有白边的大红旗迎风招展，一面旗上书有“官逼民反”，另一面旗上写着“扫清灭洋”。领导这次农民起义的，就是被当地百姓称为“英雄义士”的景廷宾。

景廷宾号尚卿，1861 年出生在直隶广宗县（今属河北巨鹿县）东召村

义和团团员

义和团遭清军镇压

一个小地主家庭。他家人口众多，父亲是个文秀才，伯父则是个武秀才，父亲在村中私塾里教诗文，伯父在村里教习武术。景廷宾从小跟着父亲读私塾，诗文、书法都学得不错。但是，他成长的那个时代，正值鸦片战争以后不久，国外列强纷纷入侵，清王朝腐败透顶，社会极端混乱黑暗。年轻的景廷宾看透了要想在乱世中免遭侵凌，只有靠学好武艺以自强。于是，18 岁那年他弃文学武，改跟伯父学习武艺。景廷宾体格健壮，又肯勤学苦练，很快就从一位书生转变成一名武林高手，不仅拳剑刀棍样样精通，而且养成了豪爽侠义的性格。不出几年，景廷宾在当地以武艺高强出了名，他还结交了不少穷朋友，并且经常替别人打抱不平，很受当地百姓的拥戴。21 岁时，景廷宾考取武秀才。24 岁时，他又考中了武举人。

景廷宾长期生活在农村，跟他一起练习武艺的有许多人是贫苦农民。在与这些农民朋友的交往中，慷慨仗义的景廷宾深知民间的疾苦，对穷苦农民很是同情。有一年当地大旱，发生粮荒，许多农民靠剥树皮、挖野草充饥。他便把自家储存的粮食拿出来，分给村里的穷人。后来他还变卖了一部分土地，用来接济乡亲们。他的仗义之举，赢得了广泛赞誉。很多年后，广宗一带还流传着“武举景廷宾，卖了田园救穷人”的童谣。

最令当地群众敬佩的，是他为民除害、痛打恶霸的举动。当时离他家三里远的西召村住着个恶霸地主贺老配，此人勾结官府，有钱有势，欺压百姓，横行乡里，附近村庄的农民都怕他。有一天贺老配带着家丁去逛庙会，他骑在马上横冲直撞，接连踩伤了几个人，周围群众敢怒而不敢言。这事儿恰好被景廷宾给碰上了，他义愤填膺，冲了过去，一把就将贺老配拉下马来，几个拳脚，就打得他鼻青脸肿，鲜血直流，赶紧跪下求饶。这件事在乡亲们中间广泛传开，人们拍手称快，还有人为此编了一段歌谣：

景廷宾，英雄汉，既能说，又能干。
怜惜穷人恨恶霸，为民除害心也甘。
马上打下贺老配，口鼻出血直叫唤。

从这以后，景廷宾名声大振，群众称他为“英雄义士”。他还被推举为附近“保卫身家”组织联庄会的首领。

（二）

1899 年至 1900 年爆发的义和团反帝爱国运动，在“扶清灭洋”的口号下与帝国主义进行过英勇的斗争，但是最终还是被八国联军血腥地镇压下去了。次年 9 月，清政府被迫与 11 个帝国主义国家签订《辛丑条约》，答应中国向侵略者赔款 4 亿 5000 万两白银，而且凡有义和团反帝活动的地方还要向当地的教堂赔款。清政府搜刮民财，穷凶极恶；地方官吏鱼肉百姓，敲骨吸髓。双重赔款的沉重负担无情地压在人民的头上，使他们苦不堪言。

在广宗，前一段被吓跑了的法国传教士回来后，立刻向当地人民反攻倒算，要挟马上交出赔款。广宗县知事与洋教士勾结，议定向教堂赔款 2

万串铜钱，合白银1万多两，而且要在“正粮正差”之外加摊杂差征收。因为这笔杂差是要交给洋人的，老百姓都叫它是“洋差”。当时正值大旱成灾，贫苦农民吃饭都成问题，哪还有余力缴纳沉重的赋税？特别是这回的赋税里有相当部分是要作为赔款交给洋人，他们心里就更为不满。愤怒的农民们走投无路，自发地掀起了抗“洋差”的斗争。

景廷宾对官府与洋人相互勾结欺压盘剥百姓的行为非常气愤，他又是当地联庄会的首领，自然站到了斗争的前列。官府逼税愈紧，农民们的对抗心理愈强烈，双方开始发生磨擦和冲突。为了保护抗“洋差”的乡亲们，景廷宾把联庄会的团勇们召集到一起，加强武装，练兵示威，鼓舞大家齐心不缴捐税。景廷宾的抗捐活动令官府大为恼怒，广宗县知事魏祖德张榜指责他“聚众闹事”“反抗官府”，责令全县的捐税款由景廷宾一人负担。对于这个无理要求，景廷宾当然拒不接受。不仅如此，他还带领全副武装的联庄会成员列队来到广宗城外，鸣放枪炮，向反动官府示威。

消息传到直隶总督袁世凯的耳朵里，他下令撤了魏祖德的职，另派更会搜刮百姓的赵锷担任知县，并暗中调遣部队，开赴广宗准备镇压。赵锷到任后，不仅变本加厉地继续逼迫农民纳“洋差”，而且加紧策划镇压行动。2月下旬的一天，他带领几百名兵丁来到东召村，要找景廷宾见面，企图压他屈服。景廷宾派自己的助手、参加过义和团斗争的刘永清秀才出村相见。刘永清义正词严地向赵锷表示：“我们活着是中国人，死了是中国鬼，中国人决不交洋差！”

威胁不成，官府便下令搬兵动武。3月3日，从大名、正定等地调集来的大批清军向东召进发。景廷宾率领会众拿起武器，展开了英勇的反抗。冲突中，联庄会的团勇们或手持土枪，或挥舞大刀，给清军以一定杀伤，他们自己也遭受到一定的损失。为了避开敌人的锋芒，景廷宾率众突围，转移到巨鹿县沙头寺村。

清军大规模围剿、镇压抗“洋差”群众的消息，激怒了附近各县的农民。

听说景廷宾率领广宗联庄会的人马来到沙头寺，各地的民间团勇和义士纷纷前来会聚。没多久，包括流散在各地的义和团余部在内，沙头寺聚集了几万名摩拳擦掌的农民。

官府和洋人勾结，逼得老百姓没有活路；敌人已经举起了屠刀，抗“洋差”的乡亲们正在流血。怎么办？数万走投无路、激愤无比的农民议论着，酝酿着。不约而同，大家得出了共同的结论——起义，造反！

（三）

1902年4月23日，沙头寺前的空场上、田野里，万头攒动，人声鼎沸。两根高高的旗杆上飘扬起两面白边红底的大旗，分别书写着“官逼民反”“扫清灭洋”八个大字，景廷宾正式宣布举行起义，他被推举为“龙团大元帅”，参加过义和团起义的秀才刘永清任副帅，赵三多为主将，老和尚宗慈为军师。起义军按金、木、水、火、土、中六个字分别编列营伍，其主要成员是各地的联庄会武装农民，还有归拢过来的近万名义和团战士。誓师会上，起义军颁布了严明的纪律：买卖公平，爱护百姓，不奸淫妇女，不抢劫平民……

起义之后，景廷宾首先率军攻击驻扎在沙头寺附近的一清军营地，一举解除了这批招募不久的新军武装，消灭清军50多人。

接着，景廷宾又乘胜出击，带队围攻威县张家庄的法国天主教堂，拆毁了军寨村的教堂，一名参加过镇压义和团、平日民愤极大的法国神甫罗泽溥也被起义军杀死。

两场初战告捷，起义军的名声大振。比起两年前义和团运动“扶清灭洋”的口号，这次起义打出的“扫清灭洋”旗帜显然是又进了一大步。这一带有鲜明的反帝反封建色彩的口号，显示了义和团运动被镇压下去以后中国农民的新觉醒，反映了深受国内外反动派双重压迫的人民群众的心声。起义消息迅速传开，犹如星火燎原，人民群起响应。短短一个月内，起义活动遍及河北、山东、河南24个县，揭竿而起的农民多达16万人，光是参加景廷宾义军的，就有三四万人。景廷宾率领起义军横扫冀南一带，他们到处破官兵，毁教堂，惩处借洋人势力欺压百姓的汉奸，受到群众的热烈欢迎。就连敌人在给上司的报告中也承认："各县商民竭力供应匪饷，景廷宾颇得人心。"在群众支援下，起义军一度攻破威县、广宗两座县城，冀州(今冀县)、南宫、赵州(今赵县)等地也陷入了农民起义军的包围之中。

景廷宾领导的起义军声势浩大，"扫清灭洋"的战斗口号吓得清政府和帝国主义势力惊恐万状。袁世凯的部下段祺瑞、倪嗣冲等接连报警，各地传教士也跑到北京公使馆求救，各国公使一再要求清政府赶紧"平乱"。在农民起义的强烈冲击下，慈禧太后急令袁世凯"设法从速扑灭"。清政府采取了一系列防范、镇压措施：北京守备部队加强巡逻、查访，防止起义军化装进城；直隶省会保定府实行戒严，袁世凯坐在总督衙门里惶惶不可终日；调集万余清军主力南下"清剿"，并令山东省的清军北上合击；在各县张贴告示，悬赏3万元捉拿景廷宾。与此同时，帝国主义侵略者也亲自出马，派出由德国、法国、日本三国军队组成的几千人的联军，也开

袁世凯于直隶总督任上合影

赴广宗县附近“协助清剿”。

大敌当前，重兵压境，在冀南平原地区活动的起义军无险可守，只好将主力转移到防守条件较好的广宗县件只村，同时派出部分力量在外部打游击，与敌人周旋。件只村是个有近千户居民的大集镇，镇子周围筑有寨墙、濠沟，镇内群众基础也较好，便于筹集粮草、补充力量。义军来到件只村后，加紧制造兵器，昼夜加固寨墙，有时还派出小股队伍出击，用抬枪、棍棒、刀矛等武器给敌人以骚扰、打击。

但是，他们所面对的，毕竟是用洋枪洋炮装备起来的正规军。起义军组织松散，相互又缺乏联系配合，战斗中难免失利，渐渐转入劣势。清军主力在击溃了外围的义军后，终于以重兵完成了对件只村的包围。5月9日，在清军统带段祺瑞的直接指挥下，敌人步兵分东、西、中三路进攻，马队列在两翼包抄，大举围攻件只村。在强敌围攻下，起义军紧闭寨门，依托寨墙严密防守。景廷宾和他的堂弟景廷桂登上寨墙，指挥弟兄们用土炮、抬枪、弓箭还击。可是，土枪、弓箭敌不过洋枪、洋炮，清军的炮火炸开了寨墙的缺口，大批清军攻进寨子。在寨子里，起义军又和清军展开巷战，用大刀长矛杀死了不少清军。由于力量悬殊，义军牺牲、受伤很多，无法继续接战，景廷宾只得带领部分起义军实行突围，冲杀了出去。

起义军的根据地件只村陷落后，清军主力又相继打败了活动在巨鹿、威县等地的义军。在乡亲们的掩护下，景廷宾带领少数突围弟兄辗转周旋，撤退到自己的老家东召村。在另外一地被打败的刘永清，也带着残余人马赶来与他会合。经过商议，他们决定向河南省方向转移，准备到敌人兵力相对薄弱的地方去补充力量，举行第二次“扫清灭洋”起义。

景廷宾带领队伍向西南方开拔，来到河北、河南交界处附近的成安县北漳堡。当地群众听说“扫清灭洋”的景廷宾来了，又纷纷赶来投奔义军。正当景廷宾准备第二次起义的时候，得知消息的袁世凯派重兵赶来围剿。景廷宾只得继续往南转移。队伍来到河南省临漳县(今属河北省)的郭家小屯村时，被跟踪而来的清军赶上，落入包围。景廷宾组织队伍接连发起突击，但都未能冲出重围。经过殊死搏斗，起义军弹尽援绝，最终失败，景廷宾不幸被捕。袁世凯为了抚慰帝国主义侵略者，下令将景廷宾押回威县，要在当初起义军惩罚法国神甫罗泽溥的地方将他处死。

7 月 25 日，景廷宾被五花大绑地押上刑场，接受凌迟 (刀剐) 处死。刽子手动刀前，面无惧色的景廷宾向周围群众大声呼喊："乡亲们！不要怕！咱们的人到处都是。今天杀了我，明天还会出来更多的景廷宾！"牺牲时，他年仅 41 岁。

景廷宾领导的"扫清灭洋"起义，从 1902 年 3 月到 7 月，前后历时近半年，影响遍及冀、鲁、豫三省，参加者多达 16 万人，沉重地打击了帝国主义和封建统治者。这次起义提出的反帝反封建口号，把以往的农民革命向前推进了一步，同时也鼓舞了正在兴起的资产阶级革命派，预示着中国革命已经接近一个新的阶段。反帝反清义士景廷宾的英雄业绩，受到了人民长久的怀念与传颂。

伟大的革命先行者孙中山

960万平方公里的神州大地，几乎每一处都镌刻着他的英名；半个多世纪的风风雨雨，没有哪一年不纪念他的功业；遍布全世界的炎黄子孙，都推崇他为自己民族的英雄。他的身躯虽然早已安眠于地下，但他的精神却永远活在中国人民的心中。

黄埔军校

1912年元旦的南京，在全国民众的欢呼声中，一位历史的伟人宣誓就职，出任中华民国第一任临时大总统，宣告延续了两千多年的封建帝制已被埋葬，古老的中华民族获得了新生。这位站立在历史里程碑上的人物，就是中国民主革命的先行者、伟大的民主主义革命家孙中山。

（一）

1866年11月12日，孙中山出生在广东香山县（今中山市）翠亨村的

孙中山像

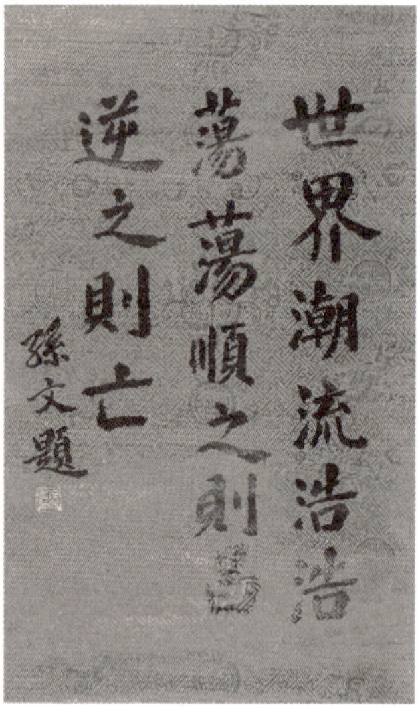

孙中山先生手迹

一户农民家庭。他名叫孙文，幼名帝象，字德明，号逸仙，因后来在从事革命活动时化名“中山樵”，所以又被称为孙中山。孙中山的父亲孙达成是位雇农，年轻时曾在澳门学裁缝、当鞋匠，后来回家租地务农，兼当本村的更夫。孙中山的哥哥孙眉原也在家乡务农，1871 年去海外谋生，先后在太平洋中部的夏威夷檀香山做工，开垦荒地，经营畜牧业，逐渐发展成为一位华侨资本家。孙中山幼年在家乡艰苦耕读，12 岁时随同母亲杨氏远去檀香山，投奔哥哥孙眉。他在夏威夷以优异的成绩读完了初中并升入高中，其后于 1883 年返回中国，在香港继续求学，1886 年进入广州博济医院附属南华医学校学医，翌年转入香港西医书院，1892 年以优异成绩毕业。

孙中山读过几年私塾，又接受了十几年的西方资本主义教育，他游历广泛，眼界开阔，既体验过中国农村的苦难，深知封建制度的腐朽落后，又了解西方工业革命的成就，有着强烈的追求真理、改变现实的愿望。正如他后来回忆的，早在第一次出国谋生的时候，他就“始见轮舟之奇，沧海之阔，自是有慕西学之心，穷天地之想”。多年求学期间，他孜孜不倦地博览群书，除正课外，还研究了政治学、军事学、历史学、物理学、农学等。青年时的孙中山，目睹了中法战争中清政府丧权辱国、昏庸腐朽的表现，便开始立下“倾覆清廷，创建民国”的宏愿。

为了救民于水火之中，他决定“以学堂为鼓吹之地，借医术为人世之媒”。但是，随着对中国国情了解的深入和对社会痼疾认识的深刻，孙中山逐渐明白了良医虽然可以替人治病，解除痛苦，但却治不了社会的病，解除不了广大人民更深重的苦难。早在学医期间，他就对社会问题发生了特别浓厚的兴趣，反复阅读《法国革命史》和达尔文的《物种起源》两本书，期望从中找到认识世界、改造中国的途径。当时，他曾以“洪秀全第二”自命，认为“中国现状之危我人当起而自救”。

学业结束后，孙中山先后在澳门、广州开业行医。他曾在广州的《中西日报》上刊登广告，宣布每天10点至12点免费为穷人治病。与此同时，他通过行医广交朋友，结识有志爱国青年，共同探索救国救民的道路，开始从事社会政治活动。

1894年春，受当时盛行的维新思潮的影响，孙中山抱着巨大的热情起草了一份8000字长的政治意见书，希望清政府中的开明人士能革新弊政，“仿行西法，以筹自强”。他风尘仆仆地专程从广州来到天津，向直隶总督兼北洋大臣李鸿章上书。岂料，李鸿章对他置之不理。这时中日甲午战争正在进行，天津的总督衙门无心抗敌，而北京的朝廷还在醉心于为慈禧庆祝60大寿，眼看亡国灭种的阴云笼罩着大地，这个政府却还在这样苟且度日，不思进取，这样，怎么能有希望呢？满怀救国之志的孙中山悲愤交织，认识到“和平之法无可复施”，毅然扔掉了改良主义的幻想，踏上了资产阶级民主革命的征途。

（二）

这年秋天，孙中山告别多难的祖国，再次来到檀香山。当时，那里居住着 4 万多名渴望祖国强盛的华侨。经过一段时间的反清革命宣传，孙中山于 11 月间组建起最早的革命团体——兴中会。兴中会以“驱逐鞑虏，恢复中国，创立合众政府”为纲领，第一次向中国人民提出了推翻清帝国，建立资产阶级民主共和国的政治理想。

1895 年 2 月，孙中山回到香港，在那里建立了兴中会总部，策划于 10 月在广州发动武装起义。经过几个月的准备，他们购置了 600 支手枪，联络了各方起义人员，计划在重阳节那天分三路夺占广州。由于事前泄密，起义失败，孙中山被悬赏捉拿，只得逃往日本。

就在他乘船到达神户的时候，日本一家报纸刊登了一条《支那革命党首领孙逸仙抵日》的消息。孙中山看后对同伴们说：“革命二字出自《易经》里‘汤武革命，顺乎天而应乎人’这句话，日本人称我们是革命党，这个名字非常好，我们以后就叫革命党了。”为了表示革命的决心，他在横滨剪掉了发辫，并且改穿西服。接连几年，他奔波于日本、美国、英国等地，全身心地投入寻找革命道路的考察、研究和宣传活动中去。

孙中山辗转流亡海外，清政府始终视他为眼中钉、肉中刺，必欲除之而后快。1896 年 10 月 11 日，孙中山在伦敦外出途中突然遭到清政府暗探的绑架，他被挟持到清政府驻英公使馆内遭到监禁。驻英公使根据清政府密令，租了一艘轮船，还特制了一个大木箱，阴谋将孙中山锁在箱子里偷运回国，予以杀害。幸亏使馆中一位英国雇员同情孙中山，替他向外传递了信件，由他学医时的老师康德黎发起营救运动，各大报纸纷纷报道，数百群众起来抗议，驻英公使馆才被迫释放了孙中山。脱险后，孙中山仍然无所畏惧地留住伦敦，并用一年的时间考察英国工人运动，研究欧洲各国政治、经济制度。有感于欧美资本主义国家出现的“富者富可敌国，贫者贫无立锥”的不平等现实，孙中山逐渐产生了解决社会贫富不均的民生主义思想，设想要把社会革命和政治革命同时解决。

1900 年，义和团运动席卷京津，八国联军入侵中国。孙中山一方面着急中国有被列强瓜分的危险，另一方面感到国内矛盾激化，“民气可用”，立即到日本、香港、新加坡、台湾等地活动，并派人潜回广东，联络内地反清势力，于10月份在惠州再次举行起义。起义军曾发展到两万多人，同清军血战半个月，但最后还是被镇压下去了。

挫折没有消磨孙中山的意志，反倒进一步坚定了他的革命决心。他又开始了在海外的宣传、组织活动，准备迎接新的革命风暴。

（三）

1901年9月，清政府根据慈禧太后“量中华之物力，结与国之欢心”的决策，签订了中国历史上空前丧权卖国的《辛丑条约》，确立列强主宰中国的地位，赔偿本息相加9亿多两白银，使国家进一步沦为半殖民地。岌岌可危的国势，激发了海内外的大批有志之士投入救国运动，一批批革命团体纷纷成立。

孙中山在实践中体会到，这些团体主张不一，各自为战，力量分散，很不利于革命运动的开展，便倡议建立统一的革命组织，提出“召集同志，合成大团，以图早日发动”的目标。1905年7月，他从欧洲来到革命团体很活跃的日本，经过积极串联、动员，他的主张得到了各革命团体多数人的赞同。在他的提议和推动下，原有的兴中会、光复会、华兴会等革命团体于8月间在东京合并，组成了中国第一个全国性的资产阶级政党——中国同盟会，孙中山被推举为总理。不到一年，同盟会的会员就超过了一万人，成为领导中国民主革命的中坚力量。

孙中山为同盟会制定了著名的十六字纲领：“驱除鞑虏，恢复中华，建立民国，平均地权。”在同盟会的机关报《民报》的《发刊词》里，孙中山又把这个纲领从理论上概括为“民族”“民权”“民生”三大主义，即“三民主义”。三民主义以民权为核心，号召人们奋起推翻清王朝的封建专制统治，把半殖民地半封建的中国变为民族独立的资产阶级共和国，同时施行民生主义政策，以“平均地权”的方法防止垄断、兼并，使中国成为自由、平等、博爱、富强的“社会国家”。在无产阶级政党出现之前的20世纪初叶，孙中山制定的这个资产阶级革命纲领，是当时中国最先进的政治主张，它推动了中国旧民主主义革命的蓬勃发展。

在1906年至1911年的5年里，孙中山领导同盟会接连组织了9次反清武装起义。为了筹集起义经费、组织革命力量，他的足迹几乎遍及南洋、欧美各地。在他的宣传、感召下，不仅各地华侨积极出资、出力支援革命，就连许多国际友人也参加了中国革命。1907年12月，他率领黄兴等人领导指挥了镇南关起义。战斗中，孙中山来到炮声隆隆的第一线，充满战斗豪情地亲自发炮射击。在一次次失败面前，他毫不悲观，愈挫愈勇，坚韧不拔地继续领导革命斗争。1910年广州新军起义失败后，他特意从北美赶到南洋，召集革命党人“重谋大举”，又发动了震惊中外的广州黄花岗起义。这次起义惨败后，他又致信同志，以“成功之期，决其不远”来鼓励大家继续奋斗。

终于，1911年10月10日，爆发了武昌起义，敲响了覆灭清王朝的嘹亮丧钟。不到两个月，全国有14个省起而响应，宣布独立，中国历史掀开了新的一页。

1911年12月25日，孙中山从海外回到上海，17省代表开会共商建国大计，选举孙中山为临时大总统。1912年元旦，孙中山到达南京，在50年前太平天国的天王府里宣誓就职，宣告中华民国成立。在孙中山主持下，南京临时政府颁布了一系列法令和政策，制定了以主权在民、三权分立为原则的《临时约法》，宣判了封建帝制的死亡。孙中山领导人民推翻帝制，建立共和国的历史功绩，将永垂青史。

（四）

辛亥革命刚刚胜利不久，在帝国主义和国内反动势力的联合逼迫下，革命果实被大军阀袁世凯窃取，孙中山被迫辞职。为了实现革命理想，他在1913年发动了“二次革命”，1914年另组中华革命党，1917年在广州组建军政府开展“护法运动”，1920年派兵赶走盘踞在广东的桂系军阀，1921年在广州就任非常大总统。

但是，他的一次次努力都失败了。眼看自己为之奋斗了30多年的革命，如今“仅有民国之名，而无民国之实”，他异常苦闷，一筹莫展。孙中山在绝望的境地痛苦地思索着：今后怎么办？应该联合谁，依靠谁？要打什么样的旗帜，走什么样的道路？

就在他连遭挫折、苦闷彷徨的时候，俄国爆发了十月革命，建立了工农苏维埃政权；中国爆发了五四运动，诞生了中国共产党，开始发动工农革命运动。孙中山从这些事件中看到了希望，开始把目光转向了代表新兴力量的共产党，主动要求共产国际和中国共产党人给他以帮助。

1924年1月，在共产国际和中国共产党的帮助下，他在广州主持召开了国民党第一次全国代表大会，决定改组国民党，确立“联俄、联共、扶助农工”的三大政策，承认共产党员可以个人资格加入国民党，选举了有多位共产党员参加的中央执行委员会。在大会宣言中，孙中山重新解释了三民主义：民族主义即对外反对帝国主义，对内求得各民族平等；民权主义是建立全体平民所共有而不是少数人独有的民主政治；民生主义则以平均地权、节制资本为中心。把旧三民主义发展成为反帝反封建的、实行三大政策的新三民主义，是孙中山的一个伟大历史功绩，也标志着他的思想在新形势下实现了一个飞跃。新三民主义的建立，使国共两党的合作有了政治基石，并且成为中国人民革命统一战线的纲领。

通过几十年的奋斗实践，孙中山深刻地认识到：中国革命之所以迟迟不能成功，就在于没有革命武装，没有以广大民众为基础。他下令筹办军官学校，吸收周恩来等许多共产党员进入黄埔军校执教或学习。1924年秋天，他在广东韶关誓师北伐，指令各军分两路向湖南、江西进发，决心消灭北方军阀，统一全国。他斩钉截铁地表示自己的决心：“此战之目的不仅在推倒军阀，尤在推倒军阀所赖以生存之帝国主义。”

1924年10月，冯玉祥将军发动北京政变，推翻直系北洋政府，电邀孙中山先生北上共商国是。为了革命大业和祖国统一，孙中山不顾自己已积劳成疾，毅然抱病离开广东北上。他在《北上宣言》中提出，要废除一切不平等条约，召集国民会议，“以谋中国之统一和建设”。他和夫人宋庆龄在北上途中，还在各地发表演说，指出：“中国现在祸乱的根本，就是在军阀和援助军阀的帝国主义，打破了这两个东西，中国才可以和平统一，才可以长治久安。”路过天津时，他已犯重病，军阀张作霖等前来探视，劝他不要反对帝国主义，孙中山听罢愤然答道：“假如不打倒帝国主义，我就不革命了！”

1924年除夕孙中山抵达北京，受到数万群众热烈欢迎。但此时他已身患癌症，卧床不起了。在病魔的折磨中，他留下了“必须唤起民众，及联合世界上以平等待我之民族，共同奋斗”的遗嘱，并致信给苏联共产党中央，表示要在世界被压迫民族的解放斗争中携手并进，建立“强盛独立之中国”。1925年3月12日，这位全心全意地为改造中国而耗费了毕生精力的伟大的革命先行者，用最后的一口气呼出“和平……奋斗……救中国！”溘（kè）然与世长辞。

孙中山先生的伟大和崇高，不仅在于他领导了推翻帝制、建立共和的辛亥革命，不仅在于他晚年政治主张上的巨大进步，还在于他抱定救国信念，一生探求不息、奋斗不止的革命精神。他能够始终站在历史潮流的前边，与时代同前进，和人民共命运，把不断追求真理作为最神圣的使命，不愧是我们民族的骄傲。

新中国建立以后，每逢国庆节，北京天安门广场的正中，都要竖立起高大的孙中山先生画像，请他接受一代又一代后人的追念与景仰。他是当之无愧的。

辛亥元戎黄兴

“安危他日终需仗，甘苦来时要共尝。”这是孙中山给他的亲密战友黄兴的题词。在辛亥革命中，他和孙中山安危相仗、甘苦共尝，为救国百折不挠、横刀跃马，不愧为民主革命的元戎。

中国人民邮政曾经发行过纪念黄兴的邮票

1911 年春天，举世震惊的广州起义即将爆发，负责指挥这次起义的黄兴离开香港前往广州。临行前，他挥笔写下绝命书：“本日驰赴阵地，誓身先士卒，努力杀贼。书此以当绝笔。”像这样怀着壮士一去不复还的决心奔赴沙场的经历，在黄兴的革命生涯中已经数不清有多少次了。这位杰出的辛亥革命军事领袖，以他英勇无畏、坚定忠贞的气概，赢得了当时和

黄兴像

黄兴与长子黄一欧在日本东京合影.

后代人们的崇敬。

（一）

黄兴1874年10月25日出生在湖南善化（今长沙），他原名黄轸（zhěn），字廑（jǐn）午，后因参加革命遭到通缉，才改名黄兴，字克强。黄兴的父亲是当地一位很有名气的旧式教师，对孩子管教很严。黄兴从小进私塾读书，但他对武术格外感兴趣，崇拜历史上的英雄豪杰，课余时常习武，练就了魁伟体魄和一身好功夫。

黄兴15岁考入长沙著名的岳麓书院，21岁考中秀才。当时中国正在酝酿维新变法运动，湖南是维新派活动的中心地区之一，处处充满了新思想与旧事物的矛盾斗争。在新与旧的激烈斗争中，这位志向远大的青年再也不愿走传统道路，于1898年毅然离家求新知，进入了洋务派在武昌办的两湖书院。这所新式学校除了有经史课程外，还设置了数学、物理、化学、天文、地理、博物以及兵法、兵操、射击等军事课程。在这里，黄兴系统地接触了西方的自然科学知识，也阅读了法国资产阶级思想家卢梭的《民约论》等一批西方社会科学书籍。时值八国联军进攻北京，中国已经到了民族危亡的关头。面对西方兴盛中国衰败的现实，对比中外政治制度的优劣，黄兴逐渐接受了先进的资产阶级的政治观点，思想转向激进，日益倾向于革命。他曾书写字条来抒发自己的志向："朝作书，暮作书，雕虫篆刻胡为乎？投笔方为大丈夫！"从这个字条里可以看出，他已经厌烦透了中国传统的经史之学，认为那全是毫无意义的小技法，而只有投笔从戎、反清救国才是真正有作为的。带着这种思想，1902他年被派往日本留学，进入专门为中国留学生设立的东京弘文学院。

日本是孙中山在海外从事革命活动的重要基地，旅日华人中政治思想非常活跃。弘文学院里，中国留日学生热衷于讨论救国方案，革命浪潮正在酝酿。黄兴出国不久，就与几位同乡一同创办了《游学译编》刊物，广泛编译介绍西方著作，并组织了湖南编译社，向国内发行自己的刊物。这期间，梁启超的改良主义思想在留学生中还有相当影响，主张革命和改良的两派学生时常激烈辩论，黄兴坚定地站在革命立场上。一次辩论会上，他因不满改良主张，愤怒地把手中的茶杯摔在地上，以示自己的革命决心。黄兴不擅辞令，但他思想深沉，有独立见解和反抗精神，而且对认准了的道理能够坚持到底。曾与黄兴同校留学的鲁迅先生回忆过："日本学监诫学生不可赤膊，他却偏光着上身，手挟洋瓷脸盆，从浴室经过大院子，摇摇摆摆地走入自修室。"这件小事便足以反映出黄兴的性格。

黄兴对学习军事特别感兴趣，经常跑出去观看日本士官联队的操练，向日本退休军官讨教军事问题。课余时间，他经常到附近一个武术会去练习骑马、射击，练就了一手好枪法。这些都为他以后的戎马生涯打下了良好基础。

1903年，为反对沙俄军队拒不撤出我国东北三省，留日学生集会声讨沙俄罪行。黄兴忧愤交加，口吐鲜血，慨然长叹道：“中国的大局，已破坏到了极点。今后只有革命，才有挽救危亡的希望。”他和陈天华等组织起200多人参加的拒俄义勇队，由他讲授军事知识，开展军事训练，准备回国杀敌。反动的清政府反而说学生是要图谋造反，要求日本政府解散拒俄义勇队。这一倒行逆施，帮助更多的留学生认清了清政府的本质，他们又组织起秘密的军国民教育会，并向国内派遣人员开展反清活动。就是在这样的情况下，黄兴离日回国，投入了新的斗争。

（二）

1903年，黄兴返回长沙，在明德学堂担任教师，从事革命的宣传和组织活动。经过在知识、教育界紧张地联络、发动，黄兴以过生日祝寿为名，邀集100多名各地志同道合者来明德学堂聚会，成立了湖南的第一个革命团体——华兴会，黄兴被推为会长。成立会上，黄兴援引英国、法国资产阶级革命的经验鼓舞大家，但他认为中国的情况不同，革命不能从首都开始，应该“采取雄踞一省与各省纷起之法”，并且指出湖南“军、学界革命思想日见发达，市民亦潜濡默化”，还有“洪会党人”的反清势力，一旦发动起义，不难夺取全省为革命根据地。

华兴会成立后，立即着手准备武装起义。他们编印宣传品，四处购买军械，秘密制造炸弹，串联革命力量，设计起义方案。为了筹集起义经费，黄兴还慨然变卖了在长沙东乡的祖传田产。1904年初春，黄兴头戴斗笠，身着短衣，踏雪来到湘潭矿区，在一个山洞里找到湖南民间秘密组织哥老会的首领马福益，他们围着炭火彻夜交谈。经过说服动员，马福益赞同黄兴的主张，表示愿意在他的指挥下率领会党参加起义。他们商定，起义定于当年农历十月初十在长沙举行。这一天是慈禧太后的70岁生日，他们计划趁全省文武官员会集祝寿时，引爆预先放置的炸弹，将反动派一网打尽，市内由武备学堂学生起义，省城外由哥老会响应，攻占长沙后向全省迅速发展。黄兴被确定为领导起义的主帅。

不料，正当起义准备工作基本就绪的时候，华兴会内有人走漏风声，清朝当局探知了起义计划，立即搜捕革命志士。黄兴机智地化装成海关人员，脱险逃往上海。来到上海后，他继续策划新的起义，又遭到清政府的通缉，只好于1905年流亡日本。

在日本，经友人介绍，他结识了孙中山。两人一见如故，数次畅谈，见解一致，他们提议将三大反清革命团体兴中会、华兴会、光复会联合成统一的中国革命同盟会。8月20日，同盟会举行成立大会，孙中山担任总理，黄兴被推举为执行部庶务，负责实际工作，成为同盟会中地位仅次于孙中山的领袖。

同盟会成立后，黄兴继续把精力放在武装起义的准备上。他积极在学习军事的留日学生中发展同盟会员，并从中挑选一批坚定可靠的同志组成“丈夫团”，以勇武刚烈的男子汉气魄来磨炼意志、品格，准备为起义奋斗牺牲。1907年，黄兴秘密回到国内，在广东、广西、云南边境一带发动革命，短短几年内组织了潮州、黄岗、惠州七女湖、廉州、钦州、镇南关、河口七次艰苦卓绝的武装起义。这些起义虽然都失败了，却严重震撼了清王朝的统治，使革命党名声大振。由于这些起义大都是黄兴指挥策动的，所以他更是威名远扬，被清政府悬赏5000元通缉。特别是1908年他领导的廉州、钦州起义，以几百名勇士和前来镇压的上万名清军周旋战斗，坚持两个多月，仅马笃山一仗就消灭清军200多人，极大地鼓舞了人民的斗志。

黄兴对革命事业忠心耿耿，从不考虑个人得失，始终维护同盟会的团结和孙中山的领导地位。1907年夏，原光复会首领陶成章等借粤东起义失败猛烈攻击孙中山，计划在东京开会罢免孙中山，改由黄兴担任同盟会总理。正在香港的黄兴闻讯后立即写信制止，表示："革命为党众生死问题，而非个人名位问题，孙总理德高望重，诸君如求革命得有成功，乞勿误会，而倾心拥护，且免陷兴于不义。"黄兴最终平息了倒孙风潮，避免了同盟会的分裂。后来，陶成章又乘孙中山去海外筹款而在美洲华侨中大造谣言攻击孙中山。黄兴立即写信安慰孙中山："陶等虽悍，弟当以身力拒之，毋以为念。"他还以同盟会庶务的名义致函美洲华侨，澄清事实真相，为孙中山赴美活动扫除障碍。

（三）

1911年，随着革命形势的成熟，同盟会决定动员全部人力物力在广州发动大规模武装起义。为做好起义准备工作，黄兴于1月中旬由南洋槟榔屿来到香港，建立了起义的指挥机关统筹部并担任部长。统筹部决定，从海外和国内各地调集大批革命骨干，组成800人的敢死队，担负攻坚任务。同时，积极争取新军中的革命分子参加，计划分十路进攻，首先攻占两广总督衙门，夺取广州，然后向北进军，争取全国范围内的胜利。

在黄兴的指挥下，革命党人在广州各处分散建立了40多所"公馆"，经常以办"喜事"为名，有花轿抬进抬出，"送礼"者来来往往。实际上，这些"公馆"就是准备起义的秘密据点，起义所用的枪支弹药，就是藏在花轿、礼盒里运来的。

4月23日，起义日期临近，黄兴离香港赴广州前，写下了表示决心的绝笔书。他还在留赠友人的照片背后写道："谨呈小相一枚，以为纪念。愿他日寻尸马革，尚能识我之真面目也。"怀着义无反顾的决心，黄兴来到广州，在两广总督衙门附近的小东营5号设立了起义总指挥部。

就在预定的4月27日起义时间即将到来的时候，发生了一件意外的事。一位从国外回来的革命党人没有和起义指挥部建立联系，就去刺杀广州的驻防将军，惊动了敌人。清朝两广总督立刻调来大批部队，严密设防，加强戒备。敌人已有防备，部分起义军受阻未能到达，怎么办？按时起义，困难重重，风险极大；推迟起义，则会前功尽弃，辜负国内外人民的期望。黄兴早已下定了必战必胜、拼一死活的决心，为了维护革命党人的信誉，他决定按原计划起义。由于参加起义人数减少，临时修改作战计划，将原定十路进攻改为四路，集中力量攻打总督衙门。

4 月 27 日下午 5 时半，广州城内一声螺号响，街道上便杀出来几支臂佩白布的起义军。他们一手打枪，一手挥刀，在黄兴亲自率领下直扑总督衙门。霎时，广州城里军号声声，枪炮齐鸣，硝烟弥漫。经过激烈交火，黄兴带领敢死队击溃防卫清军，占领了总督衙门。经搜查，发现清朝两广总督张鸣岐已经逃走，起义军立即跟踪追击。路上，大队清兵援军赶来，双方展开激烈巷战。黄兴指挥起义军英勇抗击，许多同志中弹牺牲。黄兴右手的食指、中指被打断了，他仍坚持用无名指扣动扳机射击。由于敌众我寡，起义军被清军团团包围，黄兴下令分三路向外突围。在血肉横飞的

黄花岗七十二烈士陵园

反复拼杀中，起义军被打散，黄兴在战友掩护下冲出重围，潜回香港。

事后，人们在战斗现场搜寻到七十二具起义者的尸体，将他们合葬于广州市东北方的黄花岗，被称为“黄花岗七十二烈士”。孙中山曾评价这次起义说：“是役也，碧血横飞，浩气四塞，草木为之含怨，风云因而变色。全国久蛰之人心，乃大兴奋。怨愤所积，如怒涛排壑（hè），不可遏抑。”黄兴在这次起义中，表现了英勇无畏的革命精神，在国内外赢得了极高的声望。起义进一步唤醒了民众，极大地震动了封建统治，不久以后，就爆发了推翻清王朝的武昌起义。

（四）

1911 年 10 月 10 日，武昌起义爆发。正在香港养伤的黄兴急忙绕道上海，化装前往武昌。28 日，黄兴到达汉口，给正在与敌人鏖战的革命党人极大鼓舞，他们立即派人骑马高举写有“黄兴到”三字的大旗遍游武汉三镇，以震慑敌人，激励士气。

黄兴被推举为革命军总司令，他立即率部队挺进汉阳，并在前线附近的昭忠祠设立司令部，组织反攻。当时革命军人少，装备差，且大多是未经训练的新兵，而与之相对峙的是袁世凯训练多年的北洋新军，不但人多，装备好，且有帝国主义的支持。黄兴指挥部队坚守工事，击退了清军一次又一次的进攻。经过一个多月的血战，汉口、汉阳终于重被清军夺占。

虽然武汉长江北岸的战斗暂时失利，但武昌的湖北军政府巍然屹立，带动了全国革命形势的迅猛发展。不久，湖南、江苏、四川、浙江等十几个省先后宣告从清朝统治下独立出来，江浙革命军攻克了重镇南京，清王朝已经土崩瓦解了。

11 月底，黄兴前往上海，与各省代表聚会决定，在南京成立中华民国临时政府，因为孙中山不在国内，大家推选黄兴为大元帅。黄兴拒绝就职，他说："孙中山是同盟会总理，他没有回国，我可以代表同盟会。现在他已在回国的路上，我不能抢先就职。"1912年元旦，南京临时政府成立，孙中山任临时大总统，黄兴出任陆军总长。

当袁世凯窃取辛亥革命成果，暴露出反动面目后，黄兴又积极投身于孙中山发动的"二次革命"，担任了江苏讨袁军总司令，出兵讨伐袁世凯。"二次革命"受挫后，黄兴被迫再次流亡日本，后又转去美国，经常向华侨发表演说，继续从事反对袁世凯的宣传，并为蔡锷领导的云南护国军募集军费。

1916年，做了83天皇帝梦的国贼袁世凯死后，黄兴应孙中山电请回到上海。正当他准备为铲除军阀、振兴中华而继续奋斗的时候，多年积下的胃病突然复发，日益危重。1916年10月31日，年仅42岁的黄兴病逝于上海。

黄兴去世后，孙中山撰写了一副挽联来哀悼他：

> 常恨随陆无武，绛灌无文，纵九等论交，到古人此才不易；
> 试问夷惠谁贤，彭殇谁寿，只十载同盟，有今日后死何堪！

在上联中，孙中山回顾汉高祖刘邦的著名文臣随何、陆贾和武将周勃、灌婴的优缺点，盛赞黄兴是古往今来难得的文武双全的奇才。在下联里，他又把自己和黄兴比作战国时期的两位大学者夷之、惠施，表示能与黄兴在同盟会中并肩战斗10年，就是死了也很荣幸。

孙中山对黄兴的评价，可以说是锥心泣血、推崇备至了。

为宪政流血的宋教仁

为振兴中华，他一生殚精竭虑，奔走呼号，不遗余力。清政府授官赠款，他官不做，钱散去；袁世凯加以笼络，给官他不当，送金他不收。在他的心目中，推翻封建专制、建立民主宪政的目标高于一切。他生为民主奋斗，死为宪政流血，实现了“血肉可以牺牲，革命精神不能丢”的诺言。

纪念宋教仁的邮票

1913 年 3 月 20 日晚 10 时 40 分，上海北站的站台旁，一列开往北京的火车即将开动。中国国民党代理事长宋教仁挥手告别前来送行的黄兴、廖仲恺等革命同志，跨步走向车厢。突然，一声枪响，宋教仁手捂右腰，跌倒在地。两天后，他因伤势过重，死在医院里。

事后察知，凶手是窃国大盗袁世凯派来的。宋教仁因为反对袁世凯独裁专制，坚持民主共和的理想，惨遭毒手，流尽了最后一滴血。孙中山沉痛悼念他："为宪法流血，公真第一人！"

宋教仁像

（一）

宋教仁1882年出生于湖南省桃源县上香村，字遁初（又作钝初），号渔父。他童年入私塾读书，17岁就读于桃源漳江书院，1903年考入武昌普通中学堂。年轻的宋教仁目睹民族危机的深重和清王朝统治的黑暗腐败，萌生了反清革命、救国救民的思想。这位血气方刚、志向远大的青年早就立下了自己的抱负："中国苦满政久矣！有英雄起，雄踞武昌，东扼九江，下江南，北出武胜关，断黄河铁桥，西通蜀，南则取粮于湘，击鄂督之头于肘，然后可以得志于天下。"早在辛亥革命之前七八年，他就在心中描绘了一幅通过武装起义推翻清王朝的革命图景。

1903年夏，著名革命党人黄兴从日本回国发动革命，途经武昌时发表演说，宋教仁听了产生共鸣，非常激动，当即随黄兴返回湖南，第二年二人共同发起创建了革命团体华兴会。不久，他又来到武昌，发起成立科学补习所，以研究科学为名，在新军和学生中开展革命活动。华兴会计划于11月16日趁慈禧太后70寿辰之机在长沙发动起义，宋教仁负责组织常德方面的策应。不幸这次起义被清政府事先发觉，遭到镇压，宋教仁乘船出逃，经上海东渡日本。这样，他才逃脱危险。

船过湖北螺山时，他感慨革命失败，心中悲愤万分，不禁诵诗道：

噫吁嘻！……谋自由独立于湖湘之一隅兮，事竟败于垂成。虏骑遍于道路兮，购吾头以千金。效古人欲杀身以成仁兮，恐徒死之无益，且虑继起之乏人。……嗟神州之久沦兮，尽天荆与地棘。……欲完我神圣之主义兮，亦唯有重振夫矢戈！

他痛感神州沦落、国家黑暗，而起义又失败了，曾一度有过不想再活下去的念头，但一想到要唤起国人，完成推翻专制、振兴中华的神圣使命，便下定了百折不挠、重整旗鼓的革命决心。

正是怀着这种继续奋斗的坚定信念，宋教仁投身到更广阔的革命斗争中去了。

（二）

1904 年底，他来到当时革命党人活动的中心——日本东京。这里聚集着兴中会、华兴会、光复会的骨干，他们办了十几种进步杂志，但多以报道议论本省事件为主。宋教仁立即置身于革命风潮中，决定从事革命宣传活动。他认为，宣传要突破地域界限，反映时代潮流，因此为自己的刊物定名为《二十世纪之支那》。他在创刊号上自称是黄帝子孙，对清朝统治给予极大的蔑视，提议推翻清朝纪元，改行黄帝开国纪元制度。

这本刊物以鲜明的与清王朝决裂的革命姿态出现后，深得进步青年的拥护，也吓坏了清政府。不久，清政府勾结日本政府以“妨害公安”为名，下令查封杂志，传讯主办人宋教仁。宋教仁在警署义正词严地质问：“出版自由不是贵国宪法里允许的吗？说‘妨害公安’，是指日本的公安，还是清朝的公安？究竟哪篇文章妨碍了公安秩序？”他问得日本警官无言可答。警方询问杂志发起人和干事是谁，宋教仁大义凛然地回答：“我一人发起，其他人都已回国。”对方再问办刊宗旨，宋教仁响亮地宣布：“革命而已！”警官问杂志与孙中山等革命党人的关系，他答复：“此不关贵国事，何必提问？问我，我也不会说出一丝一毫！”

1905 年同盟会成立后，宋教仁担任司法部检事长、湖南分会副会长。

他把《二十世纪之支那》改为同盟会的机关报《民报》，自任《民报》干事兼撰稿人。此后，《民报》作为革命党人的主要喉舌，风行海内外，有力地传播了革命思想。

在日本期间，宋教仁先后进入东京政法大学、早稻田大学攻读政法。他潜心研究西方的政治、社会学说，同时大量翻译介绍西方国家制度、历史、革命等方面的书籍，把它们作为救中国的“良方”介绍给国内。

1907年春，宋教仁受同盟会的委派秘密潜回东北，计划联络当地的反清义军，在沈阳发动起义，与孙中山、黄兴组织的南方起义相配合。由于招兵行动被发现，战友被捕入狱，起义没能成功。但是，这次东北之行使他有机会在另一件事上为挫败日本侵华阴谋立下殊功。

就在他去东北联络起义的这段时间，日本政府无中生有地制造出一个“间岛问题”，企图侵吞我国的延吉地区。宋教仁闻讯后，在当地做了考察，搜集了大量典籍资料，了解了事情的内幕。原来，在朝鲜语中被称为“间岛”的，是自古就属于中国领土的约10万平方公里的延吉地区。日本占领朝鲜以后，为了把这块中国领土当成向东北扩张的跳板，竟要无赖说“间岛”是“韩国属地”，妄想并吞过去，划归己有。

宋教仁从东北返回日本后，依据充分的历史资料赶写出《间岛问题》一书。这本书以无可辩驳的史实证明，“间岛”地区自周、秦以来几千年间一直是中国设官管辖的领土，从而揭露了日本“向壁凿空”的伎俩和“伺间抵隙，割而有之”的鲸吞阴谋。书稿写成后，日本政府发觉不妙，提出要用5000元购买版权，宋教仁拒不出卖。后来中日两国交涉“间岛问题”时，书稿送到清政府手中，成了谈判中的有力武器，保住了延吉地区的归属权。

事后，慈禧太后和北洋大臣袁世凯分别要向宋教仁授予四品京堂官职和2000元奖金。在金钱、官位面前，宋教仁的反清革命意志毫不动摇。他将驻日公使转来的酬金全部散赠给生活困难的留日学生，拒绝回国做官。他表示：“我是革命党人，怎能当清政府的官？写这本书不是为清政府。

但是为了祖国，我虽死不辞！”

（三）

在革命党人的不断努力下，反清起义连绵不断，革命斗争蓬勃兴起。1910年春，宋教仁认真分析研究了国内形势，总结南方起义屡次失利的教训，提出了一项影响深远的战略：把革命的重心从南方转向华中，发动长江流域各省同时并举，其他沿海及边远地区则以分头起义来策应。这年冬天，他来到上海，担任《民立报》的主编，以“渔父”为笔名写了数百篇揭露帝国主义侵略、抨击清政府腐朽统治的政论文章，在长江流域开展革命宣传。

1911年7月，在宋教仁等的努力下，同盟会在上海成立了中部总会，他担任总务干事。中部总会成立后，立即开始筹划在沿江各省发动革命。宋教仁一方面在《民立报》上大造革命舆论，一方面频繁秘密往来于上海、武汉、长沙等沿江各地，创建中部同盟会各地分部，帮助各地筹款、联络、置办武器，准备发动起义。武昌起义爆发后，他迅速赶往起义前线参加斗争，接着又通过中部同盟会发动了上海、南京等地的起义，形成了沿江各省同时并举的革命高潮。

辛亥革命的爆发，标志着封建王朝的覆灭和新生资产阶级政权的诞生。但是，新生的政权应该是什么样子的？应该建设一个什么样的新型国家？形势发展提出了法制建设的急迫任务。在别的领导人还顾不上或是没有能力完成这一任务的时候，宋教仁发挥自已在政治、法律方面的特长，富有远见地及时投入了这项工作。

武昌起义不久，他就拿出了早就准备好的厚厚三大本有关新生政权的中央制度、地方政治机关设施等的法制文稿，为民主共和国描绘了政治蓝图。中华民国临时政府在南京成立后，他就任法制院院长，起草了一系列中央政府的临时政令。他协助孙中山参与制定的《中华民国临时约法》，参照西方民主制度和立法、司法、行政“三权分立”原则，规定了国家权力、政权组织形式和公民权利等，成为中国历史上第一部有近代意义的根本大法。他在此前还为武汉军政府拟定了中国第一部具有资产阶级宪法性质的《鄂州临时约法》，这使他以中国民主宪政先驱的声誉载入了史册。

由于中国民族资产阶级的软弱和妥协，封建军阀袁世凯取代孙中山当上了临时大总统，南京临时政府存在仅三个月就夭折了。临时政府迁往北京，宋教仁改任农林总长。在北京期间，他坚持为制定一部完整的宪法而努力。他认为：“宪法是共和政体的保障。中国是否真的建成共和政体，还要看将来的宪法制定得怎么样。”并且他主张在施政时先依照法律，后取决于人，要法大于人，限制统治者的个人权力。三个月后，袁世凯蓄意破坏《临时约法》，实行专制独裁。宋教仁和其他同盟会会员一起，集体辞职，以示抗议。袁世凯慑于宋教仁的崇高威望，极力笼络他，诱以高官，他不干；送来重金，他不接受。他断然拒绝袁世凯的收买、拉拢，表现了维护民主宪政的坚定意志。

（四）

袁世凯的独裁野心暴露得日益明显，但同盟会内部却意见不一、涣散无力。宋教仁看出了共和制度面临的危机，他指出：“民国虽然成立，但阻碍进步的邪恶势力还是整个存在着，我们要建设新的国家，就非继续奋斗不可。”他主张把革命派重新组织、振奋起来，在议会内部与袁世凯御用的“共和党”斗争，争取多数党组阁，用来钳制袁世凯，防止中国重蹈专制覆辙。他积极奔走活动，在孙中山的同意下，于 1912 年 8 月以同盟会为基础，联合几个中间小党派，改组建立了国民党。不常驻北京的孙中山被推举为理事长，宋教仁为代理理事长，成为国民党的实际领袖。他以实际主持人的地位，提出了国民党的施政纲领：建立责任内阁制的政体，限制总统权力，防止个人独裁，整理军政、行政、财政，开发实业，振兴教育，发展交通，统一司法，自主外交……

民国成立以后的第一届国会选举开始后，宋教仁冲破袁世凯设置的阻力，全力以赴地投入竞选宣传活动。他沿京汉铁路乘火车南下，又沿长江东去，沿途到处发表演说，以自己雄辩的口才和慷慨的言辞，尖锐地抨击时政，宣传民主与法制，勾画中华民族“雄飞大地，西凌乎欧美，而东驾乎瀛海扶桑”的壮丽远景。他的演说受到选民们的热烈欢迎，所到之处人人振奋，掌声不绝。1913 年 2 月，选举揭晓，国民党在国会中取得了占压倒性优势的多数议席。宋教仁宣布，国会第一大党国民党将组织责任内阁，他本人出任总理。

对国民党的胜利和宋教仁的民主共和主张，袁世凯又怕又恨，极力加以破坏。他派人找到宋教仁，许诺送给他 50 万元重金，要他放弃责任内阁制的主张。但宋教仁不为所动，以自己打算“退居林下，耕读自娱，有钱亦无用”的说法严正拒绝受贿。

宋教仁虽然预感到前途艰难，但他仍然不屈不挠地为民主宪政而斗争。他返乡探望了妻儿老母之后，便从湖南经湖北、安徽、江苏、上海至浙江开展宣传活动。他一路跋涉，几乎每天都要演讲三四场，尖锐地揭露袁世凯的倒行逆施，猛烈抨击其内政、外交的种种弊端，宣称要靠国民党做“社会医生”，根治“不良政府”的重病。

袁世凯对宋教仁的活动恼怒万分，决心拔掉这颗眼中钉。他派出暗探，一路跟踪宋教仁，随时监视宋的活动。他的走卒匿名投稿给上海各报，对宋教仁实行造谣诋毁；北京还冒出一个所谓“救国团”，通电各省诬陷中伤他。宋教仁在沸沸扬扬的反动高压下不畏强暴，正义凛然地发表《答匿名氏驳词》，予以严厉驳斥。

笼络不成，压制不服，袁世凯设下圈套暗下毒手。1913 年 3 月，宋教仁接连收到袁从北京发来的急电，邀他赴京“商决要政”。宋教仁不知是计，由南京赶到上海，向黄兴等辞别。3月20日，正当他在上海北站准备登车北上的时候，凶手向他射来罪恶的子弹，他受重伤倒在车站月台的血泊中。垂危之际，他悲壮地表示：“我的血肉可以牺牲，我的革命精神是不能牺牲的。”他还通过黄兴发出通电，呼吁当局者竭力保障民权，“倘若在国民中确立起宪法，我自己虽死犹生”。22日，年仅31岁的宋教仁停止了呼吸。

宋教仁死后，袁世凯伪装惊讶，假意下令调查。几天以后，上海警方根据知情者揭发，抓到了派遣凶手的流氓头子应桂馨，又在他家捕获刺客武士英，搜出应桂馨和国务总理赵秉钧的秘书洪述祖的秘密电话本和许多函电信件，还有一支手枪。确凿的证据证明：行刺宋教仁的直接凶手是流氓兵痞武士英，收买、布置行凶的是应桂馨和洪述祖，谋杀主使人是赵秉钧，而赵秉钧的后台就是袁世凯！在追悼宋教仁的会场上，黄兴送的挽联历数袁世凯的罪恶，点明他就是罪魁祸首：

前年杀吴禄贞，去年杀张振武，今年又杀宋教仁；
你说是应桂馨，他说是洪述祖，我说确是袁世凯。

袁世凯原想借宋教仁的鲜血来恫吓那些指望通过宪法来限制反对他卖国、复辟活动的人们。然而，暗杀者的枪声，惊醒了以孙中山为代表的革命党人；宋教仁的鲜血，擦亮了人们的眼睛，唤起了民众新的觉醒。就在宋教仁为捍卫民主与法制捐躯三个月后，孙中山发动了“二次革命”，把斗争矛头指向了袁世凯，使他从此陷于四面楚歌之中。

宋教仁牺牲后，被安葬在上海闸北公园。他那左手持书，右手托腮，凝神沉思的高大形象，永远受着后人的瞻仰与崇敬。他为中华民族的独立富强冲锋陷阵、死而后已的情操，他的民主与法制的思想，都是留给后人的珍贵遗产。

革命军中马前卒邹容

> “我中国欲独立，不可不革命；我中国欲与世界列强并雄，不可不革命”，“巍巍哉，革命也！皇皇哉，革命也！”这激昂雄壮的呐喊，出自20世纪初一位18岁的青年之口。这位在辛亥革命时期叱咤风云的人物，便是自称为“革命军中马前卒”的青年英雄邹容。

（一）

邹容原名邹绍陶，又名桂文，字蔚丹，1885年生于四川巴县（今重庆市），他的童年和少年时代就是在嘉陵江畔这座山城里度过的。少年时期的邹容，既聪慧敏捷，又富有个性。12岁时，他去参加县里的科举“童子试”，因主考官出冷僻题目刁难学生，邹容当场和考官顶撞起来，愤然退出考场。他曾对父亲说：“臭八股，儿不愿学，满场（满清的考场），儿不愿入。衰世科名，得之又有何用！”

当时正在维新运动的高潮中，重庆社会风气大开，宣传新事物、新思想的书刊广为流行，邹容对新书新报极感兴趣，如饥似渴地了解、学习西方各种进步学说，并开始自学英语和日语。在一所经学书院学习时，他以旧社会的叛逆者的姿态出现，大胆抨击孔孟之道，经常谈天说地，非议尧舜等古代圣人，轻薄周公和孔子，因而被书院开除。百日维新运动失败后，流血变法、慷慨就义的谭嗣同成了他崇拜的英雄。他无所畏惧地把谭嗣同的遗像挂在书桌旁，并题了这样一首诗：

邹容像

赫赫谭君故，湖湘士气衰。
唯冀后来者，继起志勿灰。

诗中不仅表达了对谭嗣同的景仰，而且以“后来者”自居，立志继承烈士未竟的事业，勇敢地冲决罗网。

1901 年，16 岁的邹容抱着追求新思想、改造旧中国的宏愿，来到成都参加赴日留学考试。虽然成绩很好，但由于他思想活跃，不受旧传统束缚，强烈主张革新，官厅竟以“聪颖而不端谨”为借口，取消了他的官费留学资格。邹容并不气馁，经过向父亲争取，他被同意自费留学。这年 9 月，他怀着到更广阔的世界里去寻求救国真理的热烈向往，乘船东下来到上海，进入一所“广方言馆”补习日语，为留学做准备。目睹帝国主义者在上海的横行，回顾祖国在腐朽的封建制度压榨下日趋破败的历史，年轻的邹容忧国忧民，更加坚定了反清爱国的志向。他抄录下一首诗，来抒发自己的感慨：

落落何人报大仇，沉沉往事泪长流。
凄凉读尽支那史，几个男儿非马牛！

就是怀着这种强烈的爱国救国情怀，邹容于1902年春天来到了日本。

（二）

日本自明治维新以来努力学习西方，资本主义得到迅速发展，国家很快强盛起来。由于两国一衣带水、文字相通，日本成了当时中国青年出外留学的主要国家。在两千多名留日学生中，爱国革命活动相当活跃。邹容进入东京同文书院后，仔细阅读了卢梭的《民约论》、孟德斯鸠的《万法精理》以及《法国革命史》、美国《独立宣言》等西学名著，思想上受到深刻影响。特别是研究法国、美国的资产阶级革命史后，他接受了暴力革命的思想，认定在中国也只有通过兴起革命运动，才能推翻清朝封建统治，建立资产阶级民主共和国。

在研读西学的同时，邹容如鱼得水地积极投身到留学生的爱国民主运动中去。1903年初，近千名中国留学生在东京留日学生会馆举行新年团拜大会，邹容登台发表演说，历数清政府对外投降卖国、对内压迫人民的罪行，激动地提出推翻清政府以挽救民族危亡的正义主张。他的演说受到留学生的热烈赞扬。此后，凡留日学生集会，邹容必定争先演说，慷慨激昂、言辞犀利地揭露清政府的丑恶嘴脸，宣传独立、自由、平等的革命思想，激励大家担当起救国救民的历史重任。在学习、思考和斗争实践的锻炼中，邹容日益成熟起来，成为留学生中鼓吹革命、反对清廷的急进分子。

对留学生中高涨的革命气氛，清政府十分恐惧，指使派到东京的学生监督姚文甫破坏学生运动，监视、迫害进步学生。留学生们对他十分痛恨。不久，姚文甫道德败坏的丑闻传出来，邹容立即约了几位同学，在一天晚上闯入姚宅，一边斥骂他的丑行，一边把他痛打了一顿。丧魂落魄的姚文甫跪在地上磕头求饶，邹容手持剪刀大声喝道："纵饶汝头，不饶汝发辫！"说罢就把他后脑勺上的长辫子给剪了下来。第二天，这条辫子被悬挂到留学生会馆的房梁上，旁边写着几个大字："禽兽姚文甫之辫。"当时，男人头上留辫子是清朝统治的象征，邹容怒剪学监发辫的消息使进步学生拍手称快，而清政府驻日公使蔡钧则认为这是大逆不道、犯上作乱。他照会日本外务省，声称"近来留学生宗旨变化，应抵邹容为祸首"，要求抓邹容问罪。为了躲避迫害，邹容被迫中止留学，离开日本，回到了离别一年多的祖国。

邹容来到上海，立即和革命派建立联系。在爱国学社，他结识了革命家章太炎。两人虽然年龄悬殊，但一见如故，经常在一起纵评时政，意气相投，结下了亲密的情谊。邹容向章太炎谈了自己的一整套革命见解，以及在日本时就已开始动笔的宣传写作计划。章太炎非常赏识邹容的志向与才华，热情支持他写宣传革命的通俗文章。在章太炎的帮助下，邹容夜以继日，奋笔疾书，不到一个月的时间就完成了《革命军》的写作。在这本极富战斗性和鼓动性的小册子的序言里，邹容将自己署名为"革命军中马前卒"，表示甘为革命事业当一名一往无前、冲锋陷阵的先锋战士。

（三）

《革命军》是当时第一本系统宣传资产阶级革命的书，它于 1903 年 5 月出版后，立即成为宣传革命、唤醒国人的战斗号角。

《革命军》全书约两万字，共分七章，各章分别为：一、绪论；二、革命之原因；三、革命之教育；四、革命必剖清人种；五、革命必先去奴隶之根性；六、革命之大义；七、结论。书中，邹容以奔放豪迈的热情，激烈愤怒的词句，流畅通俗的文笔，深入浅出地讲明了反清革命的道理。

《革命军》列举事实，发人深省地指出：中华民族已被帝国主义和清政府推到了"十年灭国，百年灭种"的罪恶深渊。拯救民族免于危亡的唯一出路，是奋起革命。邹容宣称，革命是"至尊极高，独一无二，伟大绝伦之一目的”，革命是“天演之公例”“世界之公理”，是“顺乎天而应乎人”的伟大行动。只有通过革命，人类社会才能“去腐败而存善良”“去野蛮而进文明”“去奴隶而为主人”。他宣传人人都有天赋的权利，但封建专制制度却剥夺了这种权利。他尖锐地指出：皇帝“揽国人所有而独有之，以保其子孙帝王万世之业”，所谓“真命天子”，其实是独夫民贼，大盗巨寇。所以，革命就是要“扫除数千年种种之专制政体”“以复我天赋之权利”。他明确指出，中国要独立，要自立于世界强国之列，要在20世纪站住脚，就不可不革命。

他认为，革命是“国民之天职”，号召“四万万男女同胞：老年、晚年、中年、壮年、少年、幼年，其以此革命为人人应有之义务！其以此革命为日日不缺之饮食！”他号召要“仗义群兴革命军”，用暴力推翻旧世界。

邹容指出，清朝是一个极腐朽、极恶劣的封建专制政府，政治压迫和经济剥削无所不用其极。中国的士、农、工、商各业，都惨遭压迫与摧残，中国社会的一切生机都被它断送了。

书中无情揭露了清政府通过地主土豪、贪官污吏、官府捐税等多种手段对农民进行封建剥削的残酷性。他分析揭露了清政府拼命压抑民族资本主义，使中国的工商业得不到发展。

邹容一针见血地指出，清朝统治者是洋人的奴隶，广大中国人民又是清政府的奴隶，只有推翻清政府这个奴隶总管，才能使中国人民变奴隶为主人。为了帮助群众在思想上革除由来已久的“奴隶根性”，甩掉束缚人的精神枷锁，《革命军》还把斗争的锋芒指向传统的封建道德，特别批判了在群众中影响深重的忠君观念。他把国家和君主分开，认为要是讲忠于国家是可以的，但是若讲要忠于君王就不对了，爱国不等于爱君。他辛辣地讽刺“臣当忠，子当孝”的传统信条实际上是麻醉人们昏睡的做奴隶的信条，真正害死了人。

邹容在书中指出，清政府已经成了对外一味屈辱卖国的“洋人的朝廷”，号召向清政府和帝国主义开战，与清廷“相驰骋于枪林弹雨中”“然后再扫荡干涉尔主权外来之恶魔，则尔历史之污点可洗，尔祖国之名誉飞扬”。他在《革命军》中，提出了结束封建君主专制，建立“中华共和国”的革命纲领二十五条。这些纲领的民主色彩，大大超过了兴中会成立时发表的宣言，也为1905年的同盟会纲领做了思想准备。邹容在《革命军》的结尾充满希望与信心地高呼：“革命独立万岁！”“中华共和国万岁！”“中华共和国四万万同胞自由万岁！”

《革命军》一书完稿后，邹容首先将它送给章太炎审读。章太炎读后，极为赞赏，连称：“好极！好极！”他亲自为这本书作序，高度评价它是投向人间的“雷霆之声”。

《革命军》出版后，好似一声振聋发聩的霹雳，在社会上引起空前强烈的反响。书中那诚挚的爱国情怀，热情奔放的革命精神，以及对封建专制愤怒有力的鞭挞揭露，通过通俗酣畅、铿锵有力的语言表达出来，使人读了热血沸腾，激发无数青年奋起投入革命洪流。可以毫不夸张地说，邹容的《革命军》，是上世纪初中国资产阶级民主革命的进军战鼓，它教育和鼓舞了整整一代革命者奋勇向前。

（四）

《革命军》的问世，如同向清政府投下了一颗巨型炸弹。它在青年中间迅速传播，风靡全国，几年之内就再版重印20多次，发行100多万册，居清朝末年革命书刊印销量的首位。《革命军》出版后，设在上海公共租界的进步报刊《苏报》及时进行了配合宣传。它于5月下旬刊载了邹容写的《革命军自序》，6月上旬又分别刊登章太炎写的《序〈革命军〉》和读者称赞《革命军》的文章，并为《革命军》一书刊登广告宣传。在《苏报》文章中，盛赞此书是“去世袭君主，排满洲特权，覆一切压制之尊”的“国民教育之第一教材书”，夸赞这本书“文极犀利，语极沉痛”，读后无不“拔剑起舞，发冲眉竖”。

这些文章和介绍，对于清朝统治者来说，无异于洪水猛兽，他们把《苏报》视为眼中钉，把《革命军》当作肉中刺。两江总督魏光焘惊呼“此书逆乱，从古所无”“《苏报》刊布谬说，而四川邹容所作《革命军》一书，章炳麟为之序，尤肆无忌惮”“尤非拿办不可”，命令上海官府立即与租界当局联系“查禁密拿”。1903年6月30日，外国巡捕和清朝警探闯入爱国学社，将章太炎抓走。避住虹口的邹容听说后，第二天毅然自动到巡捕房投案，表示要与章太炎生死与共。7月7日，《苏报》和爱国学社被查封。这就是近代史上曾经轰动一时的“《苏报》案”。

在敌人的法庭上，邹容坚强不屈，无所畏惧，继续宣传革命思想，驳斥反动派的谰言。年底，恼羞成怒的英帝国主义租界当局竟然无理宣判章、邹二人“永远监禁”(即无期徒刑)。这个荒谬判决立即遭到社会舆论的猛烈抨击，在外界压力下，他们未敢把章、邹二人引渡给清政府，又于第二年5月改判章太炎监禁三年，邹容监禁两年。

他俩入狱后，继续坚持斗争，毫不屈服，并且互相鼓舞斗志。章太炎写诗《狱中赠邹容》，末尾两句是：“临命须掺手，乾坤只两头。”邹容作诗回答：

我兄章枚叔，忧国心如焚。
并世无知己，吾生苦不文。
一朝沦地狱，何日扫妖氛？
昨日梦和尔，同兴革命军！

即使身处监狱，邹容仍然念念不忘推翻清王朝以“扫妖氛”的革命事业，就连在睡梦里也是惦念着共兴“革命军”。

在牢狱生活的残酷折磨、摧残下，年轻的邹容身体愈益瘦弱了。关押期间，每顿饭只能吃到一碗粥，三粒豆，夜晚也仅给一块毡子御寒，还经常被罚做苦工，遭受毒打。1905 年 2 月，离刑满出狱还差几个月，邹容却病倒了，昏迷不醒。惨无人道的狱方竟拒绝为他治病，继续加以迫害。1905 年 4 月 3 日，邹容突然口吐鲜血，悲愤地离开了人间，他的尸体被反动派惨无人道地扔在狱墙外。

年轻的邹容仅在人世间生活了 20 年。他赤条条来，死时一无所有，但他却给身后人留下了无比丰厚的财富。《革命军》在群众中更加广泛地流传开来，激励着一批又一批青年献身于资产阶级民主革命。孙中山要求“从速印之，分派各处，必能大动人心，他日必收好果”。他在《革命源起》中追忆说，《革命军》一书“华侨极为欢迎，其开导华侨风气，为力甚大，此则革命风潮初盛时代也”。鲁迅后来也回忆说：“倘说影响，则别的千言万语，大概都抵不过浅近直截的革命军马前卒邹容所作的《革命军》。”

辛亥革命后，孙中山领导的南京临时政府为表彰邹容的革命功勋，授予他“大将军”荣衔。新中国建立后，邹容的《革命军》也曾多次校刊出版。老一辈无产阶级革命家吴玉章同志为了纪念邹容，曾作诗道：

少年壮志扫胡尘，叱咤风云革命军。
号角一声惊睡梦，英雄四起挽沉沦。
剪刀除辫人称快，铁槛捐躯世不平。
风雨巴山遗恨在，至今人念大将军。

这位为中华民族的独立和解放事业英勇献身的革命先驱，永远活在人民的心中。

“鉴湖女侠”秋瑾

荷花出污泥而不染，烈马脱羁绊而狂奔，海涛无止息而澎湃。荷花、烈马、海涛，这三样看似互不关联的事物集中反映在一个人的精神世界上，那就是她。她的思想似高尚纯洁的荷花，她的性格如奔放的骏马，她的革命精神像大海的波涛，汹涌澎湃。她战斗的一生，她可歌可泣的英雄形象，永远受到人民的爱戴与敬仰。

1907 年 7 月 15 日凌晨，彤云密布，天色阴霾。浙江绍兴城中心的轩亭口行人路断，军警云集。一位白衫黑裤、端庄英武的青年女子，傲然挺立在刀光剑影中。清政府的监斩官发问：“临刑之前，有何话说？”她怒目而视，轻蔑地回答：“你们可以砍我的头，但不能夺我的志！”这位视死如归的巾帼英雄，就是近代史上大名鼎鼎的女革命家秋瑾。

（一）

秋瑾字璿（xuán）卿，乳名玉姑，别号竞雄，后自称“鉴湖女侠”，祖籍浙江绍兴，1875 年出生在福建厦门。秋瑾的祖父和父亲都是清朝的官吏，她从小受到良好的文化教育，很小就学会了赋诗填词。少年时代的秋瑾特别爱读古代侠义小说，十分崇拜历史上的英雄豪杰。14 岁时，她随母亲住在浙江萧山，向舅舅和表兄学会了舞枪弄拳、骑马击剑，养成豪爽奔放的性格。她曾在一首词中自我表白：“身不得，男儿列；心却比，男儿烈。”

秋瑾像

但是，这样一位文武双全、热情豪放的少女，却受着社会与家庭的双重压抑。封建的伦理道德，不容许她像男人那样参与社会活动；婚后的不和谐生活，更使她备感痛苦。16 岁时，她由在湖南做官的父亲做主，嫁给了湘潭的一个富豪子弟王廷钧。这个人不学无术、庸俗不堪，秋瑾同他志趣完全不同，内心十分苦闷。1902 年，王廷钧花钱捐了个户部主事的官职，带秋瑾迁居北京。

当时正是义和团运动和八国联军侵占北京两事之后不久，京城一派凄凉景象，民族危机十分严重。在北京，秋瑾有机会从邻居处读到许多维新派书刊，视野大为开阔，立志摆脱家庭羁绊，投身救国大业。她改穿西服革履，头戴蓝色鸭舌帽，把自己打扮成一个年轻英武的“男子”，经常外出参加社会活动。而她的思想，更早就和祖国的安危紧密联系在一起，一心向往着能像一名男子那样横刀立马，为国杀敌。

早在 1900 年八国联军发动侵华战争的时候，秋瑾就写下过这样的诗句：

幽燕烽火几时收，闻道中洋战未休。
膝室空怀忧国恨，难将巾帼易兜鍪（móu）。

当时，她就立下了将女子装束换成战士盔甲、为国披挂上阵的决心。

后来，她还在北京买来战刀、宝剑，并写下《宝刀歌》《宝剑歌》，抒发自己救国救民的志向：“炎帝世系伤中绝，茫茫国恨何时雪”“死生一事付鸿毛，人生到此方英杰”“莫嫌尺铁非英物，救国奇功赖尔收”“铸造出千柄万柄宝刀兮……一洗数千数百年国史之奇羞”。

就是怀着这种为国雪耻、献身社会的豪情壮志，秋瑾终于做出了冲破家庭樊笼的决定。1904 年春，她不顾丈夫的百般阻挠，变卖了自己的全部金银首饰，毅然离家出走，将两个孩子送到绍兴娘家寄养，自己只身踏上了自费留学日本的征程。这在当时是惊世骇俗的大胆反叛行动。

（二）

轮船离上海，出长江口，横穿东海、黄海，驶向彼岸。秋瑾站立船头，百感交集，心潮犹如大海的波涛一般起伏激荡。船过黄海时，她眼前仿佛再现了当年中日甲午海战的悲壮场面，禁不住挥笔写下充满爱国激情的诗篇：

> 闻到当年鏖战地，至今犹带泪痕流。
> 驰驱戎马中原梦，破碎山河故国羞。
> 领海无权悲索莫，磨刀有日快恩仇。
> 天风吹面冷然过，十万燕云眼底收。

秋瑾到日本东京后，先在留学生会馆设立的日语讲习所学习日语，几个月后考入青山实践女校求学。当时，孙中山领导的民主革命运动日益高涨，大批热血青年赴日留学，走上革命道路，东京留学生界已经成为革命党人开展活动的重要基地。秋瑾怀着极大的热情投身其中，结识了各方面的爱国志士，很快成为革命派中活跃的一员。她发起了中国第一个妇女革命团体共爱会，参与组织了以反抗清廷为宗旨的十人会，还加入了秘密反清会党洪门天地会。1904 年 9 月，她和几位同志一起创办《白话报》，疾呼“推翻满清，恢复中华”，与保皇派的《新民丛报》展开针锋相对的斗争。秋瑾思想激进，口齿伶俐，是一位出色的演说家，她经常出席革命派组织的各种集会，登台含泪发表悲壮、激昂的演讲，往往使听众感动得和她一起流下热泪。

在日本的留学生活和革命锻炼，使她的思想愈加成熟起来，革命精神愈加坚定。她在一首诗中写道：

祖国沉沦感不禁，闲来海外觅知音。
金瓯已缺总须补，为国牺牲敢惜身？
嗟险阻，叹飘零，关山万里作雄行。
休言女子非英物，夜夜龙泉壁上鸣！

她把自己比作一把锋利的龙泉宝剑，随时准备为国牺牲、浴血奋战疆场。

1905 年初，秋瑾暂时回国筹措学费，在归国的海船上还曾写过这样一首壮怀激烈的诗：

万里乘风去复来，只身东海挟春雷。
忍看图画移颜色，肯使江山付劫灰！
浊酒不消忧国泪，救时应仗出群才。
拼将十万头颅血，须把乾坤力挽回。

回国后，她先在上海爱国女校拜访了光复会会长蔡元培，接着在绍兴结识了徐锡麟，并经徐介绍加入了革命团体光复会。她返回日本后，又经著名革命党人黄兴的介绍，与来到日本进行革命活动的孙中山会面畅谈。

她对孙中山的革命主张大为折服，首批加入了孙中山组建的同盟会，并且被推选为同盟会评议部评议员和浙江分会会长，成为留日学生中传奇式的女杰。此时的秋瑾，身着男式服装，腰佩日本战刀，英姿飒爽，果敢干练，威望很高。

清政府为了阻止中国留学生的革命活动，勾结日本政府颁布了一个《清国留学生取缔规则》。消息传来，群情激愤，留日学生纷纷罢课、集会表示抗议。血气方刚的湖南籍留学生陈天华悲愤至极，蹈海自杀以示抗争。秋瑾在同学中组织起敢死队，自任指挥，同日本政府斗争。为了免于在日本受辱，尽早投入国内斗争，她带领一批浙江籍留学生愤然回国。在离日前的同乡会上，她登台讲演，说到激动处，随手抽出腰间战刀，猛插在讲台上道："如有人回到祖国，投降满虏，卖友求荣，欺压同胞，吃我一刀！"

（三）

1906 年，秋瑾回到祖国，先在故乡绍兴一中代课，不久至吴兴县南浔镇的浔溪女校任教。暑期辞职后，她又来到上海，与革命党人陈伯平等租住在虹口路祥庆里的一所房子里。就在这处寓所里，她于 1907 年 1 月创办了中国的第一份妇女报纸——《中国女报》。

秋瑾是中国妇女解放运动的先驱。早在少女时代，她就发出过"红颜谁说不封侯"的要求男女平等的呼唤。她亲眼看到无数女性遭受封建礼教压迫的悲惨命运，个人生活中也饱尝了封建婚姻带来的痛苦与折磨，所以对男尊女卑、"三从四德"等套在妇女身上的沉重枷锁无比痛恨，立志推翻封建纲常伦理，实现男女平权、妇女解放。她不仅通过自己反对缠足、女扮男装、离家出走等行动实现自己的理想，而且积极为广大女性的解放进行宣传和斗争。留日期间，她发起组织过革命妇女团体共爱会，帮助过被压迫女子摆脱家庭，还写过许多主张男女平权的诗词。在评弹《精卫石》中，她写道："天生男女，四肢五官，才智见识，聪明勇力，俱是同的；天职权利，亦是同的。"她猛烈地抨击"女子无才便是德"的封建说教，将它斥为"瞒天谎""荒唐话"。

在《中国女报》上，秋瑾发表了一系列文章和多首诗作，揭露社会的黑暗，控诉妇女的痛苦，鼓吹妇女解放，投身社会革命。在女报《发刊词》中，她明确提出创办女报是为了团结全国两万万妇女，"使我女子生机活泼，精神奋飞""以速进于大光明世界"。号召妇女摆脱家庭束缚，去求学、做工，争取自力更生、男女平等的新生活。在另一首《勉女权歌》里，她写道：

吾辈爱自由，勉励自由一杯酒。
男女平等天赋就，岂甘居牛后。
愿奋然自拔，一洗从前羞耻垢。
若安作同俦，恢复江山劳素手。

旧习最堪羞，女子竟同牛马偶。
曙光新放文明侯，独去占头筹。
愿奴隶根除，知识学问历练就。
责任上肩头，国民女杰期无负。

她把妇女自身的解放同社会解放结合了起来，勉励妇女同胞姐妹们根除奴性，奋然自拔，历练本领，担起责任，共同为推翻清政府、恢复中华而英勇斗争。

《中国女报》虽然只发行了两期就被迫停刊了，但它在妇女运动中产生了启蒙的作用，成为早期妇女解放的大旗。而秋瑾本人，也为民族解放、妇女解放运动树立了一个先觉者的典型。

（四）

在上海活动期间，秋瑾与徐锡麟、王金发等会党首领商定，立即投入发动反清武装斗争的准备工作，由徐锡麟负责安徽方面的起义，秋瑾负责浙江方面的起义。

1907 年 2 月，秋瑾从上海回到绍兴，接管原由陶成章、徐锡麟创办的大通师范学堂。这所学校实际上是光复会联络会党的据点，它除开设普通课程外，还专门设有体育专修科，用来招收会党骨干来校接受军事培训。秋瑾主持大通学堂后，一方面努力整顿学堂，另一方面自任体育专修科教练，抓紧开展军事训练。她利用当时的绍兴知府以前曾和父亲同事的关系，取得官府公文护照，名正言顺地从上海买来用于“体育训练”的各种枪支弹药。秋瑾经常身着男装，腰佩短剑，骑着骏马，带领学生到城外大操场操练军事、射击打靶。通过体育专修科的活动，校内培养、聚集了几百名男女青年。

为了联络分布在各地的反清会党，秋瑾还经常化装成香客、商人等，往来奔波于浙江杭州、绍兴、金华、处州（今丽水）等地。经过几个月的努力，各地会党的近万名成员都被联络起来，杭州新军及武备学堂、兵弁学堂的学生也有许多人加入了光复会。在此基础上，光复军于夏天成立，徐锡麟担任首领，秋瑾任副首领，约定于 7 月 19 日在浙江、安徽同时起义。在这次起义前的最后时刻，秋瑾日夜操劳，亲自拟定了《光复军军制稿》《光复军起义檄稿》《普告同胞檄稿》等起义文件，具体确定了军事行动计划。根据计划，届时将由西南部金华地区的会党首先发难，处州方面响应，吸引驻守杭州的清军前往救援，然后由绍兴的光复军主力北渡钱塘江，以新军和武备学堂学生为内应，趁虚袭取杭州。万一杭州攻不下，则挥军南下，与浙南义军会合后，向西绕道江西、皖南，迂回北上安庆，与徐锡麟的起义军会师。

可是，由于参加起义的会党人员庞杂，组织不严，金华、武义等地的义军过早走漏了风声，台州的义军活动也被清军发现，立即遭到清政府的大肆搜捕，浙江方面的起义部署也被打乱。安徽的徐锡麟由于情况有变，被迫单独提前起义，在刺杀死了安徽巡抚恩铭后，由于孤立无援，他被捕牺牲。

徐锡麟的安庆起义失败后，绍兴方面的革命党人更显得孤掌难鸣了。清政府查获徐锡麟曾在绍兴创办大通学堂，并且生前与秋瑾往来密切的情况，立即派兵前往绍兴镇压。

在这万分紧急的时刻，秋瑾完全忘掉了自己的安危，心中充满了对牺牲战友的怀念与对敌人的仇恨。别的战友劝她暂时到别的地方去躲避一下，她拒绝了。7 月 10 日，她给在外地的女友寄去一首绝命诗：

> 不须三尺孤坟，中国已无干净土；
> 好持一杯鲁酒，他年共唱摆仑歌；
> 虽死犹生，牺牲尽我责任；
> 即此永别，风潮取彼头颅。
> ……

有人来劝她到上海去躲一阵，秋瑾斩钉截铁地回答：“革命只有经过流血才能成功。这些年不少男义士血洒神州，但还没听说有妇女死于革命的，为了唤起民众，我愿做女界为革命死难第一人！如果敌人能将我绑赴刑场，那革命至少可以提前实现五年……”

7 月 13 日，一个团的清军包围了大通师范学堂。秋瑾临危不惧，格外沉着冷静。她烧毁了起义军联络名册和书信文件，指挥校内同志从后门泅水突围，自己和少数同志持枪阻击敌人。经过近一个小时的枪战，清军冲进学堂，秋瑾与几名教师一起被捕。

1911 年浙江光复后，绍兴各界在大善寺追悼秋瑾烈士

在清朝衙门的公堂上，秋瑾昂首挺胸，大义凛然。敌人要她下跪，她严词拒绝。敌人要她交代出同党，她咬紧牙关说："革命党的事，用不着你问！革命党人不怕死，要杀便杀！"敌人要她在讯问记录上签字，她愤然挥笔，写下"秋风秋雨愁煞人"七个大字。

7 月 15 日凌晨，天还没亮，年仅 32 岁的秋瑾壮烈牺牲在绍兴轩亭口。

秋瑾殉难的消息传出后，全国民众对这位女侠深表同情，沉痛哀悼。海外留学生纷纷发出通电，愤怒声讨、谴责清政府的罪行。她的牺牲，确实唤醒了更多的民众，仅浙江省一年内就爆发大小起义几十次，全国的革命形势更加蓬勃地发展起来。

1908 年，革命党人冒着危险将秋瑾的遗骨移葬到杭州西子湖边离岳飞墓不远的西泠桥畔。1913 年孙中山亲自到杭州祭奠，为秋瑾烈士题写了"巾帼英雄"四字匾额。后来，秋瑾故乡的人民还在她殉难的绍兴轩亭口竖起了纪念碑，在她的墓旁建立了"风雨亭"。秋瑾的名字、事迹和精神，将永远闪耀在中华民族的光辉史册上，鼓舞着后人不断奋进。

徐锡麟慷慨赴死

眼前摆着功名富贵，但他重大义，视名利如粪土；生活可以苟且偷安，但他轻生死，置安危于度外。他英勇卓绝的义举，慷慨悲壮的牺牲，真可谓惊天地而泣鬼神，表现了革命者的崇高品格和大无畏精神。

1907 年 7 月 6 日上午，安徽省会安庆的巡警学堂礼堂里，正在举行学生毕业典礼。一位身着戎装的警官雄赳赳地走上台前，举手行礼，向正襟危坐的安徽巡抚恩铭大声说道："回大帅，今日有革命党起事！"说毕，突然从靴筒里拔出两支手枪，"砰、砰、砰！"连扣扳机。在场文武官员还没弄清怎么回事，恩铭已身中七枪，倒地身亡。这位英勇果敢的警官，就是著名的辛亥革命活动家徐锡麟。

徐锡麟像

（一）

徐锡麟，字伯荪，浙江绍兴人，1873年12月出生在一个富商家庭。他家在乡村有上百亩田产，在绍兴城里还经营着两家不小的店铺。少年时代的徐锡麟聪颖好学，凡事喜欢动脑筋，热衷于追求新知识，而且还有独立的性格。在传统的四书五经之外，他特别爱好算术、天文和地理。每到夜深人静之时，他经常站立在院子里，仰天观察天象，精心画出许多星位图。他还自己动手制作出测量天体位置的浑天仪，绘制出绍兴的街巷、地势图。1894年，他考中了秀才。

摆在徐锡麟面前的有两条路：一是继续读经治学，走科举功名、读书做官的路；二是子承父业，参与家里生绸庄、油烛栈的生意，走经商致富之路。思想守旧的父亲，满心指望他求取功名，青云直上，光宗耀祖，同时也期待他把自己的学识用到经商方面来，以便振兴家业，置产发财。但是，徐锡麟无视功名富贵，对这两条现成的路都不满意，心中另有抱负。

就在他考中秀才的这一年，中、日之间爆发甲午战争，随即刮起了帝国主义瓜分中国的狂潮，中华民族面临着亡国灭种的危险。甲午战争的炮火，打破了徐锡麟宁静的读书生活，激起了他强烈的爱国志向和深深的忧患意识。他把自己的兴趣转向了社会方面，大量阅读历史书籍，找寻救亡图存的道路。史书没有告诉他解决现实问题的答案，却把大量历史上的英雄豪杰介绍给他，帮助他树立起为国献身的勇气。他又转向对现实情况的研究，鸦片战争以来，列强纷纷入侵，中国节节败退；甲午战争以后，帝国主义联合进攻，中国已成被瓜剖豆分之势。严酷的现实，使这位满腔热血的爱国青年忧心如焚。他痛心地指出：当今外患猖獗，日盛一日，俄横于北，德肆于东，英、法并峙于西南，意大利窥伺东南，如此下去，中国前途不堪设想。他大声疾呼：“时至今日，内忧作矣，外患乘矣，人心动矣，社稷危矣！”他号召“中国四万万之众”“以刃击刃，以毒攻毒”，和帝国主义展开针锋相对、不屈不挠的斗争。此时的徐锡麟，虽然也对清政府内部的腐败情况十分痛恨，无情抨击，但他基本上还是一个拥清论者，仍然把希望寄托在清朝统治者身上，幻想它能“扫弃粉饰，力图自强”，抵抗外侮，实现祖国独立富强。后来，随着形势的发展，徐锡麟才逐渐由拥清改革走上了反清的革命道路。

（二）

1901年，徐锡麟进入绍兴府学堂担任数学教师，后被提升为学堂副监督。20世纪初年，帝国主义猖狂侵略，清朝政府更加腐朽反动，越来越多的有志之士抛弃幻想，倾向革命，追求新学。1903年春，徐锡麟东渡日本，

1903年，徐锡麟（中坐者）在日本横滨与友人平贺深造一家及张月楼（左二）、孙德卿（右三）合影

1905 年，光复会员徐锡麟、陶成章等在浙江绍兴设立的大通师范学堂

借参观大阪博览会的机会，游览了东京。当时，中国留日学生正热火朝天地开展拒俄运动，抗议沙皇俄国侵略中国东北的罪行。留学生们的爱国热忱和勇敢斗争精神，极大地感染、影响了徐锡麟。他积极参加了留学生们的拒俄运动，后来又捐款资助营救因宣传反清而被捕入狱的章太炎。斗争中，他结识了陶成章等一批革命党人，自己思想上也完成了由维新改革到反清革命的转变。

徐锡麟回国后，以一个革命者的姿态投入了斗争。他在绍兴创办学校，开展军训，创设书局，传播新译书报，宣传反清革命思想。他的父亲反对他参与政治活动，担心闯祸牵连家人，经几次冲突，最后父子反目，分割家产，断绝了往来。然而，徐锡麟认准了奋斗方向，革命决心愈益坚定。

1904 年，他到上海拜访蔡元培和陶成章，加入他们创建组织的革命团体光复会，并同革命党人一起讨论了推翻清王朝的革命策略。回到绍兴后，他即按照商定的策略，积极展开会党联络活动。他带领几名学生，历时一个多月，穿行诸暨、嵊州、东阳、义乌四县，与各地的会党首领建立了联系。为了准备武装起义，徐锡麟在绍兴创办体育会，招集数百名爱国青年，组织锻炼体格、学习军事。1905年9月，他又和陶成章等人创办起大通师范学堂，作为革命的军事学校和联络机关。这所学校“遍招各县会党头目入校”，就连远在上海的成批的光复会成员也赶来接受培训。在此期间，徐锡麟还介绍从日本留学归来的秋瑾加入了光复会，加强了浙江革命组织的领导力量。

在筹备武装斗争的过程中，徐锡麟越来越感到“非握兵柄，不足举大事”，因而他接受了陶成章的建议，准备花钱捐官，学习陆军，逐步掌握清政府内部的军权，开展“中央革命”。他设法得到一个富商的资助，并请曾担任过湖南巡抚的表叔加以推荐，获准保送到日本学习军事。1905年冬天，他动身赴日，先后准备进入陆军联队、振武学校、陆军经理学校和警政学校，但都因为眼睛近视未能成功。几个月后，他返回国内，仍积极四处活动，想办法打入清政府内部。在一次北上京师、跨越长城到东北活动的旅途中，徐锡麟有感于日、俄侵吞东三省的形势，写下了一首立志为救国献身的《出塞》诗：

军歌应唱大刀环，誓灭胡奴出玉关。
只解沙场为国死，何须马革裹尸还！

1906年冬，他终于活动成功，花钱捐得了道员官职，被分派到当时的安徽省会安庆试用。他返回浙江，将大通学堂委托给秋瑾主持，并在杭州与秋瑾等告别说：“法国革命八十年始成，其间不知流过多少热血。我国初创革命，亦当不惜流血，以灌革命花实。我此次赴皖，就是打算流血的。诸位切不可引以为惨而存退缩念头才好。”他那坚定的意志和大无畏的革命精神，使同志们十分感动，备受鼓舞。

（三）

1906 年底，徐锡麟到安庆任职。由于他见多识广，办事干练，又很有组织能力，再加上表叔的推荐，他逐渐取得了安徽巡抚恩铭的信任。他从武备学校副总办做起，很快得到提升，担任了警察处会办，又当上了巡警学堂堂长。在巡警学堂，徐锡麟白天监督操练，亲自讲课，晚上经常设酒宴款待师生，与学员们的关系密切，声望日高。他利用职务之便和密切的上下级关系，积极开展秘密工作。校内，经他宣传，团结起一批思想进步的学员；校外，他还联络争取了新军、兵备处等方面的一些密友，为发动武装起义积蓄力量。

1907 年 6 月，浙江方面组建起光复军，秋瑾请徐锡麟担任首领，并相约浙、皖两地于 7 月 19 日同时起义。不料，就在起义进入最后准备阶段的时候，一名光复会会员在上海被捕，供出了他所知道的革命党人的别名、暗号。两江总督端方将这份名单通告安徽巡抚恩铭，命令他立即缉查捉拿。恩铭召集徐锡麟来见，把名单交给他，让他去执行缉拿任务。徐锡麟接过名单一看，暗暗大吃一惊，原来名单上的头一名就是自己的代号。情况紧急，不可久拖，他决定提前起义。

7 月 8 日是巡警学堂的毕业典礼，按规矩这一天上至巡抚、布政使、按察使，下至府道州县的长官，都要出席典礼，这正是将敌人一网打尽的好机会。徐锡麟决定趁典礼之机发动起义，并通知秋瑾，请浙江方面配合，还准备联系安庆军界其他革命党人呼应。可是，已经到了毕业典礼前 3 天，巡抚恩铭发来指示，说他 7 月 8 日另有他事，命令巡警学堂提前两天举行毕业典礼。提前两天，那就是次日！一切都来不及再重新部署了，徐锡麟当机立断，就在第二天的典礼上刺杀恩铭，举行起义。当天夜里，他和陈伯平、马宗汉通宵起草印制《光复军告示》，分别为自己准备好了武器。

1907 年 7 月 6 日清晨，徐锡麟召集全校学员在礼堂集合。他身穿警服，面色威严，情绪激昂地向师生发表长篇演说，进行宣传鼓动并暗示自己的意图。他反复强调："我到安庆来任这个职，专为救国，并不是为了功名富贵。希望大家在任何情况下总不要忘'救国'二字，行止坐卧，都不可忘。如忘'救国'二字，便不成人格！"他讲得淋漓痛快，慷慨激昂，使在场的学员深受感动，可惜他们无法了解徐锡麟的一片苦心。

上午9点钟，恩铭率领一群高官，在卫队的簇拥下来到巡警学堂大礼堂。毕业典礼正式开始，堂长徐锡麟向巡抚呈上毕业生花名册，突然大声说："回大帅，今日有革命党起事！"听到暗号，躲在大厅侧面的陈伯平冲上前，朝恩铭等扔出一枚炸弹。不料炸弹没有起爆，厅堂里一片混乱。徐锡麟趁乱拔出双枪，左右开弓向恩铭射击。恩铭连中七弹，被部下慌忙背走，不久毙命。其他官吏纷纷往外奔逃，跑在后边的也被当场打死在门外台阶下。

徐锡麟转身回到礼堂，举起军刀，拍案高呼："抚台已被刺，大家不要乱，快跟我革命！"他和陈伯平、马宗汉带领一部分学生冲出校门，占领军械所，取出枪支弹药分发给大家，与赶来镇压的清军展开了激战。这时候，安庆城门已被关闭，清军把军械所包围得水泄不通，双方枪炮齐发，相持不下。为了抓住徐锡麟，清军统领悬赏3000元。随着一次次冲锋被打退，赏金也不断提高，最后升到了 1 万元。军械所内，硝烟弥漫，战斗一直进行了 4 个小时。坚持在军械所院子里的起义军人少势单，孤立无援，伤亡越来越大。最后，陈伯平英勇牺牲，徐锡麟、马宗汉不幸被俘，起义失败了。

（四）

徐锡麟满身灰土，一脸怒容，被押到了督练所内。从巡警学堂侥幸逃出的几名高官冯煦、毓朗、联裕等，当天就对他进行审讯。敌人命令徐锡麟下跪，他横眉怒视，昂然挺立。

毓朗责问道："你已经被抓获，怎敢还不下跪？"徐锡麟轻蔑地回答："你还在洋洋得意，刚才要是慢走一步，早被我杀掉了！"又一人发问："恩抚台平日待你不薄，你怎敢忘恩负义？"徐锡麟严正地答道："他待我不薄，但那是私交，我杀他是公义，私交怎能胜过公义？"敌人追问他余党是谁，他响亮地说："凡欲救国而不愿为外人奴隶者，皆是余党！"敌人逼他一定要讲出在安庆的同伙，他回答说："革命党本多，在安庆实我一人。"联裕见他不吐真情，气急败坏地号叫起来："你知罪吗？明天就要剖开你的心肝啦！"徐锡麟听了，仰天大笑起来："这么说，恩铭已经死了。恩铭死，我的志愿已得报偿！我志既偿，即使碎我身为千万片，亦在所不惜，区区心肝，何屑顾及！你们怎么杀我都可以，但不可冤杀学生。"

当天晚上，徐锡麟被押上了安庆抚院门前的刑场。敌人问他临死前还有什么说的，他神色自若地说："功名富贵，非所快意，今日得此，死且不恨！"年仅34岁的徐锡麟无所畏惧、视死如归地倒在了反动派的屠刀下。

徐锡麟反清救国的义举和慷慨赴死的精神传遍了全国，临近末日的清王朝统治者吓得丢魂丧胆，而革命党人则备受激励，以徐锡麟为榜样，展开了更大规模的武装斗争。著名民主革命家章太炎为徐锡麟谱写了这样一首壮歌：

山阴徐君，生当其辰。
能执大义，以身救民。
手歼虏首，名声远闻。

民主革命诗人柳亚子对徐锡麟的壮烈牺牲也作诗哀悼：

慷慨告天下，灭虏志无渝。
长啸赴东市，剖心奚足辞！

陈天华敲响警世钟

20世纪初叶，一个昏睡数百年的古老民族终于醒来了，它抖擞精神，发出惊天动地的狮吼，逐渐崛起于世界的东方。我们永远忘不了那敲响警世洪钟、唤醒东方睡狮的人们。

1936年，毛泽东在陕北保安同美国记者埃德加·斯诺谈话时，回忆起少年时代思想上的发展，他说："在那个时期，我也开始有了一定的政治觉悟，特别是在读了一本关于瓜分中国的小册子以后，我现在还记得这本小册子的开头一句：'呜呼，中国其将亡矣！'这本书谈到了日本占领朝鲜、台湾的经过，谈到了越南、缅甸等地的宗主权的丧失。我读了以后，对国家的前途感到沮丧，开始意识到，国家兴亡，匹夫有责。"这本令毛泽东几十年后仍记忆犹新、对他以及当时的整整一代人产生过如此巨大影响的"小册子"，就是曾盛行一时的革命宣传品《警世钟》。这本书的作者，就是被誉为"革命党之大文豪"的杰出宣传鼓动家陈天华。

“猛睡狮，梦中醒，向天一吼！百兽惊，龙蛇走，魑魅（chī mèi）逃藏。……到那时，齐叫道：‘中华万岁！’才是我，大国民，气吐眉扬。”年轻的陈天华以自己的全部身心，奏出了悲壮激昂的爱国绝唱，敲响了震人心魄的警世洪钟……

（一）

陈天华原名显宿，字星台，号思黄，1875 年出生在湖南新化县下乐村一个贫寒的乡村小知识分子家庭。他母亲早逝，父亲是位落第秀才，父子俩相依为命。由于生活贫困，没钱上学，他幼年时曾替人放牛，或提篮做小买卖，空闲时才能随父亲读书识字。年少的陈天华勤奋好学，人也很聪颖，在刻苦自学的同时，他还特别喜爱民间流传的故事、唱词、小调，经常把它们背下来，自己模仿着编写大众化、口语化的顺口溜。

由于生活在社会下层，陈天华对清末人民大众的深重苦难体会极深，对列强侵略造成的民族屈辱反应强烈，心中渐渐萌发了将来改变时局、挽

陈天华著《警世钟》书影

救危亡、干一番大事业的理想。一次，他历经辛苦地到县城里去做小买卖，不但饱尝了富人的白眼，还遭到衙役的讹诈，这更激发了他起而反抗的决心。回来路过驿亭，他想起书中看到的英雄豪杰造反的故事，挥笔在墙上题写了一首抒发大志的“反诗”：“莫谓草庐无俊杰，须知山泽起英雄。”

21岁那年，陈天华父子搬进新化县城居住，仍然以做小贩为生。做生意之余，他常跑到县里资江书院去旁听。由于他学习刻苦，文章写得漂亮，院长十分喜欢，资助他正式入院就读。不久，他又以优异成绩考入提倡新学的新化求实学堂。在这所学堂里，陈天华如饥似渴地阅读有关新学的书刊，他不但喜欢西方的自然科学，尤其爱钻研西方历史、社会、政治方面的学问，经常和同学们讨论自由、平等、民主等问题，内心的救国济世志向越来越坚定。

从此时起，他开始动笔书写政论性文章，提出自己的社会见解，宣传自己的主张。在学堂作文比赛中，他一挥而就写了篇《述志》，短短一百多字，表达了自己主张政治改革的宏大志愿。文章写道：“大丈夫立功绝域，决胜疆场，如班定远、岳忠武之流。吾闻其语，未见其人。至若运筹帷幄，赞划庙堂，定变法之权衡，操时政之损益，自谓差有一日之长。不幸而布衣终老，名山著述，亦所愿也。至若徇时俗之所好，返素真之所行，与老学究争胜负于盈尺地，有死而已，不能为也！”文章的意思是说：有志气的忠勇之士可以在遥远的边防战场上杀敌立功，如同东汉名将班超、南宋英雄岳飞那样去做。至于说到制定战略战术，策划变法大计，领导政治改革，我以为自己在这方面还是有所长的。如果不幸上述目标不能实现，躲起来著书立说，也是我的愿望。要说是违背志向，随波逐流，与一帮迂腐之辈在科举取仕方面去争胜负，那我宁可去死也不愿去做。这篇志存高远、意气风发的短文被评为一等第一名，他那指点江山、投身政治斗争的爱国激情跃然纸上。在这前后，他的一些主张除旧革新的文章，还刊登在维新派的《湘报》上。

（二）

1903年春，陈天华由新化求实学堂资助，加入了当时有志青年纷纷出国留学的队伍，得以东渡日本。他就读的东京弘文学院，是一所专为中国留日学生举办的学校，校内思想活跃，爱国运动迭起。

入校不久，发生了进入我国东北同日军作战的俄国军队战后拒不撤走，妄图长期霸占我东三省的事件。陈天华义愤填膺，与同学黄兴等发起召开了中国留学生拒俄大会，愤怒声讨沙俄侵略行径。大会上，他痛切指出："东北三省的存亡，关系国家民族命运，决不可等闲视之。"并坚定地表示："宁为亡国死，不为亡国人。"会后，留学生们组织起拒俄义勇队，后改为军国民教育会，陈天华积极参加了这些活动，满腔热情地学习军事，参加操练，准备开赴东北与侵略者决战。

在拒俄运动的高潮中，陈天华发挥自己宣传鼓动的特长，连夜奋笔疾书，写作宣传革命、救国的文章。他曾咬破手指，写出几十封血书，邮寄给国内各学校和湖南同乡，以唤起人们的觉醒。他在书信中描述历史上亡国灭种的惨状和当前的民族危机，申明要"以保国为第一义，一人富贵为第二义"，呼吁"要革命的，这时可以革了，过了这时没有命了"，号召"万众一心，舍死向前"，不要等到敌人"断了我们的头再想起来反抗，那就晚了"。他还和留学生中的湖南老乡一起创办了《新湖南》杂志，刊登反清救国文章，向留学生及国内同乡开展革命鼓动。

1904年年初，陈天华和黄兴一道被留学生们推举为归国革命运动员，回到国内联络革命力量，准备开展反清武装斗争。他和黄兴等人在长沙成立了革命团体华兴会，确定以"驱除鞑虏，复兴中华"为政治纲领。他们四处奔走，发动群众，联络秘密民间组织会党，准备趁11月16日慈禧太后70岁生日那天举行武装暴动。由于事先走漏了风声，清政府大肆搜捕革

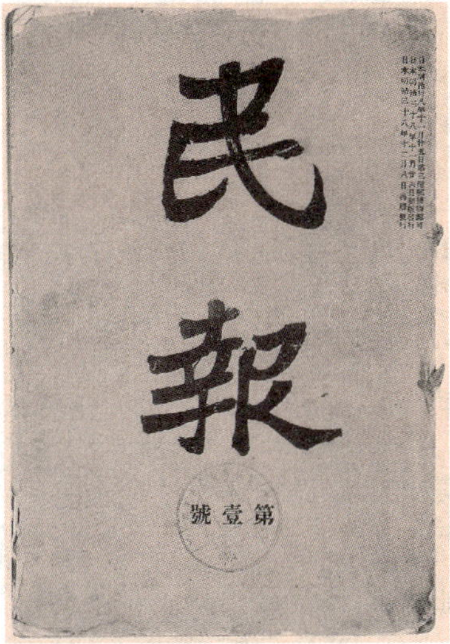

《民报》书影

命党人，起义无法按计划实行，陈天华被迫逃往上海。

在上海，陈天华又和黄兴等在租界里创办起启明译书局，一方面翻译出版介绍西方资产阶级革命的书刊，一方面继续秘密策划起义。后来，这个实际上是革命秘密机关的书局被外国巡捕发现，陈天华、黄兴等人受到监视，随时可能被捕。在这种情况下，其他人都决定转移躲避一下，唯独陈天华不肯离去。他说："事不成，国灭种亡等死耳，何用生为！"在朋友们的再三劝说下，他只好又流亡日本。

再次赴日以后，陈天华和华兴会战友宋教仁共同创办了《二十世纪之支那》杂志，继续开展革命宣传。1905 年 8 月，孙中山在东京将兴中会、光复会、华兴会等革命团体合并，成立了同盟会，陈天华是发起、筹备人之一，并担任了同盟会书记。他积极参与了同盟会会章和宣言的起草工作，后来又担任了同盟会机关报《民报》的经理和撰稿人，成为职业的革命宣传家。

（三）

作为革命宣传家，陈天华不但身体力行参加实际革命斗争，而且扛起思想理论的大旗，以笔做刀枪，无情地揭露敌人，广泛地教育群众。在紧张的斗争环境中，他经常夜以继日，发愤挥笔撰述。陈天华写作的特点，是思路清晰，感情充沛，文笔流畅，语言通俗。伏案写作时，他总是把自己带到文章的意境中去，经常是一边流泪一边奋笔疾书，内心的强烈感受很自然地凝聚成笔下惊心动魄的字句。短短几年间，他就写出了《猛回头》《警世钟》《狮子吼》《最近政见之评决》《国民必读》《论中国宜改行民主政体》等许多文章和小册子。其中，以1903年写成的《猛回头》《警世钟》两部作品最为著名，影响最广。

这两本小册子的中心内容，是鲜明生动地指明中国在帝国主义侵略下的危亡局势，唤起人们为改变这种局势而奋起斗争。

他在《警世钟》的篇头诗中写道：

长梦千年何日醒？睡乡谁遣警钟鸣？
腥风血雨难为我，好个江山忍送人！
万丈风潮大逼人，腥膻满地血如糜。
一腔无限同舟痛，献与同胞侧耳听。

他向“侧耳听”的同胞们，痛切陈述了危亡在即的形势，无情抨击了清王朝的反动统治。他说，列强“把我们十八省都划在那各国的势力范围内，丝毫也不准我们自由。中国的官府好像他的奴隶一般，中国的百姓好像他的牛马一样……我中国虽未曾瓜分，也就比瓜分差不多了”。他分析认为，列强之所以一时还未彻底瓜分是“因为国数多了，一时难得均分，并且中国地方宽得很，各国势力也有不及的地方，不如留住这满洲政府代他管领，他再管领满洲政府，岂不比瓜分便宜得多吗？”由此，他提醒同胞们说：“列位，你知道现在的朝廷仍是满洲的吗？多久是洋人的了！列位若还不信，请看近来朝廷所做的事，哪一件不是奉洋人的号令？……我们倘不把这个道理想清，事事依朝廷的，恐怕口虽说不甘做洋人的百姓，多久做了，尚不知信。”“我们要想拒洋人，只有讲革命独立，不能讲勤王。”“难道这洋人的朝廷也不该违抗么？”这样，他就把反帝与反清不可分的道理透彻明白地说了出来。

《警世钟》激励全国人民一致起来，“必须死死苦战，才能救得中国”。陈天华写道：“其实洋人也是一个人，我也是一个人，我怎么要怕他？……只要我全国皆兵，他就四面受敌，即有枪炮，也是寡不敌众。”“只要我人心不死，这中国万无可亡的理。”他号召同胞们：“洋兵若来，奉劝各人把胆子放大，全不要怕他。读书的放了笔，耕田的放了犁耙，做生意的放了职事，做手艺的放了器具，齐把刀子磨快，子弹上足，同饮一杯血酒，呼的呼，喊的喊，万众直前，杀那洋鬼子，杀投降那洋鬼子的二毛子！”

《猛回头》是陈天华呕心沥血写出的另一篇醒世力作，他以朗朗上口的唱词形式，从祖国的历史写到现状，列举帝国主义的侵略，哭诉亡国的哀痛，激发人们的爱国热忱，号召同胞们起来革命。

这部作品的引子写道：

大地沉沦几百秋，烽烟滚滚血横流。
伤心细数当时事，同种何人雪耻仇？

该作品热情讴歌了我们国家、民族的伟大、可爱：

拿鼓板，坐长街，高声大唱；

尊一声，众同胞，细听端详：
我中华，原是个，有名大国；
不比那，弹丸地，僻处偏方。
论方里，四千万，五洲无比；
论人口，四万万，世界谁当；
论物产，本个是，取之不尽；
论才智，也不让，东西两洋。

就是这样一个值得自豪的国家，自 17 世纪，特别是近代鸦片战争以来，却连遭帝国主义列强的践踏：

俄罗斯，自北方，包我三面；
英吉利，假通商，毒计中藏。
法兰西，占广州，窥伺黔桂；
德意志，领胶州，虎视东方。
新日本，取台湾，再图福建；
美利坚，也想要，割土分疆。

廖廖数笔，几句唱词，陈天华就形象逼真地讲清了中华民族面临的形势，并接着陈述了由此而来的沉重苦难：

痛只痛，割去地，万古不返；
痛只痛，所赔款，永世难偿。
痛只痛，东三省，又将割献；
痛只痛，法国兵，又到南方。
痛只痛，因通商，民空财尽；

痛只痛，失矿权，莫保糟糠。
痛只痛，办教案，人命如草；
痛只痛，修铁路，人扼我吭。
痛只痛，在租界，时遭凌践；
痛只痛，出外洋，日苦深汤。

陈天华主张，要仿效西方资产阶级革命的办法来振兴中国。

要学那，法兰西，改革弊政。
要学那，美利坚，离英自立。

他具体提出了革新图强的“十要”：除党见，同心同德；讲公德，有条有纲；重武备，能战能守；务实业，可富可强；兴学堂，教育普及；立演说，思想遍扬；兴女学，培植根本；禁缠足，敝俗矫匡；把洋烟，一点不吃；凡社会，概为改良。

在《猛回头》的末尾，陈天华充满激情地向当时思想麻木的人们，向还在昏睡沉沦的整个民族，发出了振聋发聩的呼喊：

猛睡狮，梦中醒，向天一吼；
百兽惊，龙蛇走，魑魅逃藏。
改条约，复政权，完全独立；
雪仇耻，驱外族，复我冠裳。
到那时，齐叫道：中华万岁！
才是我，大国民，气吐眉扬。
瓜剖豆分逼人来，同种沉沦剧可哀。
太息神州今去矣，劝君猛醒莫徘徊！

难能可贵的是，陈天华在坚决主张反侵略的同时，并不是采取盲目排外的偏激态度，而是主张“须知要拒外人，须要先学外人的长处”。他这里所提的长处，并不仅限于先进的科学技术，而是包括了高于封建专制统治的民主政治制度。他形象地提出：“国家譬如一只船。皇帝是一个舵工，官府是船上的水手，百姓是出资本的东家。……倘若舵工水手不能办事，东家一定要把这些舵工水手换了，另用一班人，才是道理。”他的先进的民主政治思想，在两年后发表的《论中国宜改行民主政体》一文中得到了完整的发挥。

陈天华的《猛回头》和《警世钟》从日本带到中国，立即在国内各阶层引起强烈反响。在革命团体和清朝新军中，在民间、会党和青年学生里，人们争相传诵。许多地方将它们翻印出来，大量发行。有的学校把它们作为课本发给学生阅读，还有些地方给它配上曲调，在城乡各处广泛演唱……他那对敌人切齿痛恨、对祖国无比热爱的真挚感情，通过浅显通俗、脍炙人口的语言文字传布于大江南北，神州大地上宛如震响了撼天动地的惊雷……陈天华为唤醒人民大众，振奋民族精神，迎接辛亥革命的到来，在理论上和舆论上做出了重要的贡献。

（四）

1905 年 8 月中国同盟会的成立和《民报》的创刊，使革命党人的反清复国斗争更加有组织，影响更加扩大，愈益严重地威胁着清政府的统治。为了扼杀以日本为主要基地的海外革命活动，清政府多次要求驱逐中国留日学生。12 月 2 日，日本文部省与清政府串通，颁布了《清国留学生取缔规则》，在广大留学生中激起了轩然大波。

8000 多名中国留日学生义愤填膺（yīng），接连举行大规模的抗议集会和罢课示威活动，反对日本政府的倒行逆施。陈天华对日方“剥我自由、侵我主权”的行为极为愤慨，积极参加了留学生们的斗争。但是，在持续逾一个月的斗争中，留学生中一些意志不坚定的人逐渐发生了动摇，表现出怯懦、畏缩的态度，主张停止斗争，遵守日方种种无理规定，以便继续忍辱留日。陈天华对留学生中出现的退让、妥协倾向极为不满，对斗争即将夭折忧心忡忡。为了激发大家的斗志，取得对敌斗争的胜利，他在强烈爱国责任心的驱使下，决定以死来抗争，以牺牲自己唤起依然沉睡不醒的同胞。

1905 年 12 月 7 日夜，满腔沉痛的陈天华心潮起伏，多年来郁积在心中的忧国忧民之情在胸中剧烈翻腾。他坐在灯下，伏案挥泪疾书，语重心长地写下了长达万言的《绝命辞》。8 日一早，他深情地目别了同伴，面朝西默默告别了祖国，然后神态自若地乘车来到波涛汹涌的大森海湾，纵身一跃，跳入茫茫的大海。

陈天华投海殉国后，《民报》刊登了他的遗像、《绝命辞》和悼念他的文章，人们感动得痛哭流涕，对这位以死来唤起民众的革命志士更加崇敬。

第二年夏天，陈天华的灵柩运回湖南，长沙各界一万多人手执白旗，低吟哀歌，将这位英雄安葬在岳麓山。

11 年后，代表新一代革命家的周恩来将要留学日本的时候，曾写诗抒怀：

大江歌罢掉头东，邃密群科济世穷。
面壁十年图破壁，难酬蹈海亦英雄。

这诗中的末一句，就是表达了对陈天华的崇敬之情。

陈天华在 20 世纪初敲响的警世洪钟，曾唤醒了千千万万的中国人投入为争取民族独立和社会进步的伟大斗争。他的钟声至今依然响在我们耳畔，他的爱国精神将与世长存。

铁血男儿林觉民

铁血男儿，也有父老兄弟、至爱亲朋；钢铁战士，也有血肉之躯、七情六欲。多少先烈在与敌人的斗争中抛家舍业，赴汤蹈火，宁死不屈，正是因为他们对亲人情意绵长，对同胞挚爱如火，对民族无比忠诚。炽烈的爱，与刻骨的恨；催人泪下的柔情，与肝肠似铁的坚定。这两方面结合在一起，为我们展现了一位可亲可敬、高尚纯洁的英雄……

1919 至 1920 年间广州各界公祭黄花岗七十二烈士墓

北京天安门广场东侧的中国革命博物馆里，陈列着一块写满了字的白布方巾。时光虽然给方巾染上了陈旧的黄色，上边的字迹却清晰可见。这是一位 100 多年前牺牲的革命先烈写给妻子的诀别书。书中那感情真挚、激昂悲壮的字句，催人泪下，感人肺腑。这封被誉为“革命党人至高尚纯洁之情书”的作者，就是著名的“黄花岗七十二烈士”之一的林觉民。

（一）

林觉民，字意洞，1887 年出生在福建闽县（今福州市）一个知识分子家庭。他自幼丧母，先随父亲识字读书，后来又在身为福建知名文士的叔父的指导下饱读诗书。少年时的林觉民聪慧异常，容貌英俊，十分招人喜爱。但是，他的性格却柔中带刚，思想也十分活跃，很有“离经叛道”的独立见解。12 岁那年，父亲强要他去参加秀才考试，林觉民对迂腐的科举制度和陈旧的经学不感兴趣，竟然在试卷上写下“少年不望万户侯”七个大字，退出考场。

1902 年，林觉民考入新式的福建高等学堂，开始接触民主革命思想。他课余经常阅读革命党人和进步人士主办、撰写的《苏报》《浙江潮》《湖南游学译编》及《警世钟》等进步书刊，愈益关心国家、民族命运，非常推崇平等、自由学说，逐渐确立起救国救民的革命志向。他时常和同学们在一起谈论国家形势、民族前途，每当提起帝国主义列强的侵略和清王朝

福州市林觉民故居

的腐败，他总是痛心疾首、万分感慨，激愤地表示：“中国非革命无以自强！”他为自己取号“抖飞”，以表明将来要抖翅高飞、投身革命的凌云壮志。

林觉民19岁那年结了婚，妻子陈意映是位美丽贤慧、很有见识的女子。他们婚后生有一子，取名依新，家庭生活甜蜜幸福。但是，林觉民并没有沉醉于安乐温馨的小家庭，他密切关注着时局，时时不忘广大人民的苦难，始终向往着投身到广阔的革命斗争战场上去。在省高等学堂毕业不久，结婚仅一年多的林觉民就毅然告别娇妻幼子，踏上了出国寻求救国真理的道路。

1907年，20岁的林觉民自费东渡日本，开始了留学生活。到日本后，他头一年攻读日文，第二年就进入庆应大学文科，学习哲学。本科之外，他还同时学习英语、德语。由于他学习勤奋，天资又聪明，很快掌握了三门外语。在刻苦学习的同时，林觉民以极大的热情参加了留日学生的爱国活动。他是革命团体中国同盟会的成员，也是留学生革命斗争的活跃分子。他经常出席留学生集会，敢于在各种意见的纷争中挺身而出，发表思想激进、热情洋溢的演讲，在同学中很有感召力。为了抵制保皇派改良主义思潮对留学生的影响，他还积极撰写、翻译主张革命的文章，加入与保皇派的论战。

在此期间，孙中山领导的同盟会在国内先后发动十多次武装起义，但都不幸失败，许多革命志士英勇牺牲。一天，又一次起义失败的消息传来，同学们聚到一起议论形势，大家心情沉重激愤，许多人伤心得痛哭起来。林觉民全身热血沸腾，禁不住拍案而起：“中国危殆至此，男儿死耳！奈何对泣耶？吾辈既以壮士自许，当仗剑而起，解决根本问题，则累卵之危，庶可挽救。嗟乎！凡有血气，宁忍坐视第二次亡国之惨状哉！”这段话的意思是说：中国到了生死存亡的危急关头，热血男儿无非以身殉国，光是哭又有什么用？我们大家平时既然自认为是爱国壮士，那就应当拿起武器，投入斗争，这才能挽救国家和人民。但凡怀有一腔热血的人，怎么能坐视国家沦亡呢！这一番慷慨激昂的话，既表明了他准备为国牺牲的决心，又鼓舞了同学们的革命斗志，令在场的人非常感动。

（二）

1911 年春，同盟会决定拿出破釜沉舟、誓不反顾的决心，抽调各地革命骨干，在广州发动一次大规模的武装起义，争取给清政府以致命的打击。林觉民被选中参加这次起义，他立即动身，赶往香港。负责领导这次起义的同盟会领袖黄兴见到他来了，非常高兴，说：“意洞来，天赞我也！运筹帷幄，何可一日无君？”他们在一起仔细商定了起义的具体实施计划后，林觉民又匆匆返回故乡，召集在福建的革命志士向广州集中，准备参加起义。

林觉民和家乡一别三年，这次事先毫无音讯地突然回国，家里人都喜出望外。游子归来，久别重逢，父亲盼着和儿子把酒对酌，好好聚谈一番。妻子盼着与丈夫长相厮守，共享天伦之乐。可是林觉民却心事重重，格外繁忙。父亲和妻子一再打听这次回来的原因，林觉民很想把真实目的告诉亲人，可他又不忍心让亲人为自己担忧，只好推说是陪日本同学来中国游览。在福建各地奔忙了若干天，一批革命同志在他的动员、组织下陆续南下，他也告别亲人动身赶往香港。即将投身一场随时可能牺牲的伟大斗争，却不能向亲人道出真情，留下遗嘱，林觉民强忍内心的痛苦，神态自若地离开了家。

来到香港，他立即投入了接应起义战友的工作。起义前的准备工作，既紧张又繁忙。但是，在紧张、繁忙之余，林觉民心中牵挂着年迈的父亲和继母，更牵挂着年轻的妻子和还不懂事的幼子，他不忍离亲人而去。然而，一想到多年来的革命志向，想到即将迎来的伟大起义，他精神振奋、热血沸腾，心中充满无限豪情。他向战友吐露心曲说：“此举若败，死者必多，定能感动同胞。今日同胞，并非不知道革命是救国的唯一途径，不可再拖延下去了，只不过许多人是畏首畏尾，没能断绝家庭的情爱罢了。

林觉民在革命演说中

就拿我来说吧，家里难道不是也有龙钟老父、庶母幼弟、少妇稚儿吗？想到要去从容就死，怎能不心如刀绞，肝肠寸断？木石有知，也应为我落泪，何况是人呢！再看各位，家族境况，都差不多，甚至还有自己死后父母兄弟妻子要生活无着、受冻挨饿的。所以说，如果我辈死了，同胞们还不觉醒，那是我决不相信的。倘若同胞们一旦尽奋而起，克复神州，复兴祖国，那么我辈虽死之日，犹生之年也，这还有什么可遗憾的呢？”这字字千钧、慷慨悲壮的话语，充分显示了林觉民的爱国热忱。

（三）

1911 年 4 月 24 日，广州起义已经进入一触即发的最后读秒阶段，林觉民第二天就要带领新赶到的一批起义人员潜往起义阵地。这天晚上，他非常激动。多少年来，讴歌、向往革命，立志为国献身，如今革命的风暴就要卷起，而自己也将实现夙愿了，他思绪万千，心潮起伏。

夜深了，人静了，四外黑漆漆的，林觉民披衣坐在窗前，心中有无数的话想向亲人倾诉。他挑灯研墨，铺开洁白的手帕，流着热泪分别给父亲和妻子写下了绝笔书。

他给父亲的信是这样写的：

不孝儿觉民叩禀父亲大人：

儿死矣，唯累大人吃苦，弟妹缺衣食耳；然大有补于全国同胞也。大罪乞恕之。

在给妻子陈意映的《与妻书》上，林觉民婉转千余言，把对妻子、儿子的感情和捐躯报国的激情融为一体，感人至深：

意映卿卿如晤：

吾今以此书与汝永别矣！吾作此书时，尚是世中一人；汝看此书时，吾已成为阴间一鬼。吾作此书，泪珠和笔墨齐下，不能竟书而欲搁笔……

想起夫妻之间的感情，林觉民肝肠欲摧。但是，比个人幸福更重要的是天下人的幸福，为天下人的幸福而牺牲个人幸福，是高尚的。他告诉妻子说：

吾至爱汝！即此爱汝一念，使吾勇于就死也。吾自遇汝以来，常愿天下有情人都成眷属。然遍地腥云，满街狼犬，称心快意，几家能够？……吾充吾爱汝之心，助天下人爱其所爱，所以敢先汝而死，不顾汝也。汝体吾此心，于啼泣之余，亦以天下人为念，当亦乐牺牲吾身与汝身之福利，为天下人谋永福也。

绝笔书中，林觉民还满腔悲愤地控诉了当时社会的黑暗，阐明个人幸福与国家命运休戚相关的道理，表示了义无反顾的决心：

吾诚愿与汝相守以死。第以今日事势观之，天灾可以死，盗贼可以死，瓜分之日可以死，奸官污吏虐民可以死。吾辈处今日之中国，国中无地无时不可以死……天下之人，不当死而死，与不愿离而离者，不可数计，钟情如我辈者，能忍之乎？此吾所以敢率性就死，不顾汝也。……吾今死无余憾，国事成不成，自有同志者在。

在这最后诀别之际，他又想到了5岁的儿子，还有怀孕的妻子肚子里的孩子，对他们寄予深切的期望：

依新已五岁，转眼成人，汝其善抚之，使之肖我。汝腹中之物，吾疑其女也，女必像汝，吾心甚慰；又或是男，则亦教其以父志为志，则我死后，尚有二意洞在也。甚幸！甚幸！

林觉民泪流满面，挥笔疾书，一直写到第二天拂晓。天亮了，就要带领起义队伍出发了，他郑重地把信托付给一位朋友，请这位朋友在他牺牲后将信转交给远在福州的亲人。

（四）

4月27日，著名的广州起义爆发。林觉民率领敢死队的百余名福建战友挺进广州城，于下午5点开始进攻两广总督衙门。他怀着必死的决心，冒着守军射来的枪林弹雨，率先冲进衙门，但是，清政府的两广总督张鸣岐已经趁乱逃跑。林觉民等放火烧了衙门，又向东辕门外追去，随即与赶来增援、镇压的大队清军相遇，双方展开了激烈的巷战。敌人越聚越多，而革命党人则孤立无援，很快被清军包围了。身处绝境，林觉民沉着坚定，奋勇当先，与敌人展开对射。在惊心动魄的枪战中，林觉民击毙敌人多名，最后因弹尽援绝，受伤被俘。

林觉民身戴脚镣手铐，被押上水师提督衙门的大堂，两广总督张鸣岐亲自审问他。林觉民挺立在大堂之上，脸上毫无惧色，发表了此生的最后一次演讲。他双目怒视，捶胸顿足，纵论天下大势，评析中国时局，宣传共和革命。说到恨处，他咬牙切齿；说到快处，他开怀大笑。他正气磅礴地宣称：“献身共和，革除暴政，建立共和，能使将来国家富强，人民安乐，吾死也瞑目矣！”林觉民超群的才识、胆略、气魄，令张鸣岐惊得目瞪口呆，他感叹道：“林觉民面貌如玉，肝肠如铁，心地光明如雪，真算得奇男子。这样好的人才，留给革命党，为虎添翼，那还了得！”于是，下令处死林觉民。

林觉民被关押了两天，他粒米不进，头也不低，只盼一死。刑场上，他神态自若，昂首挺胸，深情地环顾祖国的大好河山，默默地向同胞和亲人告别，面带微笑地迎接了死亡……

他的遗骸，后来与这次起义中死难的其他烈士一起，被合葬在广州城东北角的黄花岗，成为著名的“黄花岗七十二烈士”之一。一年以后，在南京举行的纪念黄花岗起义的大会上，辛亥革命的军事领袖黄兴特别提起林觉民的革命觉悟“科学程度极其高深”，称赞他：“其眼光之远大，就义之从容，有如此者！”

烈士的鲜血没有白流。半年以后，武昌起义爆发，清王朝被推翻了。林觉民大无畏的英雄气概，激励、唤醒了千千万万的人；他那感人至深的绝笔书，至今为人们传诵，那种抛弃一己幸福、为天下人谋永福的高尚情操，将永远教育、启迪着一代代青年人。

志在中华腾飞的冯如

“我不能忘记祖国，我愿把自己的才能贡献给祖国。”100多年前，一位在世界航空史上取得了开创性成就的中国人所说的这句话，道出了无数中华英才的共同心声。他们所做的一切，正是为了中华的腾飞。

1909年9月21日，大洋彼岸的美国旧金山奥克兰郊外的一块空地上，成群的华侨和当地的美国人瞪大眼睛，好奇地观望着一只停在地上的“大鸟”，紧张地议论着这只“大鸟”能不能飞起来。不一会儿，只见一名黑头发、黑眼睛、黄皮肤的中国青年，神色刚毅地骑上“大鸟”身，向“大鸟”旁站立的几名中国助手发出号令。顿时，“大鸟”轰鸣起来，沿着草皮跑道颠簸着向前移动，速度越来越快。忽然，“大鸟”头一昂，平伸双翅，离地而起，盘旋着飞上蓝天。

这是继1903年美国的莱特兄弟进行人类首次机械飞行后的又一次航空壮举。制造并驾驶这只“大鸟”展翅飞翔的，就是中国的第一位飞机制造家、飞行家冯如。

冯如像

（一）

冯如原名冯九如，字鼎三，1883年出生在广东恩平县杏圃村一个贫苦农民家庭。他自幼聪明异常，学习刻苦，父母节衣缩食供他在乡村读了小学。少年的冯如，就显示出动手制作新奇物件的才能。他经常模仿机械式样做出各种模型，特别是用火柴盒粘贴出的小轮船，非常逼真，备受乡亲们的称赞。

恩平县是广东著名的侨乡，当地百姓为了摆脱生活的厄运，许多人背井离乡到异国谋生。12岁那年，冯如的一位舅舅从海外归国，见他聪明伶俐，就想带他出外营生。可是，由于冯如是家中最小的孩子，他的四个哥哥又都已死于饥荒和瘟疫，爸爸妈妈怎么也不舍得让他离开。幼小的冯如则不以为然，他坚定地对父母说："大丈夫以四海为家，株守乡隅，非所愿也。儿行矣，勿以我为念！"于是，他终于离开家乡，远涉重洋，来到了大洋彼岸的美国旧金山。

在华侨乡亲的帮助下，冯如进入一家基督教会，当上了勤杂工。他人地生疏，年龄又小，生活十分艰难。每天做工十几个小时，晚上他还自学英语。在逆境中，冯如养成了顽强、坚毅的性格，他的英语水平也得到迅速提高，不久便不仅能听能讲，而且还能阅读英文书籍了。在新兴的资本主义国家美国生活，冯如目睹了繁荣的经济和精巧的工艺，深感国家要想富强，必须发展工业，特别是发展机器制造业。从此，他立下了学习工程技术、振兴国内工业、改变祖国贫穷落后面貌的决心。

经过几年的周折、努力，他终于在纽约的一家工厂里找到了工作。从此，他一面做工，一面学习，不仅虚心向师傅学技术，学各种机器的操作，而且利用工余时间攻读数理化和其他技术书籍。几年以后，冯如掌握了复杂的机械制造技术，在电学、力学、光学等方面，也打下了坚实的基础。在纽约做工期间，他除了熟练地掌握了 30 多种机器的原理和制造技术以外，还自己动手发明了抽水机、打桩机，并且制造出了无线电发报机，使之达到能收能发，电码准确性很高，以至于许多美国人争相向他定购。

（二）

正当冯如潜心于各种机器的制造和发明的时候，美国俄亥俄州一对姓莱特的兄弟，在自己开办的自行车作坊里发明制造了一种装有翅膀的“机器”。1903 年 12 月 17 日，莱特兄弟分别驾驶这架原始的机械动力飞行器，成功地飞离地面，揭开了世界航空史的第一页。飞机的发明，轰动了全美国，更深深吸引了醉心于新式机器的冯如。千百年来，人类总是羡慕地望着鸟儿，梦想给自己也插上一双翅膀，到辽阔的天空中去自由地翱翔。如今，这一梦想终于实现了。飞机可以不受地形限制，随意跨越高山大川，速度又远超过其他交通工具，其用途非常广泛，前景必定十分远大。冯如开始把兴趣转向了飞机制造业。

1904年，日俄战争爆发了，为了争夺中国的地盘，日本和沙俄军队在我国东北展开厮杀。身在海外的冯如，心中却关切着祖国、人民的安危。在旅美侨胞议论如何救助祖国的时候，冯如毅然提出：为祖国造飞机！同伴们一时无法理解，冯如解释说："这并非我突发奇想。古人说，天下兴亡，匹夫有责。我们每个华侨，都应该以自己的一技之长为祖国效力。现今日俄战争大不利于中国，必须加强军事，而飞机正是军事上万不可缺之物。与其耗资百万去造一艘军舰，还不如用这笔钱来造几百架飞机。倘若中国有了千百架飞机，分别守护住各地港口要塞，列强怎么敢再打进来？"他决心已定，立志试制出飞机，使之"成一绝艺，以归飨祖国"，并发誓说："苟无成，吾宁死。"

1906年，23岁的冯如从纽约回到华侨聚居的旧金山，着手筹划造飞机。他收三位来自广东的同乡朱竹泉、朱兆槐、司徒璧为徒弟，四人白手起家干了起来。没有资料，他们就分头跑到各图书馆和书店去查阅搜集；没有资金，他们以"壮国体，挽利权"为口号向当地华侨发出集资倡议。他们把搜集来的有关滑翔机的各种资料贴满了房间，反复对比，博采众长，设计出自己的飞机式样，并且先用木头造出模型。为了按模型制出飞机，他们用筹集来的1000美元，在旧金山附近的奥克兰租下一间厂房，作为自己的"飞机工厂"。

1907年9月，冯如开始投入试制工作。买材料，加工零件，组装机械……方案推翻了一个又一个，零件加工了又修改，组装试验了一回又一回。经过半年多的努力，他们终于在第二年4月造出了第一架飞机。这是一架以莱特式飞机为蓝本的双翼飞机，它有着书架式的大大的双层翅膀，飞机的升降舵伸展在前方，而推动飞机前进的螺旋桨却安在翅膀后边。怀着既兴奋又忐忑不安的心情，他们把飞机运到附近的空地上试飞。可惜，飞机在地面上歪歪斜斜地跑了一段，还没有飞起来就散架了。更不幸的是，奥克兰的厂房也不慎失火，许多机器设备化为灰烬。面对沉重的打击，冯如并不灰心，他带领伙伴们支起简陋的工棚，继续改进、试制。1909 年初，他们又造出了第二架飞机，遗憾的是，试飞时，这架飞机只离地飞了十几米远就掉下来撞毁，坐在飞机上的冯如侥幸死里逃生。接连而至的失败，使集资的股东们不愿再掏钱，助手们也开始动摇。这时，已经分别十几年的父母思子心切，接连来信催促冯如回国。怎么办？是激流勇退还是知难而进？冯如坚定地选择了后者。他把助手们召集在一起，鼓励大家说："试飞虽然又失败了，但我们应该看到取得的进步，我们毕竟是已经从飞不起来达到开始飞起来了。只要大家继续努力，咱们早晚总会成功的。别说我没有摔坏，就是摔死了，大家也要鼓足勇气继续干下去，决不可功亏一篑！"他当场向同伴们表示："飞机不成，誓不返国！"

冯如带着助手们又全身心地投入了新的研制工作。资金不足了，他带头掏出自己的全部积蓄，大家也凑出最后的一点钱，宁肯连饭也吃不饱，含辛茹苦地继续试验。为什么飞机起飞后又掉了下来？冯如一个环节一个环节苦苦地思索着。他断定，是飞机的平衡和操纵方面有问题。那么，怎么样才能使之飞行平稳、操纵合理呢？他躺在草地上，仰望天空，陷入沉思。忽然，视野里出现了一只雄鹰，它展开双翼，迎着气流，自由地盘旋、俯冲、滑翔。冯如眼睛一亮，紧盯着老鹰翅膀、尾巴的动作，顿时兴奋起来。他跑去向邻居借来一只鸽子，细细地测量它身体各部分的比例，反复观察它的飞行动作，受到极大启发。他高兴地对助手宣布："今后，咱们的飞机可以飞了！"

几个月后，一架按照新的设计制造的飞机问世了。

（三）

1909 年 9 月 21 日，冯如驾驶着这架从机翼、升降舵、方向舵、螺旋桨到发动机全都是自己制造的飞机，顺利地飞上了蓝天。飞机总共飞行了

804.7米(2640英尺),大大超过莱特兄弟1903年首次飞行创下的259.4米(851英尺)的纪录。这是中国人首次成功制造飞机，也是中国人首次乘坐机械飞行器飞上天空，它揭开了中国航空史的第一页。9月23日，《加利福尼亚美国人民报》以《中国人的航空技术超过西方》为题，报道了这次试飞的壮举。冯如用他的成就为中华民族争了光。

冯如的创举极大地鼓舞了旅美华侨的爱国热情，赢得了他们对航空事业的信心。冯如不失时机地发出倡议：共同集资创办中国首家飞机制造公司。爱国华侨踊跃投资入股。一个月后，广东制造机器公司(后改名为广东飞行机器公司)正式成立，冯如担任公司总机械师。

带着广大侨胞的热情嘱托与期望，怀着为国增光争气的坚定决心，冯如以更大的热情投入新的研制工作。他把原来的莱特式飞机进行大胆的改革：将螺旋桨移到了机翼的前边，把原来伸在前边的升降舵改放到后部，和方向舵结合在一起构成尾翼。这样一架与现代飞机外形基本相同的先进飞机诞生了。这架新飞机一试飞，就表现出良好的稳定性和持续飞行性能。正在美国从事革命活动的孙中山特意观看了冯如的试飞表演，极为高兴地赞誉他说：“吾国大有人矣！”

冯如和他的飞机

1910 年 10 月，国际飞行协会在旧金山举办飞行竞赛大会，冯如带着自己经过进一步改进的又一架新飞机参加了比赛。这是一架翼展 9 米、装有 30 马力活塞式内燃发动机的双翼飞机。冯如驾驶这架飞机，风驰电掣般地飞上天空，呼啸着掠过机场，一转眼就消逝在天边。比赛结束，冯如创时速 104．6 公里 (65 英里)、航程 32 公里 (20 英里)、高度 210 米 (689 英尺) 的纪录，以优异的成绩获得第一名。冯如精湛的驾驶技术博得高度评价，获国际飞行协会颁发的优等证书。冯如的这次飞行，在飞行速度和飞行高度方面，都打破了 1909 年 8 月在法国举行的首届国际飞行比赛时创造的世界纪录 (速度每小时 47．2 英里，高度 508 英尺)。

比赛结束后，各国报纸纷纷报道，冯如名声大震。美国有的飞机公司找上门来，想高薪雇他为设计师；有的航空公司想重金聘请他当飞行技术教练。但是，冯如一心想把自己的成就献给祖国。他说：“我不能忘记祖国，我希望把自己的才能贡献给祖国 !”

(四)

1911 年初春，冯如怀着一颗赤子之心，偕同 3 名主要助手，带着两架飞机和部分机器设备，乘船回到了祖国。

回到广州不久，那里就发生了革命党人黄兴领导的广州起义。冯如同情革命，不满清政府的残酷镇压。当时的两广总督张鸣岐极力拉拢冯如，想任命他为清政府的高官，冯如表示做官“非吾志也”，拒绝接受。他在广州郊区找了一块地方，埋头在广东飞行机器公司的创建工作，继续研制飞机。

孙中山领导的辛亥革命爆发后，冯如毅然投身革命。广州光复后，他被广东革命军政府任命为飞行队长，他的助手也被任命为飞行次长和飞行员。他们维修好从美国带回的飞机，组织起北伐飞行侦察队，准备随军参战，后来由于“南北统一”，他的愿望没能实现。

从当年立志试制飞机起，冯如就怀抱“航空救国”的宏愿。如今，清王朝被推翻了，各项建国事业百业待兴，他决心为发展中国的航空事业大展宏图。为了开发民智，提高民族自信心，唤起各界对航空事业的重视与支持，冯如决定进行一次飞行表演。1912 年 8 月 25 日，经广东革命军政府批准，飞行表演在广州市郊的燕塘操场举行。

表演前，身着飞行服的冯如先向来宾介绍了有关飞机性能和用途的知识，然后登机示范。飞机在燕塘操场上腾空而起，很快升至几十米的空中。冯如驾机先朝东南方向飞去，灵活地绕着瘦狗岭飞行了一圈，掉头往回飞来。地面上，所有的人都抬头仰望，鼓掌挥手，欢呼不止。终于能够驾驶着自己造的飞机，在祖国的天空中翱翔了，冯如心潮澎湃，兴奋异常！他猛拉操纵杆，想继续升高，飞机姿态一变，昂头向上冲去。但是，由于机身的仰角过大，发动机的马力又不足，飞机刚冲到半空，速度骤然下降，飞机失去平衡，旋即失控坠落。坠地后，冯如头、胸、腿部都受重伤。等到救护人员赶到，他已是奄奄一息了。

弥留之际，他念念不忘祖国的航空事业，嘱咐助手说：“我死后，你们千万不要因此失去进取之心……”话音未落，这位年仅 29 岁的卓越飞机制造家、飞行家就闭上了眼睛。

为了纪念这位一生酷爱科学、为开创中国航空事业建立了殊勋的飞行先驱，广东革命军政府决定“从优照少将阵亡例”给予抚恤。依照孙中山先生的嘱咐，他的遗体被安葬在黄花岗七十二烈士墓的左侧，永远接受后人的敬仰。

詹天佑自强不息

明末清初以来，曾经有过经济、文化发展辉煌历史的中国，在激烈的国际角逐中逐渐落后了。但是，不甘落后、自强不息的顽强精神，却从来没有从我们民族身上消失。这种宝贵的民族精神，激励了多少志士仁人奋起直追，毕生奋斗，为国争光。

中国人民银行为纪念詹天佑诞辰发行的纪念银币

中外宾客来到北京，很少有不去参观、游览长城的；而行至八达岭长城脚下，人们总要经过一个小小的火车站——青龙桥。就在这个车站的站台上，巍然矗立着一尊引人注目的铜像。他，就是我国近代科技界的先驱、杰出的爱国工程师詹天佑。100 多年前，詹天佑主持完成了第一条由中国人自己修筑的铁路，大长了中华民族的志气，为中国铁路建筑史写下了光辉的一页。

容闳（hóng）先生被誉为中国留学生之父

（一）

詹天佑字眷诚，1861 年 4 月 26 日出生在广东南海县一个没落的茶叶商人家庭。他生活在鸦片战争以后帝国主义加紧入侵、中国日益破败的年代，小小年纪便萌发出长大为国争光、抵御洋人凌辱的念头。七八岁的时候，他进入私塾读书，可是陈腐的四书五经提不起他的兴趣，他最大的爱好是用泥巴捏小机器，用木棍架小桥，还喜欢把家里的“自鸣钟”偷偷地拆开，又一个零件一个零件地重新组装上。

1871 年，中国第一代留学生、近代留学事业的开创者容闳（hóng）征得清政府同意，来到上海、香港招收少年儿童赴美留学。经一位在香港工作的前辈同乡的介绍，虚岁 12 岁的詹天佑顺利地通过了“幼童出洋预备班”的入学考试。儿子考取了“洋翰林”，父亲詹兴洪又喜又忧：喜的是这孩子聪明颖悟，对机器有浓厚的兴趣，出洋留学后或许可以学得报国的真本事；忧的是年纪如此幼小的爱子就要远走他乡，一切听从天命……想来想去，为了孩子的前程，詹兴洪咬咬牙写下了“具结书”——

具结人詹兴洪今与具结事，兹有子天佑情愿送赴宪局带往花旗国肄业。学习机艺回来之日，听从中国差遣，不得在外国逗留生理。倘有疾病生死，各安天命……

1872年8月，詹天佑同第一批30名幼童一起，从上海登上轮船，漂洋过海来到了美国。他们从旧金山上岸，乘火车横穿美洲大陆，来到美国东北部马萨诸塞州的斯普林菲尔德城，先集中在中国留学生办事处学习英语。詹天佑学习非常刻苦，仅一年多时间，他已能直接听美国老师讲课，于是进入康涅狄格州的纽黑文小学学习。两年后，他又考入纽黑文中学。轮船、火车、蒸汽机、电报……这些新颖奇特、闻所未闻的事物，强烈地刺激着他的求知欲；物理、化学、数学、生物……这些奥妙无穷的全新学科，吸引着他如饥似渴地遨游在知识的海洋。1878年，詹天佑以优异的成绩中学毕业。下一步攻读什么专业？面对美国当时四通八达、总长度已超过10万公里的铁路交通，对比国内还停留在依靠马车、骆驼乃至人力的落后交通状况，他立志学习铁路工程技术，将来回国修筑自己的铁路，建设现代化的中国。经考试，詹天佑进入了当年容闳读过的耶鲁大学，就读于土木工程系，专攻铁路工程专业。经过几年刻苦学习，他以数学考试全校第一、论文被评为A等的成绩，获得学士学位，从耶鲁大学毕业。

容闳对詹天佑非常器重，原打算送他和几位成绩优异的学生到美国陆海军官学校继续深造，但是美国国务院官员轻蔑地予以回绝。美国官方的歧视与偏见，愈加激发了詹天佑的民族自尊心和自强不息的精神。1881年7月，从耶鲁大学毕业刚一个月，年仅20岁的詹天佑就怀着报效祖国的雄心壮志，束装踏上了归国的旅途。

（二）

“中国的铁路啊……”站在回国轮船甲板上的詹天佑，眼望浩渺的大洋，心早已飞回离别了9年的祖国。胸中的抱负就要实现了，他悄悄地呼唤着中国的铁路，默默地在心中的祖国地图上画着一条条铁路线。

但是，詹天佑哪里知道，国内等待他的并不是因材而用，而是被置之一旁，坐冷板凳。他和归国留学生们赶往天津北洋大臣衙门报到后，竟被用非所学地分配去福建水师学堂。

原来，腐朽没落的清政府对于修铁路既无热情，对本国的人才也毫不信任。说来好笑，早在1865年，有位外国商人在北京永定门外修了一条长约1公里的小铁路，小火车一跑，这可吓坏了封建遗老遗少们，以为是出了妖怪，惊扰了祖坟。风波一直闹进皇宫，最后由清政府出面，下令拆毁了铁路。1876年，英国怡和洋行又修筑了一条从上海市区通往吴淞的15公里长的轻便铁路，清政府从极端守旧的观点出发，以28.5万两白银买下这条铁路，然后把它全部拆毁。直到1881年，李鸿章办的开平矿务局为了向外运煤，这才修筑了从唐山到胥各庄总共不足20公里长的铁路，但勘测、设计、施工全部交给外国人主持。

詹天佑怀才不遇，遭受冷遇，心中自然十分难过，但他并不灰心颓丧。来到福建水师学堂，他又拿出过去学铁路工程的劲头，刻苦学习船舶驾驶技术。半年多后，他以考核第一名的成绩从水师学堂毕业，被派到福建水师的扬武号轻型巡洋舰上担任了驾驶官。

1884年，中法战争爆发，法国东洋舰队的13艘兵舰在进攻台湾失利后，闯进闽江口，逼近马尾港，向福建水师挑战。当时，福建水师有11艘军舰停泊在马尾港，但指挥水师的清政府船政大臣何如璋奉行求和方针，“严谕水师不准先行开炮，违者虽胜亦斩”。后来，法军已经正式通知定期开战，他竟然不通报中国舰队，还想一味拖延、求和。所以，当8月22日下午法国舰队大炮齐发的时候，福建水师这才仓促起锚应战，陷入极端不利的境地。

詹天佑所在的扬武号是福建水师的旗舰，一开始就遭到法国多艘军舰的围攻，指挥官张成跳水逃跑。面对危急情况，舰上200多名爱国官兵奋起顽强抵抗。詹天佑驾驶战舰加速前进，配合射手连连向敌舰发炮还击，直至击中法国旗舰的司令台，炸伤法军舰队司令。经过5个多小时的鏖战，扬武号寡不敌众，不幸在闽江口外被击沉，福建水师全军覆没。当时，英商在上海出版的英文日报《字林西报》在报道这场战斗时曾称赞道：“西方人没料到中国人竟这样勇敢顽强。扬武号上的归国留学生詹天佑表现突出，他在强敌面前毫无惧色，而且在生死存亡关头镇定如常，勇敢地从水中救起多人……”

詹天佑在福建、广东的海军里用非所学地度过了7年，无论在哪个岗位上，他都以自强不息的精神尽力干好本职工作，同时盼望着中国人自己修铁路的那一天早日到来。

（三）

1887年，中国铁路公司在天津成立。第二年，经留美同学推荐，詹天佑动身北上应聘进入公司，成为中国第一名铁路工程师。

他满以为可以大显身手了，可是到了天津以后才知道，这家名为官督商办的公司，不仅经费被外国银行控制，而且主持工程施工的也是外国工程师，自己只能当外籍工程师的助手。他不计较个人的地位，立即深入铁路施工现场。当时，正在修筑唐山到天津铁路的天津—塘沽段。詹天佑到了工地，具体指挥铺轨工程。整整80天，他吃在工地，睡在工地，白天和工人们一起施工，现场解决技术问题，晚上还要研究工程进度、部署施工计划，终于圆满、如期完成了铺轨工程。

1892 年，当唐津铁路向山海关延伸，修到唐山、秦皇岛之间的滦河岸边时，工程遇到了难题。架设滦河铁桥，是一笔大有油水可捞的生意。英籍总工程师金达把工程包给英国工程师科克斯的工程队。滦河河底淤泥很深，科克斯草草钻探了一下河床，就开始架桥打桩，结果在急流面前干不下去了。科克斯无计可施，又转请一位日本工程师来当技术指导。这个日本人指挥工人勉强打下去几根桩，可是在淤泥中立不牢。科克斯又向一位德国工程师求救，这位德国人改用“空气打桩法”施工，结果也失败了。眼看工期日紧，走投无路，金达只得请一向不被他看重的詹天佑来试一试。

詹天佑认真分析外国工程师失败的原因，重新研究滦河河床的地质资料，并沿着滦河两岸仔细勘测河流的水文条件。经过周密的调查研究，他重新选定桥址，改变原来的施工方法，采用崭新的“压气沉箱法”建造桥墩。

所谓压气沉箱法，就是在施工时先将一个上面封顶、下边开口的大型箱形结构沉入水底，利用箱内的压缩空气阻止淤泥中的地下水冒出，便于在河床底部挖掘桥墩的基础坑。在清除了厚厚的淤泥后，詹天佑又采用机器打桩的方法，终于将一根根桥桩深深地钉进了地下岩层中。

经过近一年的紧张施工，这座外国工程师没能修成的大桥，终于在詹天佑的指导下建造成功了。660 米长的滦河大铁桥雄踞于滦河之上，大长了中国工程技术人员和工人的志气。詹天佑在中国铁路建设史上首次成功地采用了先进的压气沉箱法施工技术，显示了中国工程技术人员的聪明才智。从此，詹天佑的名声远扬海外，连权威的英国工程研究会也推选他为会员。

（四）

詹天佑一生参加过许多条铁路的建设工作，但他最大的贡献和最光辉

詹天佑主持修建京张铁路

的成就，体现在成功地修建了京张铁路。

京张铁路从北京通往北方军事重镇张家口，虽然全长仅200公里，但必须穿过险峻的燕山山脉，沿途山高谷深，工程极其艰巨。1905年，当清政府在国内人民的强烈要求下宣布京张铁路将由中国人自己建造时，那些一心抢夺我国铁路修筑权的外国公司纷纷讥笑：“中国会修这条铁路的工程师还没生出来呢！”“中国人要想自己修铁路，至少也得五十年！”就连国内也有人说，修这条铁路是“自不量力”“白费钱财”……

面对巨大的困难和冷嘲热讽，詹天佑说：“中国地大物博，连修一条铁路都必须借助外国人，这是耻辱！”他不顾旁人的劝阻与反对，毅然接受了京张铁路建设总工程师的重任。在一封写给美国老师的信中，他表示了自己的坚定决心与信念：“中国已经醒了，我们要用自己的工程师和自己的钱来修筑铁路。此刻，我是站在最前线的中国工程师，中外人士都在注视着我所主持的京张铁路工程，它必须成功。如果工程失败的话，不但是我个人的不幸，中国工程师的不幸，同时也将是我的祖国的不幸。”怀着志在必成、为国争光的信念，他投入了铁路建设的前期工作。

他对英国人金达预定的路线并不满意，决心勘测出一条更理想的路线。他带着几名学生和助手，从丰台的东柳村测起，经广安门、西直门、清河、沙河直奔南口。进入山区了，詹天佑身背标杆和仪器，在一条条山沟里探索，亲自爬上悬崖峭壁选点制图，还多方访问当地的百姓。骑着小毛驴在崎岖的燕山深处奔波了几个月，他先后勘查出三条线路，最后确定了一条最佳路线。这条路线比起金达的原方案，仅隧道就减少2000多米，可节省大笔费用。

1905年8月，京张铁路破土动工。12月12日，詹天佑抡起大锤，在丰台起点处钉下了第一节钢轨的第一根道钉。1906年9月，铁路穿过南口，进入艰险的八达岭地段。詹天佑把总工程师办公处移到南口，把自己的家也搬到了工地上。

铁路进山后，地势陡然升高，坡度越来越大，而且沟谷越来越狭窄，国外教科书上利用螺旋形或S形路线减小线路坡度的办法，在这里都不适用。詹天佑敢于打破框框，别出心裁地设计出“之”字形的折返路线。从青龙桥起，沿着半山腰向前铺一段路轨，铺到山谷尽头，再折回来往回铺另一段路轨。这样，列车由一前一后两部火车头牵引，沿着“之”字形线路左走一段，右走一段，两部车头交替推、拉，几个来回就爬上了高高的八达岭。

施工中的另一个困难，是开凿居庸关、八达岭两条隧道。居庸关隧道长400米，八达岭隧道长1145米，全是坚硬难凿的花岗岩。詹天佑经反复勘测，精心设计，决定采用“中间凿井法”。工人们在隧道将要通过的山顶上凿开一口深250米、直径20米的大竖井，然后从山两边和竖井底部同时相向开挖。这样，原有的两个工作面就变成了四个，工程进度大大加快。

经过两年艰苦奋战，1908年5月22日，当时世界知名的八达岭隧道终于胜利打通了。1909年9月24日，原计划6年建成的京张铁路，在詹天佑和全体施工人员的努力下，提前两年完工，实现全线通车，工程费用仅为外国人估计的五分之一，完工后节余白银 28.8898 万两。詹天佑给自己立下的“花钱少，质量好，完工快”三项要求，全都实现了。

中国人自己修筑的第一条铁路——京张铁路的胜利通车，大长了中华民族的志气，詹天佑的名字从此与中国铁路联系在一起，成为中国科技界和工程技术界的骄傲。

这以后，詹天佑先后被聘为川汉铁路会办兼总工程师、粤汉铁路总理兼总工程师、粤川铁路督办兼总工程师等，他的爱民热情、聪明智慧与辛勤汗水，倾注在祖国的一条条铁路线上。他晚年还编写了许多铁路工程技术书籍，编纂出我国第一部中英文土木工程技术辞典。1913 年，他被选为中华工程师学会的第一任会长，直至 1919 年 58 岁时病逝。他为我国的铁路建设事业贡献了毕生的精力，做出了卓越的贡献。

八达岭下，青龙桥旁，詹天佑的全身铜像已经在那里矗立了 90 余年。而他那毕生自强不息、奋力振兴中华的崇高精神将永远激励着为建设现代化祖国而奋斗的每一位中国人。

青龙桥车站的詹天佑塑像

人世楷模蔡元培

在时局剧烈动荡、新旧迅速转化的社会大变革时代，能够不断和旧的营垒决裂，始终跟上历史的脚步前进，这不但需要革命的勇气，还需要科学的精神。而这种勇气和精神，恰是民族振兴的希望之所在。

蔡元培诞辰的纪念邮票

1919 年 5 月 4 日，以北京大学学生为首的数千名学生冲出校园，到天安门前集会游行，并火烧赵家楼、痛打卖国贼，掀起了震惊中外的五四运动。事前向学生透露北洋政府卖国行径，促成五四运动爆发，事后又以身家性命担保、出面营救被捕学生的，就是当时的北大校长、中国近代著名民主革命家和爱国教育家蔡元培。

（一）

蔡元培，字鹤卿，号孑（jié）民，1868年出生在浙江绍兴的一个商人家庭。他的父亲蔡光普原是一家钱庄的经理，叔父蔡铭恩是清朝举人。蔡元培自幼念私塾，10岁时父亲病故，家中无力供养他上学，便改随叔父读书自学。在叔父指导下，他刻苦学习，博览群书，17岁时考中秀才，23岁以后又在科举考试中连年告捷，先后考中举人、进士，26岁便被清政府授为翰林院编修，成为当时有名的士大夫。

按理说，这位在科举道路上一帆风顺、平步青云的青年，脚下已经铺开了一条“学而优则仕”的平坦大道。但是，他的内心却充满着矛盾与忧虑。就在他进京补任翰林院编修的这一年，中、日两国之间爆发了甲午战争，战争以清王朝的惨败而结束，接踵而来的是帝国主义列强的瓜分。面对外敌横行、民族危难的时局，满腹旧学经纶的蔡元培，开始对传统的政治思想和学术文化产生怀疑，努力探索救国救民的新路。当时，一些先进的人们争相介绍西方的思想和文化，积极主张维新变法。蔡元培顺应时代的潮流，如饥似渴地学习起《盛世危言》等维新派译著和西方自然科学知识。他本来寄希望于维新派的主张，期待通过自上而下的变法维新，实现祖国振兴。可是1898年戊戌变法的失败，给了他深刻的教育，使他醒悟到在清王朝封建统治下，进行政治改良已“无可希望”，并且认定“康党（指康有为代表的维新派）所以失败，在于不先培养革新的人才，而欲以少数人弋取政权，排斥顽固，不能不情见势绌”。就在戊戌变法夭折，谭嗣同等被杀的时候，蔡元培毅然放弃了官职，回到家乡绍兴着手倡办新式教育，走上了与清王朝决裂的道路。

这年冬天，他担任了绍兴中西学堂的监督（即校长），煞费苦心地向年轻一代传播西方的政治思想和科学知识，希望他们将来承担起改造社会的重任。但是，清政府腐朽反动面目的进一步败露，又一次教育了蔡元培。1901 年，近代史上空前丧权辱国的《辛丑条约》的签订，使他彻底认识到清王朝已无可救药，非推翻不可。从此，他义无反顾地成为封建制度的叛逆者，加入了反清的革命队伍。

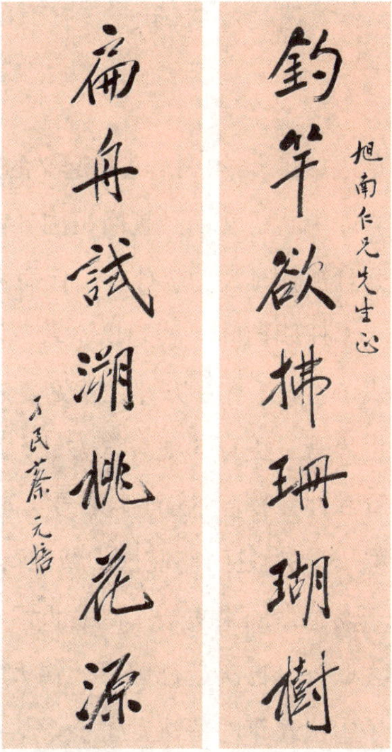

蔡元培书法对联

1902年蔡元培赴日本参观考察，结识了一批革命党人，找到了组织革命团体的救国道路。回国后，他与章太炎等在上海发起中国教育会，接着又创立了爱国学社、爱国女学两所学校，联络有志青年，宣传反清革命。1904 年，他在上海建立了革命组织光复会，并担任会长。在他的影响下，章太炎、陶成章、徐锡麟、秋瑾等著名革命党人先后加入光复会，使之成为与孙中山的兴中会、黄兴的华兴会齐名的革命团体。第二年，他与孙中山、黄兴联合，成立了中国第一个全国性的革命政党——中国同盟会，并担任同盟会的上海负责人。蔡元培曾在自传中回忆，“自三十六岁 (1904 年) 以后，我已决意参加革命工作”，并且认定革命只有通过暴力才能实现。这些年，他组织过“拒俄义勇队”“拒俄同志会”，出版过《俄事警闻》日报，反对沙俄侵吞我国东北；他为进步报纸《苏报》撰稿，鼓吹民权、革命；他还加入过暗杀团，曾接受军事训练，亲自试制炸弹，准备暗杀清廷大员；他还曾积极奔走于江、浙等地，秘密联络各地会党，筹备武装起义……1907 年，已届不惑之年的蔡元培又赴德国莱比锡大学半工半读，继续探索救国救民的真理。

（二）

1911年10月，武昌起义的捷报传到欧洲，蔡元培按捺不住兴奋的心情，立即中断留学动身赶回祖国。他参加了民国的开国筹备工作，并于1912年元旦被临时大总统孙中山任命为中华民国临时政府的教育总长。

任职期间，蔡元培本着废除封建教育、引进西方教育思想的精神，发表了《对于教育方针之意见》。他提出军国民教育、实利教育、公民道德、世界观、美育5项教育方针，反对尊孔读经，着手学制改革，推行义务教育和社会教育，实行小学男女同校，主张把学生培养成具有“狮子样的体力，猴子样的敏捷，骆驼样的精神”，能够为民族独立、共和自由出力的新式人才。辛亥革命的果实被军阀袁世凯窃取后，蔡元培不同反动派合作，愤怒地辞去职务，再次赴德国莱比锡大学留学。后来他又去法国治学，并发起创办了中国青年的留法勤工俭学活动。他担任民国第一任教育总长的时间虽然不长，却在中国教育史上开辟了崭新的一页。

1916年，窃国大盗袁世凯倒台暴死。蔡元培带着自己更完整、进步的教育思想回到国内，开始就任国立北京大学校长。这所大学的前身是清末创设的京师大学堂，历来官气浓厚，校风腐败，学生以升官发财为入学目的，教员以不学无术、敷衍塞责为能事。蔡元培入校后，立即大刀阔斧地加以革新整顿。他第一次向师生发表演说，就端正办学目的，号召学生“当以研究学术为天职，不当以大学为升官

蔡元培的教育主张

发财之阶梯”。他果断改变学校的领导和教学体制，还打破惯例招收女学生入学，并举办夜校开展平民教育。为了鼓励和引导学生的学习兴趣和正当文体活动，他发起各种学会、研究会，推动设立体育会、技击会、音乐会等，同意出版《新潮》《国民》等杂志，很快使学校面貌为之一新。

蔡元培治理北大的最突出特点，是提倡学术自由。他申明：“对于学说，仿世界各大学通例，循思想自由原则，取兼容并包主义……无论为何种学派，苟其言之成理，持之有故，尚不达自然淘汰之命运者，虽彼此相反，而悉听其自由发展。”他这种“思想自由，兼容并包”的方针，实质是向封建主义做斗争、为进步思想开绿灯的方针，是科学民主的方针。在他的批准与支持下，愈来愈多的革新社团在北大出现，不仅成立了社会主义研究会，还大张旗鼓地建立起马克思学说研究会。1921 年冬天，马克思学说研究会要在《北京大学日刊》上登招收会员的启事，蔡元培不仅批准同意，而且亲自出席该会成立大会，还发表讲话给予鼓励。研究会需要活动场所，他又同意拨给两间房子，一间当办公室，一间当图书室。在蔡元培“思想自由，兼容并包”的方针下，北京大学不仅在一般学术问题上逐渐养成开放、民主、求实的治学风气，而且使这里成为马克思主义在中国传播的最早阵地之一。正是由于给进步思想以自由，使新学得到兼容并包，逐渐在校园里推广了近代民主意识和科学文明，这也就为北大成为近代中国新文化运动的中心培植了沃土。

与“思想自由，兼容并包”的治学方针并行，蔡元培还实行不拘一格延聘人才的政策。他认为“人才至为难得，若求全责备，则学校殆难成立”，主张凡有真才实学者，不论政治信仰、学术派别、年龄大小、资历深浅、有无学位，都可吸引到教师队伍里来。到任不久，他就聘请因编辑《新青年》出名的陈独秀担任了北大的文学院长，又聘请李大钊为图书馆馆长，物理学家夏元瑮为理科学长。蔡元培主持北大期间，杨昌济、马寅初、马叙伦、章士钊、胡适、钱玄同、鲁迅、刘半农、沈尹默等一大批具有革新思想的学者受聘来到北大任教，他们在介绍世界学术成果、提高学术水平等方面，都曾不同程度地发挥过积极作用。到1918年，北大200多位教师中，教授的平均年龄仅30多岁，多数人倾向革新，各学科人才济济，校园里生气勃勃。蔡元培披荆斩棘，革故鼎新，几年间就将这所气息奄奄的旧学堂改造成为新型的现代大学，在全国教育界、思想界、学术界居于越来越重要的地位。这也为即将到来的五四运动创造了条件。

（三）

蔡元培在担任北大校长期间，还热情支持学生参加爱国的政治活动，他主张学生“爱国不忘读书，读书不忘爱国”。

当时的中国正面临着帝国主义列强的又一次重新瓜分。第一次世界大战结束后，为处理战后问题，1919年1月举行了在英、美、法、意、日五强操纵下的巴黎和会，中国北洋政府也派出了代表团与会。根据国内人民的强烈要求，中国代表团在会上提出了：收回战前德国在山东的一切权益；取消不平等的“二十一条”；取消外国在中国的一切特权；结束德、奥等战败国在中国的政治、经济利益。但是，妄图在会议上分赃的帝国主义列强，拒不放弃在中国的既得利益。中国代表提出的废除“二十一条”和取消列强在华特权要求，会议根本拒绝讨论。而将战前德国占领的胶州湾及在山东的一切权利，完全转让给了日本。

巴黎和会的这一结果，理所当然地引起了中国人民的强烈反对，北大学生更是沸沸扬扬，满腔愤懑。5月初李大钊主编的《每周评论》里写道：“巴黎的和会，各国都重在本国的权利。什么公理，什么永久和平……都成了一文不值的空话。”并且指出，这次和会“与世界永久和平，人类真正幸福，隔得不止十万八千里，非全世界人民都站起来直接解决不可”。当时的爱国人士还都指望中国代表团积极开展外交斗争，拒绝在巴黎和会产生的《凡尔赛和约》上签字。

但是，向来对日本帝国主义卑躬屈膝的北洋政府，已经做出了接受丧权辱国和约的决定。1919 年 5 月 3 日，北京徐世昌政府的外交委员长汪大燮(xiè)，通知内阁向出席巴黎和会的中国代表团发出密电，指令他们在《凡尔赛和约》山东条款上签字。

蔡元培从北洋政府内部获悉这一消息，心头怒火中烧。他急匆匆赶回学校，当晚就向北大学生代表转告了这一情况。顿时，学生们沸腾起来了，他们连夜拟定口号，发动同学，串联各校，定于第二天举行抗议集会和示威游行。

5 月 4 日，以北大学生为首的 3000 多名各校爱国青年齐集天安门广场，点燃了五四运动的熊熊烈火。他们在集会宣言中提出“外争主权，内除国贼”的口号，主张立即召开国民大会。游行队伍想进入东交民巷的各国使馆抗议，但受到使馆巡捕阻拦。于是，他们经东单、总布胡同转向卖国贼曹汝霖的住所赵家楼。曹汝霖曾任袁世凯的外交次长，是与日本签订“二十一条”卖国条款的代表之一，他和章宗祥、陆宗舆又是对日借款和签订军事协定的经手人，成为最受舆论谴责的三个卖国贼。愤怒的示威学生冲进曹宅，找到了正在曹宅的章宗祥，痛打了这个卖国贼并放火烧了赵家楼。

在 5 月 4 日的游行示威中，北大进步学生许德珩等 30 余人被反动军警逮捕。蔡元培不顾个人安危，立即挺身而出，亲赴警厅交涉，以身家性命作保营救学生。他还联络各大专院校校长，前往教育部展开营救活动。在全国人民的声援下，被捕学生于 5 月 7 日获释，蔡元培和广大师生齐聚沙滩红楼下的北大广场，热泪盈眶地欢迎这批爱国学生返校。蔡元培以自己促成、支持学生运动，奋力营救被捕学生的正义行动，赢得了北大学生的衷心爱戴。

（四）

1923 年 1 月，北洋军阀政府派军警进入北大，企图逮捕一名兼课教师，蔡元培怒不可遏。他愤然发表《不合作宣言》，表示不能与任意蹂躏（róu lìn）人权的政府为伍，辞去了北大校长职务，再次赴欧洲进行学术研究。1924年，他在英国代表留英中国学生退款兴学会，向英政府及社会各界力争退还"庚子赔款"，以供我国兴办教育事业。在1924年召开的中国国民党第一次全国代表大会上，经孙中山提名，远在欧洲的蔡元培被选为候补中央监察委员。1925年上海发生"五卅惨案"，他立即在欧洲各国报纸上以英、法、德文发表《为国内反对日英风潮敬告列强》，向国外民众说明惨案真相，表达了自己反对帝国主义、争取民族独立的坚定立场。

1926年由欧洲回国，他立即参加了国民革命军的北伐活动，后来又担任南京政府中央研究院院长，为创立我国的科学研究机构，培植各学科的优秀学者，发展我国科学事业，做出了卓越的贡献。

蔡元培的可贵之处，在于他能够随着时代的发展，永不停止自己前进的脚步。

1929年年底，当叛变革命的国民党反动派实行文化围剿，肆意诋毁马克思主义的时候，他勇敢地站出来，为一本《马克思传》作序，称在中国介绍马克思"为当务之急"。日本侵略军在东北发动九一八事变后，蔡元培反对蒋介石"攘外必先安内"的政策，为"合全国同胞的力量"共同抗日而奔走呼号。1932年，他与宋庆龄、杨杏佛、鲁迅等人发起组织中国民权保障同盟，四处奔走，竭力营救遭到反动派迫害的共产党人和进步人士。1933年在马克思逝世50周年的日子里，他又发起纪念会，演讲《科学社会主义概论》。鲁迅病逝后，他和宋庆龄等组织治丧委员会，并担任鲁迅纪念委员会主席，积极推动出版《鲁迅全集》，热情称颂鲁迅是中国"新文学的开山"。抗日战争爆发后，蔡元培被迫离开沦陷的上海移居香港，他热诚地向共产党人表示"国共能重新合作共赴国难，为国家民族之大幸"。他还利用自己在文化界和国际上的崇高威望，多次领衔代表中国文教界致电各国际会议，揭露日本摧毁我文教机关、破坏我文教事业的罪行，呼吁声讨、制裁日本侵略者。

1939年，蔡元培被推举为国际反侵略运动大会中国分会名誉主席。他用自己晚年的精力，为大会填写了一首充满爱国深情的豪迈会歌：

公理昭彰，战胜强权在今日。概不问，领土大小，军容嬴诎。文化同肩维护任，武装合组抵抗术。把野心军阀尽排除，齐努力。我中华，泱泱国。爱和平，御强敌。两年来博得同情洋溢。独立宁辞经百战，众擎无愧参全责。与友邦共奏凯旋歌，显成绩。

1940年3月5日，72岁的蔡元培先生因重病不治，在香港逝世。中共中央的唁电赞扬他“为革命奋斗四十余年，为发展教育文化事业勋劳卓著，培植无数革命青年，促成国共两党合作”。毛泽东的唁电称他为“学界泰斗，人世楷模”。周恩来的挽联赞誉他：“从排满到抗日战争，先生之志在民族革命；从五四到人权同盟，先生之行在民主自由。”

延安各界1000多名干部、群众聚集宝塔山下，隆重举行了蔡元培先生追悼大会。大会发出的唁电，回顾并高度评价了他的一生：

孑民先生遽（jù）归道山，远闻噩耗，深为悲痛。窃念先生清末从事革命，提倡民权；民六（即民国六年）任北大校长，网罗人才，兼收并蓄，学术思想，主张自由。伟大的五四运动，实先生提倡诱掖，导其先路。“九一八”后，与宋庆龄、杨杏佛诸先生等发起人权保障同盟，从事挽救青年志士，以图保留国家元气；虽为强暴所威胁，而气不为之阻。“七七”抗战以来，先生老矣，犹谆谆以精诚团结，言信行果，训诫国人。哲人云亡，遗教不朽。本大会追念贤劳，当与全国同胞努力完成先生所未竟之志……

廖仲恺浩气长存

他的肉体可以被消灭，但他那一生忠贞爱国、矢志追求真理、不断进取奋斗的伟大精神，却长存天地，永驻人间。

1987 年发行的廖仲恺诞辰一百一十周年纪念邮票

1925 年 8 月 20 日上午 8 时，广州市中心的国民党中央党部大门前，一辆黑色的老式汽车刚刚停稳，开门迈出一位身着西装的中年人。突然，身旁几声枪响，这位中年男子倒在血泊中。这起光天化日之下发生的惨案的被害者，就是伟大的爱国者、激进的资产阶级民主革命家、孙中山遗志的忠实继承者廖仲恺。

廖仲恺像

（一）

廖仲恺原名恩煦，字仲恺，号夷白，原籍广东省惠州鸭子涉乡，1877年4月23日出生在美国旧金山市一个华侨商人的家庭。他的父亲是早年赴美谋生的华工，后来当上了旧金山汇丰银行的职员。廖仲恺少年时代在美国读书，16岁时陪伴生病的母亲回到祖国。他先是在家乡读了两年私塾，本想走科举之路，但甲午战争后出现的民族危机使他萌生维新思想，决意改赴香港专攻西学。1897年，他与生于香港富商家庭而思想激进的何香凝女士结婚，从此结成亲密的革命战友。

1902年，廖仲恺夫妇变卖家产，双双赴日本留学。在日本，廖仲恺先后就读于早稻田大学经济预科和中央大学政治经济科，何香凝则学习博物及美术专业。

20世纪初年，正是中国新兴的资产阶级、小资产阶级知识分子领导和参加的爱国运动日益蓬勃开展之时。那时的留学生大都怀着向海外寻求救国真理的志向，留学生中思想活跃，革命气氛浓厚，而近在一水之隔的日本正是中国留学生爱国运动的主要活动地。在日本，廖仲恺经常偕同夫人参加留学生爱国活动，很快树立起了反清革命思想。1903年9月的一个晚上，廖仲恺在中国留学生会馆的一次集会上，首次见到了正在日本宣传革命的孙中山。孙中山在演讲中提出的“中国积弱太甚，应该发奋图强，彻底革命”的主张，深深打动了廖仲恺的心。几天后，他专程前往孙中山在东京的住处拜访，悉心听取孙中山的革命救国道理，心中愈加信服。此后，他多次登门拜访，与孙中山共同讨论国家大事，两人不仅思想主张一致，而且结下了革命的友谊。

根据孙中山的指示，廖仲恺开始在留学生中广为结友，物色爱国志士，开展革命宣传，成为留日学生民主革命活动的积极分子。从这时起，廖仲恺夫妇就立下了献身革命、不惜流血牺牲的坚定志向。一次廖仲恺奉孙中山之命回国联络同志，临行时夫妇二人谈起可能遇到的危险，毅然做好了牺牲的准备。何香凝曾有一首诗记述了当时的决心：

国仇未复心难死，忍作寻常泣别声。
劝君莫惜头颅贵，留取中华史上名。

1905年夏，孙中山在东京建立中国第一个资产阶级革命政党同盟会，廖仲恺夫妇都是早期的会员，廖仲恺还担任了同盟会执行部外事部干事，并且当选为中国留日学生会会长。当时廖仲恺在东京的住宅，已经成为革命党人聚会、联络的秘密据点。为了维护孙中山“平均地权”的革命主张，他以“屠富”为笔名，在同盟会机关报《民报》上发表文章，介绍西方社会主义流派的思想，为孙中山的主张提供理论根据，反驳怀疑派的论点。

廖仲恺发挥自己英文熟练的特长，翻译了《社会主义史大纲》等文章发表在《民报》上，参与了中国人首次对社会主义理论的探索。他多次潜回国内，到天津、东北等地进行秘密活动，联络革命同志，筹设革命机关。按照孙中山的指示，廖仲恺还与何香凝、朱执信等联名给美洲等地华侨写信，宣传用革命手段推翻清朝帝制，驳斥保皇党的谬论。在孙中山发动、领导辛亥革命的初期，廖仲恺就已成为他的忠诚追随者。

（二）

1911年武昌起义爆发后，廖仲恺来到广州，担任了广东军政府总参议，并负责财政工作。“南北议和”谈判中，他被派为南方革命政府代表，在谈判桌上与被袁世凯指派为代表的哥哥廖凤书相对峙，唇枪舌剑地开展斗争。

袁世凯窃取革命果实后，廖仲恺夫妇追随孙中山亡命日本，继续支持、协助孙中山开展反对袁世凯的斗争。在艰苦的逆境中，廖仲恺以自己顽强的革命精神和杰出的领导才华不知疲倦地活跃在组织、宣传、财政等各条战线上，成为孙中山的得力助手和亲密战友。

孙中山领导的“护法运动”失败后，革命暂时转入低潮。廖仲恺没有陷入彷徨失望之中，而是以极大的热情开展理论探索，从事革命宣传。1916至1921年间，他翻译出了西方民主主义者的论著《进步与贫乏》《全民政治论》等，撰写了《三大民权》《女子解放从哪里做起》《中国人民和领土在新国家建设上之关系》《革命继续的工夫》《国民的努力》《中国和世界》等大量政论文章，并同朱执信等创办起《建设》杂志，作为宣传民主革命理论的阵地。他除了阐发孙中山的基本政治观点外，还十分可贵地提出了一些在当时是非常卓越的新见解，如认为人民是国家主权的主体，人民群众的解放要靠自己的觉悟和奋斗，不解决政治问题则经济问题也无法解决等，主张实行开放政策学习外国先进事物等。不过，他此时的思想还没有超越旧三民主义的范畴，还存在许多混乱的内容。真正在追求真理的道路上实现思想上的飞跃，是他后来接触到共产党人以后才发生的。

1921年5月，孙中山在广州就任非常大总统，廖仲恺担任了财政部次长兼广东省财政厅厅长。他全力整顿财政，筹措军费，支持孙中山开展北伐。次年6月，广东新军阀陈炯明发动叛乱，首先逮捕了廖仲恺。面对死亡的威胁，廖仲恺的革命意志毫不动摇，他在狱中写下多首豪壮诗篇。

他在诀别夫人何香凝的诗中写道：

后事凭君独任劳，莫教辜负女中豪。
我身虽去灵明在，胜似屠门握杀刀。

在写给女儿廖梦醒、儿子廖承志的诀别诗中，他坚定乐观地表示了自己视死如归的决心，嘱咐儿女要继承革命精神：

女勿悲，儿勿啼，阿爹去矣不言归。
欲要阿爹喜，阿女阿儿惜身体。
欲要阿爹乐，阿女阿儿勤苦学。
阿爹苦乐与前同，只欠从前一躯壳。
躯壳本是臭皮囊，百岁会当委沟壑。
人生最重是精神，精神日新德日新。
尚有一言须记取，留汝哀思事母亲。

被捕关押两个多月后，他在何香凝等的奔走营救下脱险。

（三）

投身革命20多年，却屡遭挫折，不断失败，孙中山和廖仲恺开始重新寻找革命道路。继俄国十月革命、中国五四运动以后，中国共产党代表新兴的无产阶级和人民大众逐渐走上了历史舞台。孙中山委派廖仲恺去寻找新的革命盟友。

1922年9月，廖仲恺东渡日本，同列宁派来的苏俄代表越飞秘密会谈。第二年3月，他又以带女儿到日本治病为名，再次与越飞会谈。会谈是在温泉旅游胜地伊豆山海滨的热海饭店秘密进行的。装作是“旅游”“养病”的越飞、廖仲恺二人，或并肩漫步海边，或促膝坐于房内。他们的话题，从世界大势到中国时局，从马克思主义到三民主义，从俄国革命的经验到中国革命的策略……每次恳谈后，廖仲恺都是满面笑容，十分高兴。通过与越飞的会谈，他对列宁领导的苏维埃俄国有了比较深入的了解，对中国革命的一些基本问题有了新的认识。历时一个月的会谈，使廖仲恺的思想发生了重要的转变，认识到以往联合封建军阀的做法是错误的，必须在国际上联合像苏维埃俄国这样真正的朋友，在国内联合正在生机勃勃兴起的共产党，发动广大工农大众共同奋斗，才能完成国民革命的任务。从此，廖仲恺竭诚拥护并全力支持孙中山实行“联俄、联共、扶助农工”三大政策，重新解释三民主义，改组国民党。

廖仲恺积极参与筹划了国民党1923年的改组工作。这年10月中旬，他和共产党人李大钊等5人担任改组委员，从事改订党章的工作；同月下旬，他参与召集国民党特别会议，商讨改组问题，后来又和共产党员谭平三等9人担任国民党临时中央执行委员，具体筹备改组事宜。11月底，他奉命到上海与各省支部联络，成立上海临时执委会，负责领导各地区的国民党改组工作。

1924 年 1 月，孙中山在广州召开了有共产党人参加的中国国民党第一次全国代表大会，廖仲恺担任大会的党务审查委员会委员和党章草案审查委员会委员，坚决支持有共产党人参加起草的著名的大会宣言，拥护接受共产党员以个人身份加入国民党，促成建立了第一次国共合作。在这次大会上，他当选为国民党中央常务委员，并先后兼任广东革命政府的工人部长、农民部长、财政部长、广东省长、军需总督、黄埔军校党代表等许多重要职务。在改组国民党的过程中，廖仲恺力排众议，坚决同国民党右派势力进行不调和的斗争，成为孙中山最有力的支持者，为这一历史性的进步事件做出了卓越的贡献。

（四）

国共合作以后，廖仲恺反对右派排挤、压抑共产党的行为，始终与共产党人真诚合作，确信只有共产党员加入国民党才能使该党获得“新生命”。他与李大钊、苏兆征、彭湃等共产党人保持着密切关系，坚决支持周恩来担任黄埔军校政治部主任，同他在一起亲密地团结共事。

廖仲恺热情地支持工人运动和农民运动。他清醒地指出，农民是国民的主要组成部分，若要革命成功，“必先于农民运动”。他热情参加广东地方的农民大会，号召农民“团结起来，组织农民协会”。1925 年 6 月，广州、香港工人为支援上海人民的反帝斗争，发动了声势浩大的省港大罢工，廖仲恺亲自担任了罢工委员会顾问。在一次集会上，他发表演说道，这次罢工的目的“在于取消不平等条约，为国家政治上经济上谋独立，这是中华民族最大的事”。为了支援罢工工人，他下令封闭烟馆、赌馆作为从香港返回的工人的住所，拨出专款作为工人的生活费用，为几十万工人的生活四处奔走。他曾热情地赞颂说，工人“罢工的力量，比什么枪炮战舰的力量都大”。廖仲恺在中国工农运动发展史上，做出了不可磨灭的贡献，他被共产党人和工农群众誉为“无产阶级的好朋友”。

廖仲恺在坚决实行孙中山三大革命政策的实践中，政治立场和思想倾向都向前迈进了一大步，他已经从激进的资产阶级革命家走到了无产阶级革命者的门槛上。他明确认定，“官僚军阀与帝国主义是我们全国人民的公敌”“我们若要实现三民主义，要先打倒帝国主义才可达到目的”。他坚定地指出，国民党内的右派是反革命派，“我们不独要革军阀与帝国主义者的命，我们并且要革‘反革命派’的命，这才是彻底的革命工作”。他热情称颂列宁“是打倒帝国主义的实行家”“所做的事情，都是为被压迫民族而奋斗，为无产阶级而奋斗”。他积极支持中国共产党公开活动，并认为中国“若能有所树立，除非是建一社会主义的国家”。

廖仲恺一生中的最后两年，思想愈益激进，意志愈益坚定，斗争愈益卓绝。1924年10月，中外反动派相互勾结，组织商团军在广州发动武装叛乱。

1939 年发行的钞票上带有廖仲恺头像

廖仲恺迅速调集黄埔学生军和工农武装，同敌人展开激战，很快平息了商团军叛乱，使帝国主义颠覆广东革命政府的阴谋破产。廖仲恺的坚定和忠诚，得到了孙中山的器重与信赖。当孙中山决定兴师北进讨伐军阀的时候，他向廖仲恺连发3个手令，任命他担任大元帅大本营参议及军队总的党代表，把所有党军及各军官学校、讲武堂都托付给他领导。

1925年年初，孙中山在北京患病日重，廖仲恺发电致意并要求入京侍病，孙中山立即复电阻止，说："广东不可一日无仲恺。"军阀陈炯明趁孙中山病危之机自封为救粤军总司令，准备进攻广州，廖仲恺指挥以黄埔军校学生军为主力的革命军实行东征，讨伐、击溃了陈炯明的叛军。孙中山于3月12日逝世后，廖仲恺发出通电，宣誓"谨遵总理遗志，继续努力革命"。他成为孙中山革命志愿的忠实继承者，继续坚定不移地贯彻三大政策，不屈不挠地推进国民革命。

廖仲恺的所作所为，引起帝国主义和国民党右派的极大仇恨。孙中山逝世后，他们把廖仲恺视为倒行逆施的最大障碍，必欲除之而后快。面对日益严重的风险，廖仲恺无所畏惧。他对夫人何香凝说："我为国家，为本党，无论何人反对，我皆不畏，即击我杀我，亦在所不惜！"

1925年8月19日晚，廖仲恺在黄埔军校工作到深夜方回家，第二天一早又赶去参加国民党中央执委会第一〇六次会议。在中央党部大门前，预先埋伏的反革命暴徒突然向他狙击，廖仲恺当场遇难。他在孙中山逝世后仅5个月就为民主革命流尽了最后一滴血，终年48岁。

中共中央在唁电中称廖仲恺"几十年来为国民革命尽力，是中国革命运动中的健将"。周恩来在悼念文章中说，廖仲恺是"为反帝国主义运动、革命运动、工农运动而牺牲"的。他坚贞爱国，追求真理，献身革命，为后人树立起了光辉的榜样。正如当年中共中央唁电所预言的"廖仲恺先生虽死，廖仲恺先生的革命精神没有死"，他的精神与志愿已被亿万人民继承发扬，在不断推进的新民主主义革命和社会主义事业中开花、结果。